JÜRGEN BÄHR und GÜNTER MERTINS

DIE LATEINAMERIKANISCHE GROSS-STADT

ERTRÄGE DER FORSCHUNG

Band 288

JÜRGEN BÄHR und GÜNTER MERTINS

DIE LATEINAMERIKANISCHE GROSS-STADT

Verstädterungsprozesse und Stadtstrukturen

Mit 36 Abbildungen und 6 Tabellen im Text

WISSENSCHAFTLICHE BUCHGESELLSCHAFT

DARMSTADT

Einbandgestaltung: Neil McBeath, Stuttgart.

Die Deutsche Bibliothek – CIP-Einheitsaufnahme

Bähr, Jürgen:
Die lateinamerikanische Groß-Stadt:
Verstädterungsprozesse und Stadtstrukturen;
mit 6 Tabellen im Text / Jürgen Bähr und Günter
Mertins. – Darmstadt: Wiss. Buchges., 1995
(Erträge der Forschung; Bd. 288)
ISBN 3-534-11230-X
NE: Mertins, Günter:; GT

Bestellnummer 11230-X

© 1995 by Wissenschaftliche Buchgesellschaft, Darmstadt
Gedruckt auf säurefreiem und alterungsbeständigem Werkdruckpapier
Gesamtherstellung: Wissenschaftliche Buchgesellschaft, Darmstadt
Printed in Germany
Schrift: Garamond, 9.5/11

ISSN 0174-0695
ISBN 3-534-11230-X

INHALT

VERZEICHNIS DER ABBILDUNGEN

VERZEICHNIS DER TABELLEN

VORWORT

Innerhalb des breiten Spektrums deutscher kulturgeographischer Arbeiten über Lateinamerika kommt den stadtgeographischen Untersuchungen ein besonderer Stellenwert zu. Ausgangspunkt für alle Forschungen über lateinamerikanische Städte in der Zeit nach dem Zweiten Weltkrieg ist das klassische Werk von H. Wilhelmy „Südamerika im Spiegel seiner Städte" (1952), das grundlegende Aussagen zur Stadtstruktur und -entwicklung enthält und den Forschungsstand kurz nach dem Zweiten Weltkrieg wiedergibt.

Seit den 50er und 60er Jahren setzte in Lateinamerika ein extremes städtisches, vor allem großstädtisches Bevölkerungswachstum ein; Lateinamerika ist heute der am stärksten verstädterte Kontinent der Dritten Welt und weist zugleich den höchsten Metropolisierungsgrad auf. Die damit einhergehenden Prozesse und Probleme sind Gegenstand einer fast unüberschaubaren Zahl von Untersuchungen aus den verschiedensten Disziplinen, auch der deutschen stadtgeographischen Forschung.

Die Verfasser haben sich seit fast zwei Jahrzehnten schwerpunktmäßig mit dem Problemfeld „Großstadt" in Lateinamerika auseinandergesetzt. Mit dem 1981 gemeinsam vorgelegten „Idealschema der sozialräumlichen Differenzierung lateinamerikanischer Großstädte" begann eine intensive wissenschaftliche Zusammenarbeit, die u. a. zur gemeinsamen Durchführung eines mehrjährigen Forschungsprojektes über „Jüngere Entwicklungstendenzen des Urbanisierungsprozesses in lateinamerikanischen Großstädten" führte. Wir danken der Volkswagen-Stiftung an dieser Stelle noch einmal für die großzügige Forschungsförderung. Dank gebührt ebenso der Deutschen Forschungsgemeinschaft, die mehrfach Feldarbeiten der Verfasser unterstützte.

Das hier vorgelegte Buch soll einen Überblick zum aktuellen Forschungsstand über die lateinamerikanische Großstadt bieten. Dabei wird versucht, über die geographische Perspektive hinauszugehen und eine Zusammenfassung der vielfältigen Ergebnisse zu den Schwerpunkten eines interdisziplinär stark expandierenden Forschungskomplexes zu geben.

Für die umsichtige Schreib- und Ordnungsarbeit möchten wir Frau

Karin Eberling und Frau Renate Meurer, für die kartographischen Arbeiten Frau Gabriele Ziehr, Herrn Helge Nödler und Herrn Hartmut Peters sehr herzlich danken.

Marburg, Kiel   Jürgen Bähr
im Mai 1995   Günter Mertins

1 EINFÜHRUNG

1.1 Stadt und Kulturraum

Ziel dieses Buches ist es, einen Überblick des gegenwärtigen Forschungsstandes zum Ablauf des Verstädterungs- und Metropolisierungsprozesses in Lateinamerika zu geben sowie die funktionale und sozialräumliche Struktur der Städte in modellhafter Form und an Einzelbeispielen herauszuarbeiten. Wenn dabei vor allem auf die Großstädte und Metropolen Bezug genommen wird, so geschieht das deshalb, weil Stadtforschung auch in Lateinamerika „in erster Linie stets Großstadtforschung" gewesen ist und die großen Städte in besonderem Maße sowohl „Zentren von Innovationen" als auch „Krisenherde von sozialen und ökologischen Problemen" sind (Lichtenberger 1986, S. 388).

Die Leitfragestellung des Buches knüpft an das seit den 60er/70er Jahren kontrovers diskutierte Problem nach Konvergenz bzw. Divergenz städtischer Entwicklungen in den verschiedenen Kulturräumen der Erde an (vgl. Hofmeister 1980, S. 3 ff.). Lateinamerika bildet dabei im Sinne von Kolb (1962, S. 46) einen „Kulturerdteil", d. h. einen Kulturraum subkontinentalen Ausmaßes, wobei Sprache, Religion und Rasse bzw. ethnische Zugehörigkeit die wichtigsten Abgrenzungskriterien darstellen. Dabei fällt die Grenze zwischen Anglo- und Lateinamerika mit der „Bruchlinie zwischen Zivilisationen" (Huntington 1993) bzw. dem „Limes zwischen Nord und Süd" (Rufin 1993) zusammen (vgl. im einzelnen Oßenbrügge/Sandner 1994). Der weiteren Untergliederung Lateinamerikas in einen spanisch und einen portugiesisch geprägten Bereich wird insofern Rechnung getragen, als immer wieder auch nach den Unterschieden und Gemeinsamkeiten der Städte in diesen beiden Großregionen gefragt wird. Dagegen wird auf die Besonderheiten des von westeuropäischen Staaten kolonisierten Teils des karibischen Raumes nur am Rande eingegangen. Der Verstädterungsgrad ist zwar auf vielen dieser Inseln sehr groß, die Städte selbst aber sind, von wenigen Ausnahmen abgesehen, verhältnismäßig klein.

Die Konvergenzthese hat ihren Ursprung in einer vergleichenden Analyse anglo- und lateinamerikanischer Städte. Dies führte Schnore schon 1965 zu der modernisierungstheoretisch beeinflußten Hypothese, daß „die Städte überall auf der Welt bestimmte Entwicklungsphasen durchlaufen und sich auf ein für alle gleichartiges Spätstadium hin entwickeln" (Hofmeister 1980, S. 4). Schnore bezog sich dabei vor allem auf den Sozialgradienten und dessen Veränderungen im zeitlichen Verlauf. Das traditionelle lateinamerikanische Muster eines vom Zentrum nach außen abnehmenden Sozialstatus *(reverse Burgess-type)*, das nach Sjoberg (1960) in ähnlicher Form für alle vorindustriellen Städte gilt, hat sich danach spätestens seit den 40er/50er Jahren zu einer umgekehrt gerichteten Abfolge *(Burgess-type)* gewandelt, die für nordamerikanische Städte seit langem typisch ist. Auch in anderen Räumen der Dritten Welt findet sich dafür eine Reihe von Belegen, wie man dem Literaturüberblick von London/Flanagan (1976) entnehmen kann. Zentrale Bestimmungsfaktoren dieses Wandels werden in der industriellen und technologischen Überformung der Städte gesehen, verbunden mit raschem Bevölkerungswachstum, zunehmender sozioökonomischer Heterogenität und ansteigender räumlicher Mobilität (vgl. Johnston 1972, S. 88).

Zu einer ganz ähnlichen Auffassung gelangt Hawley (1971), der Stadtentwicklungsprozesse in westlichen und nicht-westlichen Gesellschaften vergleicht. Ausgangspunkt seiner Überlegungen bilden drei Hypothesen (Hawley 1971, S. 291 ff.):

1. Die Stadtentwicklungsprozesse unterscheiden sich in den einzelnen Kulturräumen und haben dementsprechend verschiedenartige Stadtstrukturen zur Folge.

2. Gleichartige Prozesse vor kulturräumlich unterschiedlichem Hintergrund resultieren in verschiedenartigen Stadtstrukturen *(multilinear parallelism)*.

3. Gleichartige Prozesse verwischen die unterschiedliche kulturelle Ausgangssituation mehr und mehr und führen letztlich zu gleichartigen Stadtstrukturen *(multilinear convergence)*.

Nach Hawley spricht vieles für die multilineare Konvergenzhypothese. Danach beginnt Stadtentwicklung unter sehr verschiedenen kulturellen Rahmenbedingungen, wie es auch in den einzelnen westlichen Gesellschaften der Fall war; durch zunehmende Teilhabe an gleichartigen Technologien und Märkten wird jedoch eine allgemeine Standardisierung und damit eine weltweite Annäherung herbeigeführt (Hofmeister 1980, S. 4; vgl. Hawley 1971, S. 311 ff.).

Im deutschen Sprachraum hat Stewig (1983, S. 307 ff.) am entschiedensten eine Konvergenz städtischer Entwicklungen vertreten. Die bestehenden Unterschiede – und dabei wird (u. E. zu grob) nur noch zwischen Industrie- und Entwicklungsländern differenziert – werden als „Abweichungen von einer allgemeinen, höheren Regelhaftigkeit aufgefaßt" (S. 309). Diese sei in einer bestimmten zeitlichen Abfolge zu sehen, wie sie von den Industrieländern durchlaufen wurde. Es wird postuliert, daß auch die Entwicklungsländer im Hinblick auf die demographischen, ökonomischen und sozialen Verhältnisse dieser Transition folgen und deshalb deren Städte in Richtung auf Strukturen konvergieren, wie sie sich in den Städten der Industrieländer bereits herausgebildet haben. Kritik an der Konvergenzthese hat erstmals, insbesondere auf Schnore (1965) bezugnehmend, Johnston (1972) geübt. Dabei stellt er einmal heraus, daß auch die nordamerikanischen Städte hinsichtlich ihrer sozialräumlichen Entwicklung und Struktur keineswegs völlig einheitlich sind und dieses um so mehr gilt, wenn der übrige Teil der angelsächsischen Welt eingeschlossen wird. Zum zweiten verweist er auf die Ergebnisse vieler empirischer Untersuchungen in nordamerikanischen Städten, wonach das Burgess-Modell nur zur Beschreibung der räumlichen Anordnung von Lebenszyklus-Gruppen herangezogen werden kann, während die sozioökonomische Struktur eher dem Sektorenmodell nach Hoyt (1939) entspricht. Und drittens schließlich hebt er die anderen wirtschaftlichen und gesellschaftlichen Rahmenbedingungen in Lateinamerika hervor, die zu Abweichungen führen. Die Synthese seiner Analyse ergibt jedoch ebenfalls ein allgemeines Stadtentwicklungsmodell, das zwar weniger stark generalisiert, als es Schnore (1965) getan hat, trotzdem aber eher die Ähnlichkeiten als die Unterschiede zwischen den Kulturräumen betont.

Insofern ist die von Berry (1973) vorgetragene Kritik sehr viel grundsätzlicher. Er unterstreicht die fundamentalen Unterschiede der Verstädterungsprozesse in den einzelnen Großregionen der Erde und nähert sich damit einer Auffassung, die in der deutschen geographischen Forschung eine lange Tradition hat, wenn auch dabei meist nicht so sehr der großräumige Vergleich im Mittelpunkt des Interesses stand, sondern die wechselseitigen Beziehungen von Stadt und Kulturraum im Sinne von Holzner (1967) herausgearbeitet wurden, wie es z. B. in dem klassischen Werk von Wilhelmy (1952) zum Ausdruck kommt, der die lateinamerikanische Kultur „im Spiegel der Städte" betrachtet.

In historischer Rückschau gelangt Berry zu der Auffassung, daß die Verstädterung in den verschiedenen Weltregionen trotz gewisser Gemeinsamkeiten nicht einem, sondern mehreren Entwicklungspfaden folgte und „both the causes and human consequences differed along these paths" (Berry 1973, S. XII). Sein Buch kann man als Plädoyer für die erste der von Hawley formulierten Hypothesen interpretieren: Seiner Auffassung nach bestehen sowohl hinsichtlich der

Prozesse als auch der Ergebnisse fundamentale kulturräumliche Unterschiede. Dafür macht er vor allem die unterschiedlichen soziopolitischen Gegebenheiten verantwortlich, aus denen unterschiedliche Planungsstrategien resultieren. Allerdings werden dadurch eher die Industrieländer in verschiedene Gruppen unterteilt (freie Marktwirtschaften, Marktwirtschaften mit starkem staatlichem Einfluß, auf Umverteilung gerichtete Wohlfahrtsstaaten, sozialistische Staaten), während innerhalb der Dritten Welt nicht weiter differenziert wird.

Eine vermittelnde Position, die im Kern der zweiten von Hawley formulierten Hypothese entspricht, wird u. a. von Hofmeister (1980, S. 5) vertreten. Danach ist es nicht zuletzt eine Frage des Maßstabes, ob man eher die gemeinsamen Merkmale oder die individuellen Unterschiede betont. Für die Maßstabsebene der Kulturräume heißt das: Global gleichartige Prozesse bei kulturräumlich unterschiedlichen Gegebenheiten haben verschiedenartige Stadtstrukturen zur Folge, oder anders ausgedrückt, universale Prozesse, wie Modernisierung, Urbanisierung oder wirtschaftliche Entwicklungen (z. B. Industrialisierung), rufen unterschiedliche Reaktionen der jeweiligen Gesellschaften hervor, woraus sich wiederum unterschiedliche städtische Formen und räumliche Ordnungen ergeben. Das schließt nicht aus, daß es auch regelmäßig wiederkehrende Elemente, Strukturen sowie innere und äußere Raumbezüge gibt, die allen Städten, zumal in ähnlichen Entwicklungsstufen, eigen sind. Diese sind jedoch eng mit den kulturspezifischen Besonderheiten verwoben, und erst aus dem Zusammenwirken von „Einmaligkeit" und „überregionaler Gesetzmäßigkeit" entsteht der für einen Kulturraum charakteristische Stadttyp (Holzner 1981, S. 173, 178).

Selbst die in den 70er Jahren einsetzende Umstrukturierung des Weltsystems aufgrund neuer „Technologien zur Entstehung globaler Flüsse und Netzwerke", die mit dem Schlagwort von der Globalisierung umschrieben wird, beeinflußt zwar in hohem Maße städtische Strukturen, führt jedoch nicht zu einer weltweiten Homogenisierung und Vereinheitlichung, sondern impliziert gerade „lokale Diversität und Spezialität" (Korff 1993, S. 25). Das liegt daran, daß in diesem System weltweiter Arbeitsteilung die einzelnen Großräume, Länder und Städte eine höchst unterschiedliche Rolle spielen und damit die „internationalen Räume", die Teil der globalen Gesellschaft sind und einen bestimmten Lebensstil widerspiegeln (z. B. Hotels, Büro- und Apartmenthäuser, Einkaufszentren, *fast-food*-Ketten), ein quantitativ sehr verschiedenes Gewicht haben und auch die sozialräumliche Differenzierung unterschiedlich schnell voranschreitet und in unterschiedlichem Umfang von einer „Fragmentierung" abgelöst wird. Damit ist gemeint, daß Personengruppen und „Gebiete" funktional irrelevant werden, keine oder nur sehr geringe Zukunftsoptionen haben und daher an die ökonomische, räumliche oder soziale Peripherie abgedrängt werden. Diese Gruppen leben wohl noch in der Stadt im geographischen oder administrativen Sinne, aber in „Grauzonen", deren Verbindung mit der Stadt zunehmend reduziert wird (Korff 1993, S. 29 f.). Castells (1991) hat diese Entwicklung mit dem Begriff der „zweigeteilten Stadt" umschrieben. Man kann also sagen, daß der Globalisierungsprozeß sowohl Konvergenzen als auch Divergenzen bewirkt und die jeweilige Stadtstruktur von einem spezifischen Muster dieser Erscheinungen bestimmt wird. Eine ähnliche Stellung im Weltsystem, wie es für die einzelnen Kulturräume im großen und ganzen angenommen werden kann, wird somit auch zu ähnlichen Stadtstrukturen führen (vgl. Potter 1993 für den karibischen Raum).

In ihrer kritischen Auseinandersetzung mit der Konvergenztheorie hat Lichtenberger (1989, 1992) diese Überlegungen konkretisiert, indem sie zwischen varianten (kulturraumspezifischen) und invarianten (kulturraumübergreifenden) Faktoren städtischer Strukturen und Prozesse unterscheidet. Invarianzen bestehen im Hinblick auf die verfügbaren Technologien der Produktion, des Bauens, des Verkehrs, der Ver- und Entsorgung sowie von Information und Kommunikation. Bis zu einem gewissen Grade invariant ist auch die Abfolge der räumlichen Organisationssysteme der Gesellschaft von der arbeitsteiligen Gesellschaft über die Konsum- bis zur Freizeitgesellschaft, die sich weitgehend unabhängig von dem politischen System vollzieht (Lichtenberger 1989, S. 113), jedenfalls wenn man – wie es Lichtenberger getan hat – Europa und Nordamerika vergleicht. Für die Dritte Welt und somit auch Lateinamerika wäre allerdings diese Abfolge ebenfalls kritisch zu hinterfragen.

Zu den varianten Faktoren zählen:
- die Persistenz ererbter Strukturen, wie Stadtmorphologie und Viertelsbildung, traditionelle Normen und Verhaltensweisen der Bevölkerung sowie politisch-administrative Organisationsformen;
- die städtebaulichen Gestaltungsprinzipien, darunter insbesondere die Wohnbauformen;
- die politischen Systeme einschließlich deren Vorstellungen und Maßnahmen bezüglich gesellschaftlicher und wirtschaftlicher Strukturen und Organisationsformen (Lichtenberger 1992, S. 25).

Auf Lateinamerika bezogen wird somit zu überprüfen sein, welches Gewicht den varianten und invarianten Faktoren zukommt und welche Besonderheiten des Stadtentwicklungsprozesses und der Stadtstruktur sich daraus ergeben, so daß man vom Typ der lateinamerikanischen Stadt sprechen kann.

1.2 Umfang der Verstädterung in Lateinamerika im Vergleich zu anderen Erdteilen

Lateinamerika ist der am stärksten „verstädterte" oder „urbanisierte" Kontinent der Dritten Welt (Wilhelmy/Borsdorf 1984, S. 3; Bähr/Mertins 1990, S. 387; 1992 b, S. 360). Im deutschen Sprachraum ist es vielfach üblich, zwischen „Verstädterung" und „Urbanisierung" zu unterscheiden. Unter Verstädterung wird dabei die Vermehrung, Vergrößerung oder Ausdehnung der Städte nach Zahl, Einwohnern oder Fläche verstanden, während Urbanisierung die Ausbreitung städtischer Lebens-, Wirtschafts- und Verhaltensweisen einschließt bzw. sich (in eingeschränkter Begriffsbildung) nur darauf bezieht. Aufgrund der Tatsache, daß in anderen Sprachen diese begrifflichen Unterschiede nicht bestehen, werden Verstädterung und Urbanisierung hier synonym gebraucht (Hofmeister 1982; Heineberg 1989; für Lateinamerika: Kroß 1992, S. 6 ff.).

In Lateinamerika betrug der Verstädterungsgrad, d. h. der Anteil der Stadt- an der Gesamtbevölkerung, 1950 = 41,6 %, 1970 = 57,4 %, 1990 = 71,5 % und wird für das Jahr 2000 auf 76,6 % geschätzt (Abb. 1; vgl. auch Kap. 3.1). Demgegenüber lauten die Angaben für alle anderen Länder der Dritten Welt zusammen an den entsprechenden Zeitpunkten: 17,0 %, 24,7 %, 34,3 % und 40,3 % (UN 1993). Im weltweiten Vergleich werden im Jahr 2000 nur Nordamerika (77,7 %), Nord- und Westeuropa (84,8 % bzw. 81,8 %) sowie Australien-Neuseeland (85,4 %) einen geringfügig höheren Verstädterungsgrad aufweisen (UN 1993). Innerhalb Lateinamerikas nimmt das außertropische Südamerika (Argentinien, Chile, Uruguay) mit einem Verstädterungsgrad von 85,9 % für 1990 bzw. 88,3 % für 2000 unbestritten eine Spitzenstellung ein, was auch weltweit zutrifft.

Die Urbanisierung setzte sowohl in den Großregionen der Welt als auch in den einzelnen Ländern weder zur gleichen Zeit noch mit der gleichen Intensität ein, sondern es gab bzw. gibt dabei erhebliche raum-zeitliche Unterschiede. Diese erklären sich vor allem aus (vgl. u. a. Mertins 1991 a, S. 163 f.; Kap. 4):
- den unterschiedlichen Wirtschaftsstrukturen und räumlichen Wirtschaftskonzentrationen, damit gekoppelt auch aus

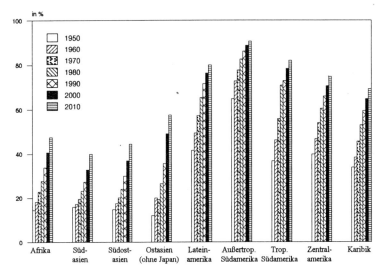

Abb. 1: Verstädterungsgrad in ausgewählten Großregionen der Dritten Welt und Lateinamerika 1950–2010 (Quelle: UN 1993).

– dem raum-zeitlich differierenden Eintreten in bestimmte wirtschaftliche Entwicklungsstadien;
– der unterschiedlichen kultursozialen Entwicklung und Situation;
– dem Stand im demographischen Transformationsprozeß sowie
– dem unterschiedlichen Einsetzen und Umfang der Land-Stadt-, vor allem der großstadtgerichteten Wanderungen, die ihrerseits wiederum in engem Zusammenhang mit einem jeweils sehr komplexen Geflecht von *push*- und *pull*-Faktoren stehen.

Deshalb offenbaren gerade die Großregionen der Dritten Welt erhebliche Unterschiede im Verstädterungsprozeß (Abb. 1): So werden Süd- und Südostasien im Jahre 2000 noch deutlich unter dem Verstädterungsgrad Lateinamerikas von 1950 bleiben, während Zentral- und Westafrika – trotz weitaus niedrigerer Ausgangswerte – aufgrund des hohen natürlichen Bevölkerungswachstums und der starken Land-Stadt-Migrationen diesen ungefähr erreicht haben werden. Allerdings sagen diese Angaben noch nichts über die absolute Zahl der in den Städten lebenden Bevölkerung aus und über deren Konzentrationsgrad in einigen Agglomerationen oder Metropolen. So war z. B. Indien 1990 mit ca. 846,2 Mio. Einwohnern nach der VR China der bevölkerungsreichste Staat nicht nur der Dritten Welt, sondern der gesamten Erde und übertraf Lateinamerika (441,1 Mio.) an Bevölke-

rung um 92,0 %. Gleichzeitig wies Indien einen Urbanisierungsgrad
von nur 25,5 % auf, Lateinamerika jedoch einen solchen von 71,5 %.
Aber: In den neun Agglomerationen Indiens mit über 2 Mio. Ew.
lebten 1990 mit 52,3 Mio. mehr Menschen als im außertropischen
Südamerika zusammen (48,6 Mio.), der Region mit der weltweit
höchsten Verstädterungsrate (Daten nach UN 1993).

Aus den angeführten Gründen sind der Verstädterungsgrad und
das Wachstum der städtischen Bevölkerung auch in den einzelnen
Staaten Lateinamerikas recht unterschiedlich (vgl. Kap. 3.1, 3.2). Hinzu treten bedeutende Kontraste innerhalb der jeweiligen Länder zwischen stark verstädterten und kaum verstädterten, z. T. sogar stadtarmen oder -leeren Regionen:

- am extremsten in Brasilien mit dem Wirtschafts- und Bevölke-
  rungsschwerpunkt im Südosten um die Metropolen São Paulo, Rio
  de Janeiro und Belo Horizonte (1990: ca. 70 % der Industriebeschäftigten, 79 % des industriellen Produktionswertes, 44 % der
  Bevölkerung Brasiliens) gegenüber weiten, bevölkerungsarmen
  Landesteilen im Nordosten und Amazonien;
- in Mexiko mit dem Hochtal von Mexiko-Stadt im Vergleich zum
  karibischen Küstentiefland einschließlich Yucatáns;
- in Kolumbien, wo der durch die drei größten Städte Bogotá–Medellín–Cali gebildeten bevölkerungs- und wirtschaftsstärksten Region (1990: 69 % der Industriebeschäftigten, 61 % des Bruttopro-
  duktionswertes, 48 % der Bevölkerung Kolumbiens) die feucht-
  heißen, stadtarmen östlichen und südöstlichen Tiefländer sowie das
  pazifische Küstentiefland gegenüberstehen, oder
- in Chile mit dem Gegensatz der Städte „reihe" Santiago de Chile–
  Valparaíso–Viña del Mar zu dem nur punkthaft besiedelten Großen
  Norden und Süden.

Dieses Verteilungsmuster hängt vor allem von vier, sich z. T. gegen-
seitig bedingenden Faktorenkomplexen ab (Wilhelmy/Borsdorf 1984,
S. 22 ff.; Bähr/Mertins 1990, S. 387 f.):

1. der physiogeographischen Ausstattung;
2. der präkolumbianischen räumlichen Siedlungsstruktur;
3. dem kolonialen und postkolonialen, auch dem rezenten (Amazonien!) Erschließungsgang sowie der wirtschaftlichen, vor allem der
   industriellen Inwertsetzung und
4. der Landbesitzstruktur, wobei bestimmte Anbaufrüchte (z. B.
   Zuckerrohr, Kaffee, Bananen) und deren Produktionsausrichtung
   (Export!) eine herausragende Rolle für Stadtgründungen (Han-
   delshäuser, Verarbeitungs-, Verkehrsanlagen etc.) spielen.

2 STADTENTWICKLUNG IN DER KOLONIALZEIT

Die Entwicklung Lateinamerikas ist seit der Kolonialzeit sehr eng mit der Entwicklung seiner Städte verknüpft. Allerdings wuchsen die kolonialen Städte nicht allmählich aus Agrardörfern, kleinen Handels- oder Marktorten heran, sondern entstanden fast ausschließlich als planmäßige Gründungen gewissermaßen „aus dem Nichts" („ex nihilo"; Solano 1986, S. 10 f.). Nur in den Regionen indianischer Hochkulturen wurden an einigen Standorten spanische Städte genau über prähispanischen Anlagen gebaut; am bekanntesten sind Mexiko-Tenochtitlán (Newig 1977) und Cuzco. Es gibt aber auch Beispiele aus der *sierra* Süd- und Zentralperus (Gasparini/Margolies 1980, S. 25 ff.) und aus Ecuador (Cuenca), ferner aus anderen Räumen Mexikos (Tlaxcala, Puebla, Cholula etc.; Kubler 1968, S. 209 f.; Tichy 1974, S. 195 ff.; 1979, S. 351 ff.; Solano 1986, S. 21; Tyrakowski 1989, S. 110, 118 ff.), wo der rechteckige bzw. schachbrettähnliche Siedlungsgrundriß einen Teil der auf vorspanischen, kulturreligiösen Weltvorstellungen basierenden planmäßigen Raumaufteilung darstellt.

In bemerkenswert kurzer Zeit, von ca. 1520/30 bis ca. 1570/80, war die Hauptphase der kolonialzeitlichen Stadtgründungen nicht nur im spanischsprachigen Bereich (Wilhelmy/Borsdorf 1984, S. 59 ff.; Solano 1990, S. 51 f.; Butzer 1991, S. 208; Mertins 1992 a, S. 180 f.), sondern auch an der Atlantikküste Brasiliens abgeschlossen, was für die Intensität des Eroberungs- und Kolonisationsvorganges spricht. In jener Zeit wurden fast alle heutigen Hauptstädte gegründet, ferner viele der jetzigen Agglomerationen/Metropolen. Ebenfalls noch in derselben Phase bildeten sich – den Kolonisations„frontiers" folgend bzw. deren Richtungen nachzeichnend – funktional-hierarchisch abgestufte Städtesysteme heraus, die für die weitere Stadtentwicklung in den betreffenden Regionen von Bedeutung waren, z. B. im Norden Mexikos (Trautmann 1986), im andin-karibischen Teil Kolumbiens (Aprile-Gniset 1991) oder in Nordwest-Argentinien (Schmieder 1962).

In der folgenden Phase, bis ca. 1630, stabilisierte sich das Städtesystem und festigten die wichtigsten Städte durch die Konzentration von politisch-administrativen, religiösen, kulturellen und wirtschaftlichen Funktionen ihre Führungsposition (u. a. Hardoy/Aranovich 1968, 1983). Im hispanoamerikanischen Bereich bildeten sich bis ca.

1600 um die Städte herum z. T. ausgedehnte Weidewirtschaftszonen, „providing meat-on-the-hoof, leather, hides, tallow, or wool" (Butzer 1991, S. 211).

Bis zur Mitte des 19. Jh. erfuhr das lateinamerikanische Städtesystem, auch in der funktionalen Ausstattung, Ausrichtung und Bedeutung der einzelnen Städte, kaum Änderungen (Hardoy 1980, S. 7). Ausnahmen betrafen jüngere Bergbauregionen (im südlichen Mexiko, in Minas Gerais/Brasilien seit Ende des 17. Jh.), die Anlage von militärischen Stützpunkten zur Grenzsicherung (z. B. 1726 die Gründung von Montevideo im spanischen Teil des Río de la Plata sowie umgekehrt die von Rio Grande do Sul, 1734, und von Porto Alegre, 1742, auf portugiesischer Seite als Zwischenstationen auf dem Weg zum Río de la Plata) oder gegen kriegerische Indianerstämme (z. B. in Nord- und Nordwest-Mexiko oder auch im Kleinen Süden Chiles) sowie die 1763 erfolgte Hauptstadtverlagerung im portugiesischen Kolonialreich von Salvador nach Rio de Janeiro (vgl. Kap. 2.4).

2.1 Spanische und portugiesische Stadtgründungen

Die Aufteilung Lateinamerikas in einen spanischen und in einen portugiesischen Machtbereich und dementsprechend wirtschaftlich, sprachlich, kulturell, aber auch städtebaulich-architektonisch geprägten Raum entsprach nicht den bereits 1494 im Vertrag von Tordesillas von beiden Ländern festgelegten Interessensphären, sondern spiegelte den realen Eroberungsgang wider. Spanier und Portugiesen waren nämlich als Eroberer in die Neue Welt gekommen. Nicht flächenhafte Kolonisierung und Besiedlung war ihr Ziel, vielmehr die Ausbeutung der vorhandenen Ressourcen, insbesondere von Edelmetallen. Dabei dienten ihnen die Städte zur Absicherung ihrer politischen und wirtschaftlichen Interessen; sie wurden zu Ausgangspunkten der Besitzergreifung und Kontrolle eines ausgedehnten Hinterlandes.

Hinsichtlich der Standortwahl gab es allerdings weitreichende Unterschiede zwischen Spaniern und Portugiesen, was z. T. auch Ausdruck ihrer unterschiedlichen Intentionen bei der Eroberung ist. So gründeten die Spanier ihre späteren „Haupt"städte als Zentren ihrer politischen, militärischen und kirchlichen Macht symbolhaft vor allem dort, wo sich die Mittelpunkte indianischer Hochkulturen befanden (z. B. Mexiko-Stadt, Bogotá, Quito), d. h., der „kontinentale Standort" wurde aus Gründen der Zentrumsidentität und -kontinuität zum bestimmenden Lagefaktor für bedeutende kolonialspanische

Städte. Ausnahmen bildeten wenige, für den Verkehr mit dem Mutterland wichtige Hafenstädte (z. B. Havanna, Cartagena, Callao, Veracruz, Valparaíso, Santo Domingo) oder binnenwärtige Etappenstationen auf dem Weg Küste–Hauptstadt, z. B. Mompóx/Kolumbien. Hingegen entstanden die bedeutendsten portugiesischen Städte als Handelsniederlassungen und als Plantagenzentren (Zuckerrohr, weniger: Kakao, Tabak) mit Ausnahme von São Paulo entlang der Atlantikküste, und der Lagefaktor „Küste" (bzw. Verkehrs- und Handelsgunst) spielte bis in die jüngste Vergangenheit eine sehr wichtige Rolle für die wirtschaftsräumliche Entwicklung Brasiliens (Bähr/Mertins 1992 a, S. 65).

Diese Zweiteilung Lateinamerikas führte in der Kolonialphase zur Herausbildung von stadtmorphologischen, -strukturellen und z. T. auch funktionalen Unterschieden, vor allem bei den bedeutenderen Kolonialstädten (Wilhelmy/Borsdorf 1984, S. 22 ff.; Bähr/Mertins 1992 a, S. 65 ff.).

2.2 Grundstrukturen der spanischen Kolonialstadt

Der Schachbrettgrundriß *(damero de ajedrez)*, manchmal auch ein rechteckiger Grundriß, mit dem Hauptplatz *(plaza mayor)* im Zentrum gelten allgemein als die ubiquitären, stereotypen und daher als die dominanten räumlichen Strukturkomponenten der hispanoamerikanischen Stadt, ja fast aller Siedlungen im spanischsprachigen Lateinamerika von der *conquista* bis heute (Mertins 1992 a, S. 176). Das trifft nicht nur für den ursprünglichen Siedlungs-/Stadtkern zu, sondern auch für seine phasenweise Ausdehnung, die gewissermaßen schablonenhaft erfolgte. Dabei kann aus topographischen Gründen, durch die Orientierung entlang von Flußläufen oder Straßen, durch Eigentumsgrenzen etc. der schachbrettartige Grundriß der neuen Stadtviertel *(barrios, urbanizaciones)* gegenüber dem bestehenden Muster versetzt oder verschoben sein. So entstand bzw. entsteht oft ein Mosaik diskontinuierlich verlaufender Schachbrett- oder schachbrettähnlicher Grundrisse innerhalb einer Stadt.

Im Gegensatz zur spanischen und – mit wenigen Ausnahmen – insgesamt zur mittelalterlich-frühneuzeitlichen europäischen Stadt war bzw. ist die *plaza mayor* das Zentrum und der Ausgangspunkt, der „Nabel" jeder hispanoamerikanischen Stadt, die sich schachbrettartig um diesen, bei der Gründung zuerst angelegten Kern „organisiert" (Ricart 1950, S. 325).

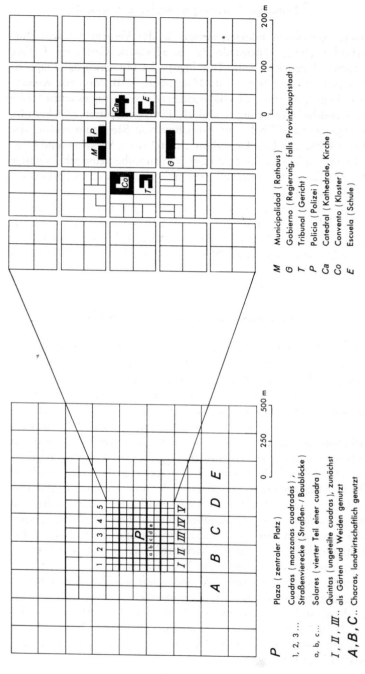

P   Plaza (zentraler Platz)

1, 2, 3 ...   Cuadras (manzanas cuadradas),
    Straßenvierecke (Straßen- / Baublöcke)

a, b, c ...   Solares (vierter Teil einer cuadra)

I, II, III ...   Quintas (ungeteilte cuadras), zunächst
    als Gärten und Weiden genutzt

A, B, C ..   Chacras, landwirtschaftlich genutzt

M   Municipalidad (Rathaus)
G   Gobierno (Regierung, falls Provinzhauptstadt)
T   Tribunal (Gericht)
P   Policia (Polizei)
Ca   Catedral (Kathedrale, Kirche)
Co   Convento (Kloster)
E   Escuela (Schule)

Abb. 2: Idealplan einer spanischen Kolonialstadt (Quelle: Kühn 1933, z. T. verändert).

Die *plaza* umfaßt ein quadratisches, seltener ein rechteckiges Straßenviereck mit einer Seitenlänge von ca. 100 m (Schwankungsbereich: 80–125 m). Von ihren Ecken gehen rechtwinklig Straßen ab, die wiederum Straßenvierecke (Straßen-, Baublöcke) mit der gleichen Seitenlänge begrenzen, die als *manzanas* oder *cuadras* (= *manzana cuadrada*) bezeichnet werden. Schon mit dem Gründungsakt wurde jede *plaza mayor* durch die gleichzeitige Ausweisung der unmittelbar angrenzenden *cuadras* für die wichtigsten Regierungs-, Verwaltungs-, religiösen und militärischen Gebäude sowie durch die Zuteilung der anderen zentral gelegenen Grundstücke an die ranghöchsten der bei der Eroberung bzw. Gründung beteiligten Konquistadoren auch zum funktionalen Stadtzentrum (Abb. 2; Kap. 2.5, 6.1).

Dieser „Idealplan einer spanischen Kolonialstadt", in klassischer Form von Wilhelmy so dargestellt (1952, S. 85; Wilhelmy/Borsdorf 1984, S. 57 f.) und allgemein akzeptiert, spiegelt aber nicht die mannigfachen Ausnahmen und Abweichungen wider. Sie sind vor allem zurückzuführen auf die Lage und Funktion (z. B. Hafen-, Bergbaustädte), auf die teilweise Übernahme indianischer Stadtgrundrisse und auf die verschiedenen Gründungsphasen, d. h. auf den „Reifeprozeß" bei der Entwicklung zum schematischen Schachbrettgrundriß (Mertins 1992 a, S. 178 ff.). Dieser konnte sich natürlich – und schon recht früh – am deutlichsten im ebenen Gelände ausbilden, z. B. in den Tiefländern Argentiniens oder in den Hochländern Mexikos. Aufgrund der genannten Kriterien und der jeweiligen Stellung der betreffenden Stadt in der kolonialen Verwaltungshierarchie sind verschiedentlich Grundriß- und Funktionstypologien für hispanoamerikanische Städte erstellt worden (u. a. Hardoy 1972 a, b, 1983; Wilhelmy/Borsdorf 1984; Solano 1986, 1990; Mertins 1992 a).

Über die Herkunft des schachbrettartigen Siedlungsgrundrisses in Hispanoamerika bestand lange Einhelligkeit. Ausgehend von den Untersuchungen Stanislawskis (1946, 1947), hat Wilhelmy immer wieder betont: „Zur wichtigsten Grundlage für den kolonialspanischen Städtebau wurden die Schriften des römischen Stadt- und Kriegsbaumeisters Vitruvius Pollio" (1952, S. 76; 1963, S. 24; Wilhelmy/Borsdorf 1984, S. 73), d. h., die spanischen Konquistadoren übertrugen das Schachbrettschema nach Hispanoamerika „nach Vorbildern, die in der Antike wurzeln und die in der Renaissance wieder lebendig wurden" (Wilhelmy/Borsdorf 1984, S. 76).

Diese klassische stadtgeographische Lehrmeinung ist nach neueren interdisziplinären Forschungsergebnissen dahingehend zu modifizieren (Mertins 1992 a, S. 184), daß den städtebaulichen Schriften des Vitruvius Pollio – wenn überhaupt in dieser Phase – frühestens ab 1556 Einfluß auf die königlichen Anordnungen *(ordenanzas)* für die Städtegründungen zukam. Allerdings wurden sie dann 1573 z. T. wörtlich in die „Anordnungen über die neuen Entdeckungen, die Siedlungen (= Siedlungsgründungen) und die Befriedungen" (= der Indianer) Philipps II. aufgenommen, wo sich in 18 von 148 Artikeln genaue städtebauliche Verordnungen finden (Hardoy 1972 a, S. 148 ff.; Goyoaga 1989, S. 128 ff.; Solano 1990, S. 70 ff.). Jedoch war zu dieser Zeit die Hauptphase der hispanoamerikanischen Stadtgründungen bereits vorbei und der Schachbrettgrundriß schon gut ausgebildet. Vielmehr muß von mehreren städtebaulich-architektonischen Vorbildern/Vorstellungen ausgegangen werden, die Ursprung und Ausformung/-prägung des kolonialspanischen Stadtgrundrisses wechselseitig beeinflußten (Palm 1955, S. 63 ff.; Hardoy 1972 a, S. 175 ff.), u. a.:

– spanische Vorbilder, vor allem der planmäßig-rechteckige Grundriß des 1491 bei Granada angelegten spanischen Feldlagers Santa Fé;
– die bei der *conquista* angetroffenen, mehr trapezförmigen Stadtgrundrisse in den indianischen Hochkulturreichen;
– der Einfluß urbanistischer Theorien der italienischen Renaissance, diese wiederum beeinflußt durch griechisch-römische Vorbilder, und letztlich,
– im Sinne des „esprit géométrique" der damaligen Epoche (Palm 1955, S. 61), generelle Vorstellungen über einen einfachen, überall rasch anwendbaren, für Erweiterungen offenen, d. h. insgesamt für einen „rationalen" Siedlungsgrundriß.

Die Entwicklung von noch unregelmäßig-rechteckigen (Santo Domingo, 1502; vgl. Palm 1955, S. 73, 78) oder schachbrettähnlichen Mustern zum Schachbrettgrundriß war dann ein relativ rascher, ca. 1520 einsetzender und kaum fünf Dekaden andauernder Ausformungsprozeß ohne explizite Eingriffe bzw. Normen (Hardoy 1980, S. 18; 1991, S. 42 f.), die erst 1573 für ein fast „reifes" Grundmuster erlassen wurden, das seitdem als Modell für fast jede Siedlungsanlage im spanischsprachigen Lateinamerika bis heute dient.

Im Zusammenhang mit dem Strukturmuster der hispanoamerikanischen Stadt ist auch die weitere Gliederung der Stadtgemeinde *(municipio)* außerhalb des ersten Siedlungsgrundrisses zu sehen, wie sie nach 1573 eigentlich vorgeschrieben war (Abb. 3; Goyoaga 1989, S. 124 f.).

Fast jede Gemeinde verfügte bzw. verfügt noch heute über *ejido*-Land (= Allmende, z. T. auch als *chacras* bezeichnet), das dann entsprechend dem Siedlungswachstum aufgeteilt wurde bzw. wird. Hin-

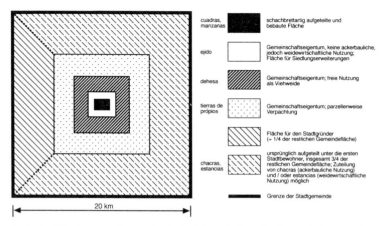

Abb. 3: Gliederungsschema der kolonialspanischen Stadtgemeinde (Quelle: Alvárez Lenzi 1972, verändert).

gegen war die Ausweisung von *dehesas, tierras de própios* und *suertes* durchaus nicht immer üblich (vgl. Abb. 3). Eine Ausnahme bilden lediglich die La-Plata-Länder (vgl. Mertins 1987 c, S. 48 für Montevideo), wobei Lage und Größe der *ejidos, dehesas* etc. von der Verfügbarkeit an Land und dessen Bodengüte abhängig waren.

2.3 Grundstrukturen der portugiesischen Kolonialstadt

Die kolonialportugiesischen Städte – nicht jedoch die kleineren, meistens spontan-planlos entstandenen Siedlungen *(aldeias, povoados* etc.) – wurden „im Prinzip wie im spanischen Kolonialreich nach dem Schachbrettschema" gebaut (Wilhelmy/Borsdorf 1984, S. 105). Zunächst traf das für die offiziell, d. h. im königlichen Auftrag angelegten Küstenstädte zu, die im Kern einen schachbrettartigen Grundriß aufweisen. Als erste entstand so das 1549 als Hauptstadt des portugiesischen Kolonialreiches gegründete São Salvador da Bahia (Abb. 4; Azevedo 1957; Santos 1959). Im 16. Jh. kamen dann auch Rio de Janeiro (1565) und João Pessoa (1585) hinzu. Allen ist gemeinsam, daß sie durch Befestigungsanlagen begrenzte, „geschlossene" Schachbrettstädte waren (Wilhelmy/Borsdorf 1984, S. 105), was auch für die meisten der später angelegten Küstenstädte zutrifft.

Die anderen Städte *(cidades)*, z. T. auch die größeren Ortschaften *(vilas)*, wiesen zwar zunächst im Kern einen schachbrettartigen

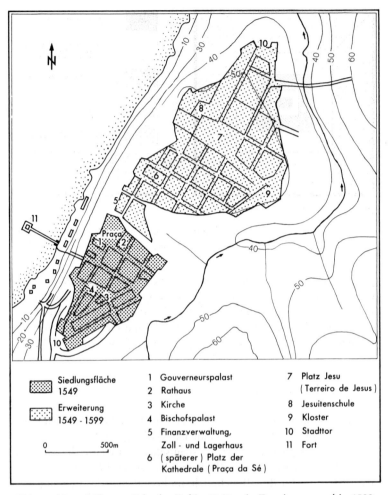

	Siedlungsfläche 1549	1	Gouverneurspalast	7	Platz Jesu (Terreiro de Jesus)
	Erweiterung 1549-1599	2	Rathaus		
		3	Kirche	8	Jesuitenschule
0	500m	4	Bischofspalast	9	Kloster
		5	Finanzverwaltung, Zoll - und Lagerhaus	10	Stadttor
		6	(späterer) Platz der Kathedrale (Praça da Sé)	11	Fort

Abb. 4: Grundriß von Salvador/Bahia 1549 mit Erweiterungen bis 1599 (Quelle: Santos 1959).

Grundriß auf, der bei der Erhebung einer *vila* zur *cidade* normalerweise einer *rectificação* (= Anpassung) unterzogen wurde. Im Unterschied zu den spanischen Gründungen (nach 1573) bestand jedoch keine Vorschrift, den Schachbrettgrundriß anzuwenden. Bei vielen neuen Stadtvierteln wurde er kaum noch berücksichtigt, so daß der Grundriß der portugiesischen Kolonialstadt weitaus unregelmäßiger erscheint als derjenige in Hispanoamerika.

Fragt man nach den Vorbildern für die Anwendung des Schachbrettgrundrisses im portugiesischen Südamerika, so sind einmal die spanischen Gründungen anzuführen, die um 1550 bereits einen gewissen „Reifegrad" aufwiesen (Kap. 2.2), dann aber die gezielte Entsendung portugiesischer Baumeister zur Fort-/Weiterbildung nach Rom und Florenz, wo sie mit den städtebaulichen Ideen der Antike und der italienischen Renaissance sowie mit den italienischen Festungsbaukonzepten konfrontiert wurden (Wilhelmy/Borsdorf 1984, S. 106).

2.4 Städtewachstum in der Kolonialphase

Die „Hochzeit" der (noch heute wichtigen) kolonialen Städtegründungen war ca. 1580 im spanischen und ca. 1610/20 im portugiesischen Machtbereich abgeschlossen. Nach einer relativen „Ruhephase" kann dann das 18. Jh., zumindest für einige Regionen Iberoamerikas, als ein „großes Gründungsjahrhundert" bezeichnet werden (Solano 1990, S. 93). Dabei machten – von den Bergbausiedlungen abgesehen – die spanischen wie portugiesischen Städtegründungen zur Sicherung der jeweiligen Einfluß-/Machtsphären im La-Plata-Bereich sowie an den „Kriegsfronten" (*fronteras de guerra;* Solano 1990, S. 94f.) des kolonialspanischen Imperiums gegenüber z. T. hartnäckigen Widerstand leistenden Indianerstämmen den Hauptteil aus. Diese „Kriegs- (= Kolonisations-)fronten" erstreckten sich einmal vom Norden und Nordwesten Mexikos über Niederkalifornien, Arizona, Neu-Mexiko bis nach Texas; andererseits drangen sie in den Kleinen und Großen Süden Chiles vor.

Der zahlenmäßigen Zunahme stand jedoch ein sehr langsames Bevölkerungswachstum fast aller „Städte" gegenüber, und in den meisten Fällen wurde der bei der Gründung festgelegte Stadtgrundriß *(traza)* während der Kolonialzeit nicht vollständig bebaut (Hardoy 1980, S. 120). Wanderten bis 1650 insgesamt ca. 315000 Spanier nach Lateinamerika aus, von denen ca. 41 % in den „großen" Städten mit jeweils über 750 spanischen Haushalten lebten, so ging die spanische Einwanderung 1630–50 rapide zurück und stagnierte dann aus verschiedenen Gründen bis 1810 bei durchschnittlich 500 Personen/Jahr (Butzer 1991, S. 205 ff.).

Das städtische Wachstum, verbunden mit der entsprechenden städtischen Entwicklung, vollzog sich seit Anfang des 17. Jh. vor allem in den Hauptstädten der Vizekönigreiche (Mexiko-Stadt, Lima; später auch noch: Bogotá, Buenos Aires) sowie in den Hauptstädten der bedeutendsten Provinzen, die z. T. Sitz von Generalstatthalterschaften *(capitanías grandes)*, z. T. auch nur von Statthaltern *(capitanías)* und/oder von Obergerichten *(audiencias)* waren: Guatemala (Antigua), Havanna, Caracas, Santiago de Chile, Guadalajara, Panamá, Santo Domingo, Quito, La Plata (Sucre)/Bolivien und Cuzco (Solano 1990, S. 91; Hardoy 1991, S. 221). Für den portugiesischen Bereich traf eine derartige Entwicklung lediglich für Salvador und Rio de Janeiro zu (Hardoy 1991, S. 379 f.). Aufgrund der Ausstattung mit politisch-administrativen, religiösen, Ausbildungs-, medizinischen Funktionen etc. gelangten Hardoy/Aranovich (1968) für 1580 und 1630 zu einer hierarchischen Einteilung der kolonialspanischen Städte in fünf Gruppen. Die erste Gruppe bildeten 1580 wie 1630 Lima (1614: ca. 25 000 Ew.; Wilhelmy/Borsdorf 1985, S. 78) und Mexiko-Stadt (1600: ca. 15 000 Ew.; Schmieder 1962, S. 144). Zur zweiten Gruppe zählten 1580 sechs Städte: Bogotá, Santiago de Guatemala (Antigua), Santo Domingo, Quito, Guadalajara und La Plata; 1630 waren es bereits 29, wobei Bogotá, Cartagena, Cuzco, Havanna, La Plata, Puebla und Quito mit Abstand die ersten sieben bildeten. An dieser Bedeutungsskala hat sich in der Kolonialzeit prinzipiell nichts mehr geändert.

Mit wenigen Ausnahmen (z. B. Arequipa, Córdoba, La Paz, Veracruz sowie Recife-Olinda, São Luis do Maranhão) stagnierten die anderen Städte fast, blieben in ihrer Siedlungsstruktur und Bausubstanz monoton und waren „mehr ländlich als städtisch" (más rural que urbano; Solano 1990, S. 99). Hingegen bildete sich in den „Hauptstädten", vor allem seit der Mitte des 18. Jh., das z. T. noch überlieferte koloniale Stadtbild heraus mit prächtigen staatlichen, städtischen und religiösen Gebäuden sowie oft prunkvollen Adelspalästen und Bürgerhäusern der vornehmen Familien (Kap. 2.5).

Jedoch hatten in den 20er Jahren des vergangenen Jahrhunderts nur drei Städte die 100 000-Einwohnerzahl überschritten: Mexiko-Stadt, Salvador und – als Konsequenz der 1808 erfolgten Verlegung des portugiesischen Hofes dorthin sowie der nachfolgenden Einwanderungswelle aus Portugal – Rio de Janeiro. Wahrscheinlich zählten Havanna und Lima zu jener Zeit schon über 50 000 Ew., rangierten dahinter Buenos Aires und Santiago de Chile mit 40–50 000 Ew., während Bogotá noch unter 40 000 Ew. blieb (Hardoy 1980, S. 20; 1991, S. 380). Die mit Abstand größte Stadt Lateinamerikas war aber recht früh und für einen längeren Zeitraum das 1546, ein Jahr nach der Entdeckung der Silberminen, in 4050 m Höhe auf dem bolivianischen Altiplano gegründete Potosí mit ca. 120 000 Ew. bereits im Jahre 1572 und ca. 160 000 Ew. 1641. Die Einwohnerzahl ging jedoch mit nachlassender

Ergiebigkeit der Minen zu Anfang des 18. Jh. rasch auf ca. 70 000 Ew.
und dann auf ca. 22 000 Ew. (1780) zurück (Schoop 1980, S. 86 ff.).
Ähnliche „Berg- und Talfahrten", wenn auch nicht in dieser Dimension, erlebten andere Edelmetall-Bergbaustädte, z. B. Oruru/Bolivien
oder Ouro Preto/Brasilien (Socolow/Johnson 1981, S. 41).

2.5 Modell der kolonialzeitlichen Stadt

Die sozialräumliche und funktionale Gliederung der spanischen
wie der portugiesischen Kolonialstadt war durch ein zentral-peripheres Gefälle des Sozialgradienten gekennzeichnet, dem auch ein solcher
in der Hausgröße und in der Qualität der Bausubstanz entsprach
(Bähr 1976 a, S. 126; Bähr/Mertins 1981, S. 2; 1992 a, S. 66; Gormsen
1981, S. 292 f.; Wilhelmy/Borsdorf 1984, S. 139).

Im Zentrum, d. h. in den hispanoamerikanischen Städten um die
plaza, lagen die wichtigsten öffentlichen Bauten: Rathaus, Kathedrale,
Regierungs- und Gerichtsgebäude sowie Schulen und Klöster
(Abb. 2; Kap. 2.2). Das Zentrum war Wohnstandort der Oberschicht.
Nach außen folgten die Wohnviertel der weniger privilegierten Wei-
ßen und Mestizen mit mittlerem Einkommen (Angestellte, kleinere
Händler, Handwerker etc.). Größe, Qualität der Baumaterialien und
Ausstattung der meist einstöckigen *patio*-Häuser nahmen dabei mit
wachsender Entfernung vom Stadtzentrum stetig ab. Am Stadtrand
lagen die Lehmhütten *(ranchos, chozas)* der Unterschicht, vor allem
der Mestizen oder Mulatten und Indianer (Hardoy 1972 a, S. 143 f.;
Bähr 1976 a, S. 126). In den kleineren Städten waren die Wohnviertel
der Mittel- und Unterschicht oft nicht klar voneinander getrennt, sondern verschmolzen fast.

Mit der deutlich gegliederten Abnahme des Sozialstatus, der funktionalen Ausstattung, der Hausgröße und der Bausubstanz vom Stadtkern zum -rand entspricht die sozialräumlich-funktionale Gliederung
der lateinamerikanischen Kolonialstadt dem ringförmigen Modell der
Stadtentwicklung, allerdings dem „umgekehrten" Burgess-Typ (Heineberg 1989, S. 13; Bähr/Mertins 1992 a, S. 66). Nach Sjoberg (1960,
S. 91 ff.) ist das Kern-Rand-Sozialgefälle ein wichtiges Kriterium aller
vorindustriellen Städte; die kolonialzeitlichen Städte Lateinamerikas
sind ein Musterbeispiel dafür (Chance 1975, S. 213 f.).

Erste Auflösungserscheinungen des kolonialzeitlichen Modells
zeigten sich in den „Hauptstädten" Lateinamerikas ab 1860/70 und
stärker dann in den ersten Jahrzehnten dieses Jahrhunderts (vgl.

Kap. 6). Selbst größere, in der Gegenwart häufig auf mehr als 100 000
Ew. angewachsene Regionalstädte lassen die vorindustrielle Stadtglie-
derung nur noch z. T. erkennen, z. B. Santa Cruz de la Sierra/Bolivien
(Köster 1978, S. 174). Das trifft auch für das oft als klassisches Beispiel
der Bewahrung des kolonialzeitlichen Stadttyps bis in die jüngere Zeit
herausgestellte Popayán/Kolumbien (Bähr 1976 a, S. 127; Wilhel-
my/Borsdorf 1984, S. 139; 1985, S. 48 f.) nur bis ca. 1950 zu (Whiteford 1964, S. 79 ff.). Dabei stützte der optische Eindruck des Zentrums
bis zum Erdbeben am 31. 3. 1983 immer wieder dieses Prädikat (Müller 1989, S. 4 ff.), was aber der sozialräumlichen Gliederung längst
nicht mehr entsprach (Gormsen 1981, S. 293; Müller 1989, S. 67 ff.;
Mertins 1991 b, S. 181).

In Abhängigkeit vom Standort, d. h. der Distanz zu den Agglome-
rationen/Metropolen oder der Lage in/zu dynamischen Regionen,
durchläuft das kolonialzeitliche Gliederungsschema in Mittelstädten
einen mehr oder weniger starken Transformationsprozeß, so auch in
den Anfang der 70er Jahre von Borsdorf (1976) untersuchten Städten
Valdivia und Osorno/Chile. Die kleineren, oft abseits gelegenen städtischen Siedlungen Lateinamerikas verkörpern jedoch noch heute
weitestgehend den kolonialzeitlichen Stadttyp, selbst wenn sie erst im
letzten Viertel des vergangenen Jahrhunderts, z. B. bei Kolonisations-
vorgängen oder mit der Anlage von Eisenbahnlinien, entstanden sind
(Bähr/Mertins 1981, S. 2).

3 VERLAUF UND UMFANG
DES VERSTÄDTERUNGSPROZESSES

3.1 Verstädterungsprozeß

Lateinamerika unterscheidet sich von den anderen Großregionen der Dritten Welt nicht nur aufgrund des deutlich höheren Anteils in Städten lebender Menschen (Kap. 1.2), sondern auch dadurch, daß der Verstädterungsprozeß besonders früh einsetzte und mit enormer Intensität ablief. Mit dem ersten Aspekt ist Verstädterung als „demographischer Zustand" angesprochen; den gebräuchlichsten Indikator dafür bildet der prozentuale Anteil der Stadtbevölkerung an der Gesamtbevölkerung eines Landes (Verstädterungsquote, Verstädterungsgrad). Der zweite Aspekt meint Verstädterung als „demographischen Prozeß", d. h. die Wachstumsgeschwindigkeit der Stadtbevölkerung eines Landes; diese läßt sich u. a. mit Hilfe der jährlichen Zuwachsrate der städtischen Bevölkerung messen. Bei allen raum-zeitlichen Vergleichen ist allerdings zu bedenken, daß Städte in den einzelnen Ländern höchst unterschiedlich definiert werden und die internationalen Vergleichsstatistiken vielfach auf diesen nationalen Festlegungen basieren. In Lateinamerika reicht die Spanne der Schwellenwerte von lediglich 100 bewohnten Gebäuden in Peru bis zu 2000 Ew. z. B. in Argentinien und Bolivien. Häufig werden auch gar keine Größenangaben herangezogen und alle Distrikt- oder sonstigen Verwaltungszentren als Städte bezeichnet, so z. B. in Brasilien, Ecuador, Paraguay oder Costa Rica (vgl. UN 1992, S. 185 ff.).

Nach dem zeitlichen Ablauf des Verstädterungsprozesses lassen sich vier Ländergruppen unterscheiden (vgl. Paulukat 1980, S. 242; Abb. 5):

In einer ersten Gruppe, die von den Staaten des außertropischen Südamerikas gebildet wird, setzte das Wachstum der Städte schon Ende des vorigen Jahrhunderts ein. Während der Verstädterungsgrad (bezogen auf Städte $\geq$ 20000 Ew.) für Lateinamerika insgesamt im Jahre 1890 noch unter 10 % lag – in Bolivien und Honduras sogar unter 5 % –, wurden in der genannten Ländergruppe Anteile von 15 % und mehr registriert, mit einem Spitzenwert von 26 % in Uruguay. Eine zweite Gruppe, bestehend aus Mexiko, Venezuela, Panamá,

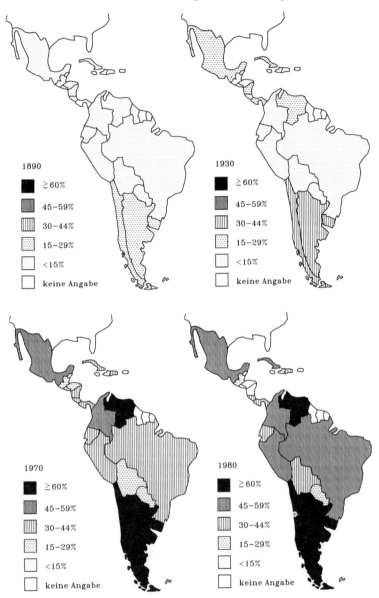

Abb. 5: Verstädterungsgrad lateinamerikanischer Staaten (Bevölkerung in Orten ≥ 20 000 Ew.) 1890, 1930, 1970, 1980 (Quelle: Paulukat 1980; CEPAL 1993).

Nicaragua und einzelnen Landesteilen von Brasilien, verzeichnete in den 20er und 30er Jahren einen ersten Verstädterungsschub. Im Jahre 1930 belief sich der Anteil der Stadtbewohner hier zwischen 16 und 25 % (Lateinamerika insgesamt: 17 %). Im außertropischen Südamerika war zu diesem Zeitpunkt die Schwelle von 30 % bereits deutlich überschritten. Nach dem Zweiten Weltkrieg erreichte die Verstädterung auch in den übrigen lateinamerikanischen Staaten – von wenigen Ausnahmen abgesehen – ein höheres Ausmaß. Der lateinamerikanische Durchschnitt betrug im Jahre 1970 45 %. Nur in Haiti, Guatemala, El Salvador, Honduras, Bolivien und Paraguay blieb der Wert noch unter 25 %; dagegen zählten Argentinien, Uruguay, Chile und Venezuela bereits einen Anteil der Stadtbewohner von mehr als 60 %. Bis 1980, das als letztes Vergleichsjahr für diesen Indikator zur Verfügung steht, hatte sich der Durchschnitt auf 53 % erhöht; in Argentinien, Uruguay und Venezuela war die 70-%-Schwelle überschritten; einen Verstädterungsgrad von unter 25 % wiesen nur noch Guatemala und Haiti auf.

Die Zunahme des Verstädterungsgrades im zeitlichen Verlauf läßt sich idealtypisch durch eine S-förmige Kurve charakterisieren, wie sie aus der europäischen Erfahrung abgeleitet wurde. Argentinien und Uruguay können als Beispiele für diesen Entwicklungsablauf gelten. Während der Anteil der in Städten ($\geq$ 20 000 Ew.) lebenden Menschen zunächst nur langsam anstieg, beschleunigte sich das Städtewachstum, bedingt durch die Einwanderung aus Übersee, vor allem aus Südeuropa, schon vor der Jahrhundertwende erheblich und hielt – nur unterbrochen von der Zeit zwischen den beiden Weltkriegen – bis etwa 1970 unvermindert an, als ein Verstädterungsgrad von über 65 % registriert wurde. Anschließend schwächte sich der Zuwachs deutlich ab; die letzten verfügbaren Werte, die sich auf das Jahr 1980 beziehen, weisen für beide Staaten einen Verstädterungsgrad von gut 70 % aus. Andere Länder haben die Periode des stark beschleunigten Städtewachstums sehr viel später, z. T. sogar erst in der Gegenwart erreicht. Hier ist auch in naher Zukunft mit einer raschen Zunahme der Stadtbewohner zu rechnen. Der Anstieg der Verstädterungsquote erfolgt in diesen Fällen wesentlich schneller, und die Kurve nimmt einen deutlich steileren Verlauf. Es bestätigt sich somit die auch an anderen Beispielen belegte Regelhaftigkeit, daß die Phase des schnellen Anstiegs der Stadtbevölkerung um so kürzer ist, je später sie einsetzt (Gaebe 1987, S. 23).

Man schätzt, daß die städtische Bevölkerung (nationale Zensusdefinitionen), die sich allein im letzten Vierteljahrhundert (1970–95) von 162 Mio. auf 358 Mio. mehr als verdoppelt hat, in den folgenden

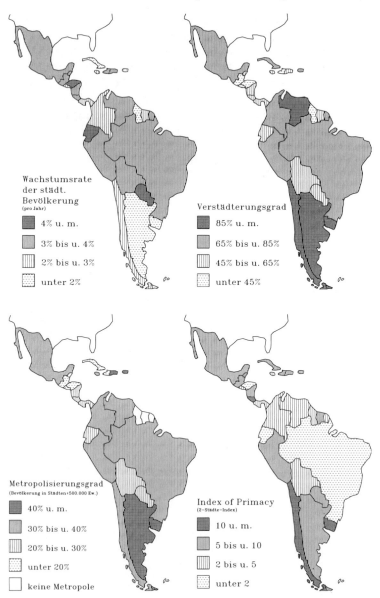

Abb. 6: Verstädterungsgrad, Wachstumsrate der städtischen Bevölkerung, Metropolisierungsgrad und *Index of Primacy* lateinamerikanischer Staaten 1990 (Quelle: Bähr/Mertins 1990; UN 1993).

Tab. 1: Indikatoren des Verstädterungsprozesses nach Großräumen 1950 und 1990

	Karibik		Mexiko und Zentralamerika		Trop. Südamerika		Außertropisches Südamerika		Lateinamerika	
	1950	1990	1950	1990	1950	1990	1950	1990	1950	1990
Städt. Bevölk. in Mio.	6,02	19,87	14,51	74,49	31,71	179,40	16,51	41,73	68,74	315,48
Ländl. Bevölk. in Mio.	11,03	13,77	22,03	38,83	54,42	66,13	8,97	6,87	96,44	125,59
Verstädterungsgrad in %	33,7	59,8	39,8	66,0	36,8	73,1	64,8	85,9	41,5	71,7
Wachstumsrate der städt. Bevölk. in %/Jahr[1]	3,0	2,4	4,4	3,2	5,6	2,6	3,2	1,6	4,5	2,9
Zahl der Millionenstädte	1	4	1	6	2	25	3	5	7	40
Anteil der Millionenstädte an der städt. Bevölk. in %	19,1	34,0	21,7	32,3	16,7	44,0	45,5	49,6	24,8	41,4

[1] 1950–55 bzw. 1990–95

Quelle: UN (1993)

zweieinhalb Jahrzehnten nochmals um 200 Mio. ansteigen wird (UN 1993). Die durchschnittliche jährliche Wachstumsrate wird zwar nicht mehr ganz den Wert des vorangegangenen Zeitraums (3,2 %/Jahr) und erst recht nicht das Maximum der Jahre 1950–65 (4,4 %/Jahr) erreichen, aber noch immer verhältnismäßig hoch bleiben (1,8 %/Jahr).

Kombiniert man für das Jahr 1990 die beiden Indikatoren des Verstädterungsprozesses, den Verstädterungsgrad und die Wachstumsrate der städtischen Bevölkerung, miteinander, so leitet sich daraus die folgende Typisierung ab (Bähr/Mertins 1992b, S. 360; vgl. Abb. 6; Tab. 1):

1. Länder mit hohem Verstädterungsgrad, aber nur verhältnismäßig geringen Wachstumsraten der städtischen Bevölkerung. Dazu zählen insbesondere die Staaten des außertropischen Südamerikas sowie Kuba (z. B. Argentinien mit 86 % städtischer Bevölkerung und einer Wachstumsrate von 1,6 %/Jahr).

2. Länder mit mittlerem Verstädterungsgrad und mäßigen Wachstumsraten. Zu dieser Gruppe sind u. a. Brasilien, Peru, Kolumbien und Mexiko zu rechnen (z. B. Peru mit 70 % bzw. 2,8 %/Jahr).

3. Länder mit niedrigem Verstädterungsgrad und hohen Wachstumsraten. Dazu gehören Paraguay, Bolivien, Ecuador und die Mehrzahl der zentralamerikanischen Staaten (z. B. Bolivien mit 51 % bzw. 3,8 %/Jahr).

Für Lateinamerika als Ganzes ergibt sich daraus, daß der Verstädterungsgrad in Zukunft noch ansteigen wird. Zur Jahrtausendwende rechnet man mit einem Verstädterungsgrad von ca. 77 %. Dieser Wert wird ungefähr demjenigen von Nordamerika und Europa entsprechen (UN 1993; vgl. auch Mertins 1992b).

Der enge Zusammenhang zwischen Verstädterung und wirtschaftlichem Wachstum, wie er für Europa im 18. und 19. Jh. kennzeichnend war, gilt in den Staaten der Dritten Welt nur in stark eingeschränktem Maße (Gaebe 1987, S. 36). Auch in Lateinamerika hat die Zuwachsrate von Bruttosozialprodukt und Beschäftigung bei weitem nicht mit der Zunahme der städtischen Bevölkerung Schritt halten können. Da diese Entwicklung schon verhältnismäßig lange anhält, sind die Mißverhältnisse häufig besonders kraß, und es wird daher auch von „Hyperurbanisierung" oder „Überurbanisierung" gesprochen (Friedman/Lackington 1967).

3.2 Metropolisierungsprozeß

Mit dem Verstädterungsprozeß einher geht eine zunehmende Konzentration der Stadtbewohner auf verhältnismäßig wenige große Zentren. Dieses Phänomen wird mit den Schlagworten „Vergroßstädterung" und „Metropolisierung" umschrieben. Während über die Großstadtdefinition weitgehend Einigkeit besteht ($\geq$ 100 000 Ew.), wird der Begriff der Metropole unterschiedlich weit gefaßt (vgl. Bronger 1989). Aus pragmatischen Gründen bietet es sich jedoch an, zur Abgrenzung auch in diesem Fall einen Einwohnerschwellenwert zu benutzen. Dieser wird im allgemeinen bei 500 000 oder 1 Mio., gelegentlich auch bei 2 Mio. Ew. (Mertins 1992 b, S. 12) festgesetzt. Eine weitere Schwierigkeit liegt in der Abgrenzung der großen Städte gegenüber ihrem Umland bzw. in der Abgrenzung metropolitaner Gebiete oder Verdichtungsräume (*área metropolitana*). Auch die Statistiken internationaler Organisationen orientieren sich dabei meist an den (nicht einheitlichen) Festlegungen der jeweiligen Länder.

Eine Aufschlüsselung der Bevölkerungsentwicklung in Städten verschiedener Größenordnungen zeigt, daß die Metropolen ($\geq$ 500 000 Ew.) besonders schnell gewachsen sind. Im Durchschnitt der Jahre zwischen 1950 und 1970 errechnet sich dafür eine Wachstumsrate von mehr als 6 %/Jahr, während sie für die städtische Bevölkerung insgesamt „nur" 4,4 %/Jahr betrug. Der Metropolisierungsgrad (Anteil der Metropolitanbevölkerung an der Gesamtbevölkerung), der sich 1950 erst auf 12,5 % belaufen hatte, erhöhte sich auf 23,2 % im Jahre 1970 und übertrifft mit 36,9 % (1990) heute schon denjenigen Westeuropas (35,8 %) (Paulukat 1980, S. 243; Bähr/Mertins 1990, S. 390).

Dabei ergeben sich jedoch bedeutsame regionale und zwischenstaatliche Unterschiede (Abb. 6). So überstieg der Metropolisierungsgrad im außertropischen Südamerika bereits 1950 mit 32,5 % denjenigen von Westeuropa (31,6 %) und verzeichnete 1990 den weltweiten Spitzenwert von 44,6 %. Seit 1950/60 zeigen auch die Länder des tropischen Süd- und Mittelamerikas einen stark anwachsenden Metropolisierungsgrad, der heute – abgesehen von Guatemala, El Salvador und Honduras – überall mehr als 20 % beträgt. Die größeren karibischen Staaten folgten mit einer gewissen Phasenverschiebung, die kleineren, einschließlich der Guayana-Staaten, werden diesen Stand mangels entsprechender Stadtgrößen wahrscheinlich gar nicht erreichen (Bähr/Mertins 1990, S. 390 ff.).

Einen weiteren Indikator für den rasch fortschreitenden Metropo-

Tab. 2: Zahl und Bevölkerung der Millionenstädte in Lateinamerika 1950–1990

	Zahl			Bevölkerung in 1 000			Anteil an der Stadtbevölk. in %			Anteil an der Gesamtbevölk. in %		
	1950	1970	1990	1950	1970	1990	1950	1970	1990	1950	1970	1990
Argentinien	1	1	3	5 042	8 414	13 728	45,0	44,8	49,3	29,4	35,1	42,5
Bolivien	0	0	1	–	–	1 010	–	–	27,6	–	–	14,1
Brasilien	2	7	14	5 287	22 165	55 015	27,5	41,4	49,1	9,9	23,1	36,9
Chile	1	1	1	1 332	2 837	4 870	37,5	39,7	43,7	21,9	29,9	37,0
Dom. Rep.	0	0	1	–	–	2 203	–	–	50,9	–	–	30,7
Ecuador	0	0	2	–	–	3 084	–	–	51,9	–	–	29,2
Haiti	0	0	1	–	–	1 041	–	–	56,1	–	–	16,0
Kolumbien	0	2	4	–	3 377	9 010	–	27,6	39,9	–	15,8	27,9
Kuba	1	1	1	1 147	1 745	2 124	39,7	34,0	27,2	19,6	20,5	20,0
Mexiko	1	3	6	3 147	11 809	24 002	27,0	39,8	39,1	11,5	23,5	28,4
Peru	0	1	1	–	2 928	6 475	–	38,7	43,0	–	22,2	30,0
Puerto Rico	0	0	1	–	–	1 383	–	–	53,0	–	–	39,2
Uruguay	1	1	1	1 140	1 170	1 287	65,3	50,7	46,8	50,9	41,7	41,6
Venezuela	0	1	3	–	2 047	5 148	–	26,7	29,5	–	19,3	26,6
Lateinamerika insgesamt	7	18	40	17 095	56 492	130 380	24,9	34,8	41,3	10,3	19,9	29,6

Quelle: UN (1993)

lisierungsprozeß stellt die Entwicklung der Millionenstädte dar
(Tab. 2). Ihre Zahl hat sich zwischen 1950 und 1990 sprunghaft von 7
auf 40 vermehrt. Heute lebt bereits mehr als jeder vierte Lateiname-
rikaner, in Ländern wie Argentinien, Brasilien, Uruguay und Chile
mehr als jeder dritte Bewohner, in Städten dieser Größenordnung.

Die größten lateinamerikanischen Metropolen ($\geq$ 4 Mio. Ew.) lassen sich auf der Basis der Einwohnerzahlen des Jahres 1990 in drei
gut abgrenzbare Gruppen untergliedern. Davon können die ersten
beiden eindeutig zum Typ der Megastädte gerechnet werden, über
deren Abgrenzung allerdings in der Literatur keine Einheitlichkeit
besteht ($\geq$ 5 Mio. Ew. nach Bronger 1993, $\geq$ 10 Mio. Ew. nach Mertins 1992 b): Mexiko-Stadt und São Paulo mit über 15 Mio. Ew., Buenos Aires und Rio de Janeiro mit ca. 11 Mio. Ew. sowie Lima-Callao,
Bogotá und Santiago de Chile, deren Einwohnerzahlen zwischen 4
und 7 Mio. liegen (UN 1993). Die höchsten Wachstumsraten traten
in allen genannten Städten zwischen 1950 und 1970 auf. Sie betrugen
oft das Doppelte des jeweiligen nationalen Wertes, was auf erhebliche
Wanderungsgewinne hinweist. Wenn sich auch die Wachstumsraten
in der Gegenwart abgeschwächt haben, so ist die absolute Zunahme
nach wie vor erheblich. Erste Ergebnisse von Volkszählungen, die
Anfang der 90er Jahre durchgeführt worden sind, deuten darauf hin,
daß gerade die Einwohnerzahlen der Megastädte nach unten revidiert
werden müssen, so in São Paulo auf 15,2 Mio. (1991) und in Mexiko-
Stadt gar auf 14,8 Mio. (1990). Noch 1990 hatten die Vereinten Na-
tionen dafür Werte von 18 bzw. 20 Mio. genannt. Die wirtschaftliche
Krise der 80er Jahre bedingte ganz offensichtlich einen erheblichen
Rückgang der Wanderungsgewinne (vgl. Bähr/Wehrhahn 1994 für São
Paulo; Feldbauer/Mar Velasco 1993 für Mexiko-Stadt).

3.3 Städtesysteme und Primatstrukturen

Einen ersten Einblick in die Struktur eines Städtesystems erhält
man mit Hilfe von Ranggrößendiagrammen. Dabei wird auf der Ab-
szisse eines Koordinatensystems der Rang, auf der Ordinate die Einwohnerzahl jeweils in logarithmischer Skala eingetragen. Die sich ergebende Anordnung der Punkte entspricht meist annähernd einer Geraden *(rank-size rule)*. Abweichungen von dieser idealen Geraden
können dazu dienen, die Besonderheiten eines Städtesystems zu charakterisieren.

In Lateinamerika ist das bevölkerungsmäßige Übergewicht der

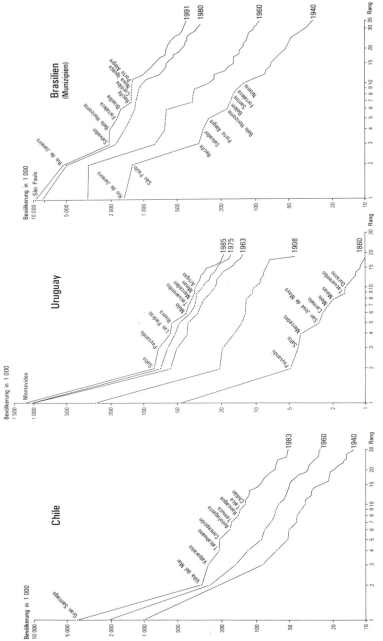

Abb. 7: *Rank-size*-Diagramme für Chile, Uruguay und Brasilien (Quelle: Bähr/Mertins 1985; Kohlhepp 1985; Bähr 1987, ergänzt).

größten Stadt eines Landes, die gewöhnlich mit der jeweiligen Hauptstadt identisch ist, besonders auffällig, wie weltweite Vergleichsbe-
rechnungen nachdrücklich unterstreichen (Browning 1989). Seit Jefferson (1939) wird dieses Phänomen als *primacy* bezeichnet. Einen
Indikator dafür stellt der *Index of Primacy* dar, der gewöhnlich als
Quotient aus der Einwohnerzahl der größten und der zweitgrößten
Stadt definiert wird (vgl. Abb. 6). Gemäß der *rank-size-rule* ergibt
sich für diesen Quotienten ein Wert von 2. Liegen die errechneten
Werte erheblich darüber, wird von einer *primate-city* bzw. einer Primatstruktur des Städtesystems gesprochen.

Spitzenwerte für den *Index of Primacy* errechnen sich (neben Paraguay und Guatemala) für Chile und Uruguay mit jeweils ungefähr
15, was die demographisch dominante Rolle der jeweiligen Hauptstädte nachdrücklich unterstreicht.

In Uruguay war die Vorrangstellung der Landeshauptstadt schon
Mitte des vorigen Jahrhunderts sehr ausgeprägt (Abb. 7). Die Bemühungen um eine Industrialisierung, spätestens seit den 30er Jahren,
und die frühe Entwicklung zur Dienstleistungsgesellschaft haben diese Tendenz noch verstärkt, denn Arbeitsplätze im sekundären und vor
allem im tertiären Sektor wurden überwiegend in Montevideo geschaffen. Zu Beginn der 60er Jahre lebten 46 % der uruguayischen
Bevölkerung in der Landeshauptstadt, und der *Index of Primacy* betrug über 20. Die gewisse Abschwächung der Primatstruktur, die in
den folgenden beiden Jahrzehnten zu beobachten ist, hängt zum einen
damit zusammen, daß die Zuwanderung aus dem *interior* deutlich
zurückging, zum anderen drückt sich darin aus, daß Montevideo inzwischen über die administrative Stadtgrenze hinausgewachsen ist
und die Bevölkerungszunahme der Randgebiete statistisch den angrenzenden *departamentos* zugeordnet wird (Bähr 1987).

In Chile setzte das bevölkerungsmäßige „Voreilen" der Hauptstadt
erst wesentlich später ein. Noch um die Jahrhundertwende war Santiago nicht sehr viel größer als der Hafen Valparaíso, und selbst für
1940 zeigt das Diagramm in Abb. 7 noch angenähert eine *rank-size*-
Verteilung (vgl. Mozo 1993). Heute dagegen lebt mehr als jeder dritte
Chilene in der Región Metropolitana de Santiago mit ihren 5,2 Mio.
Ew., und die zweitgrößte Stadt, Concepción mit 330 000 Ew., zählt
noch nicht einmal 6 % der Einwohner des metropolitanen Ballungsraumes. Selbst wenn man den Hafen Valparaíso mit dem angrenzenden Badeort Viña del Mar zu einer Stadtregion von etwa 580 000 Ew.
zusammenfaßt, bleibt die Dominanz der Metropole bestehen (Zahlen
für 1992 nach Ergebnissen der Volkszählung).

Diesen Staaten mit extrem ausgeprägter *primacy* stehen Länder mit mehreren Metropolen gegenüber, wobei dann meist eine auffällige Hierarchisierung auftritt, die sich an „Sprüngen" im Ranggrößendiagramm ablesen läßt. In diesen Fällen ist der *primacy*-Index natürlich kleiner: z. B. Ecuador: 1,2, Brasilien: 1,7, Kolumbien: 3,1, Venezuela: 2,1 (Werte für 1990 nach UN 1993). Das beste Beispiel dafür stellt Brasilien mit den beiden Führungsstädten São Paulo und Rio de Janeiro dar. Davon bildet São Paulo heute das herausragende Wirtschaftszentrum des Landes und die größte Industrieagglomeration Lateinamerikas, während Rio de Janeiro, bis 1960 Hauptstadt, weiterhin im kulturellen Bereich die Spitzenposition innehat und ein sehr wichtiges, wenn auch nicht mehr das führende Handels- und Bankenzentrum, außerdem eine bedeutende Industriestadt ist. Erst mit deutlichem, im Ranggrößendiagramm gut erkennbarem Abstand folgen die regionalen Metropolen wie Belo Horizonte oder Salvador, die sich aufgrund der Flächengröße Brasiliens trotz der starken Bevölkerungskonzentration auf São Paulo und Rio de Janeiro entwickeln konnten (Abb. 7).

Eine Primatstruktur drückt sich auch im bevölkerungsmäßigen Anteil der jeweiligen Landeshauptstadt aus. Noch Ende des 19. und zu Beginn des 20 Jh. schwankte dieser Prozentsatz in den meisten Staaten lediglich zwischen 3 und 5 % (z. B. Peru 1876: 3,8 %, Bolivien 1900: 3,1 %, Nicaragua 1920: 4,4 %); nur im außertropischen Südamerika lagen die Werte schon damals höher (z. B. Uruguay 1873: 28,3 %, Argentinien 1895: 19,8 %; Hauser 1962; Bähr 1979 a, 1987). Heute dagegen werden für dieses Merkmal in zahlreichen Staaten 30 % und mehr erreicht (nach UN 1993): In Chile sind es 37 %, in Argentinien 35 %, in der Dominikanischen Republik 31 % und in Peru 30 %. Vergleichsweise gering ist dieser Wert im allgemeinen in den weniger verstädterten Staaten, wie Bolivien (14 %), Guatemala (9 %) oder Haiti (16 %), aber auch – mitbedingt durch siedlungspolitische und die Zuwanderung erschwerende Maßnahmen – in Kuba (20 %).

Trotz gewisser Datenprobleme liegt mittlerweile eine Reihe von Untersuchungen vor, die in systematischer Weise der Frage nach der zeitlichen Entwicklung der Primatstruktur nachgehen (vgl. McGreevey 1971; Hardoy/Langdon 1978; Browning 1989). Hier wird auf die bislang wohl umfassendste Datenanalyse von Chase-Dunn (1985) Bezug genommen. Aufbauend auf den Überlegungen von McGreevey (1971), wird ein *Standardized Primacy Index* (SPI) entwickelt, der bei einer log-normalen Ranggrößenverteilung den Wert 0 annimmt, bei einer Tendenz zur Primatstruktur positiv und im umgekehrten Fall negativ wird. Um 1900 lag der Index im Mittel noch nahe bei 0, und nur Argentinien und Uruguay wiesen schon damals eine ausgeprägte *primacy* (SPI ≥) auf. Bis 1950 war der durchschnittliche Index auf 7,7 angestiegen, bis 1975 sogar auf 8,9. Die schnellsten Veränderungen waren dabei in den 30er und 40er Jahren zu registrieren, womit sich eine auffällige Parallele zum damals eingeleiteten Prozeß der Importsubstitution ergibt (vgl. Reichart 1993, S. 202 ff.). Von den 13 der 19 untersuchten Staaten, deren Index 1900 noch unter 2 lag, hatten 12 bis 1950 diesen Schwellenwert zur Primatstruktur überschritten; lediglich Kolumbien bildete sowohl 1950 als auch 1975 eine Ausnahme. Zwischen 1950 und 1975 verzeichneten nur Bolivien und Kuba eine Umgruppierung von höchster (SPI ≥) zu gemäßigter *primacy* (SPI zwischen 2 und 5). In Bolivien dürfte das mit der Erschließung und Ölförderung am östlichen Andenrand zusammenhängen. Als Folge davon ist Santa Cruz de la Sierra zur zweitgrößten Stadt des Landes mit 696 000 Ew. (1990) aufgestiegen. Im Falle von Kuba konnte das Übergewicht Havannas vor allem durch gezielte raumplanerische Maßnahmen abgemildert werden (Bähr/Mertins 1989).

Die Berechnungen von Nuhn (1981) für die zentralamerikanischen Staaten bestätigen die mitgeteilten Ergebnisse im grundsätzlichen. Danach hat sich die Primatstruktur – abgesehen von Costa Rica und dem Sonderfall Honduras (zwei führende Städte) – zwischen 1960 und 1970 noch verstärkt; aber auch in Costa Rica blieb das Niveau insgesamt hoch. Über einen längeren Zeitraum gesehen ist die stärkste Steigerung der *primacy* in Guatemala zu beobachten.

Aufs Ganze gesehen läßt sich das von Berry (1961) postulierte Entwicklungsmodell von der *primacy* zur *rank-size*-Verteilung für Lateinamerika nicht bestätigen. Die Dominanz einiger weniger Metropolen ist in fast allen Ländern auch heute noch ungebrochen, wobei die extremsten Werte gerade in Ländern mit sehr unterschiedlichem Entwicklungsstand auftreten (Guatemala, Haiti, Paraguay versus Argentinien, Uruguay und Chile). Der gewisse Rückgang einzelner *primacy*-Indikatoren, wie er in jüngster Zeit auch als Folge der neuen weltwirtschaftlichen Arbeitsteilung beobachtet werden konnte, ist nicht unbedingt als Trendwende zu interpretieren, sondern bedeutet zumeist nur eine Stabilisierung auf hohem Niveau, verfügen doch die Metropolen über ein extremes Beharrungsvermögen (vgl. Reichart 1993, S. 282 ff.).

Primatstruktur und Metropolisierung werden zwar meist anhand demographischer Daten gemessen (demographische *primacy*), sehr viel entscheidender ist jedoch die damit verknüpfte wirtschaftliche und politische Konzentration (funktionale *primacy*; Bronger 1993, S. 65). So liegt der Anteil der Hauptstädte an den Industriebeschäftigten gewöhnlich noch über dem der Bevölkerung. In Montevideo waren es in den 70er Jahren ca. 75 %, in Santiago de Chile 55 %, in Lima zu Beginn der 80er Jahre 74 % und selbst in Bogotá 31 % (Mertins 1987 b, S. 75). Noch bedeutsamere Anteile entfallen meist auf andere wirtschaftliche Indikatoren, wie Bruttoinlandsprodukt, Kreditvergabe oder Investitionen sowie auf Einwohner mit Hochschulausbildung, Beschäftigte in Führungsberufen und mit hohem Einkommen (vgl. Perló Cohen 1993, S. 130 für Mexiko-Stadt). Somit konzentriert sich der gesamte nationale Reichtum, alle Macht und alles künstlerische und geistige Leben in so hohem Maße auf eine oder allenfalls zwei bis drei Metropolen, daß kleineren Städten kaum eine Chance verbleibt, eine gewisse Eigenständigkeit zu behaupten (Waldmann 1990 a, S. 23), zumal sie immer wieder durch *brain drain* ihre Führungskräfte an die Hauptstadt verlieren (Kohlhepp 1985, S. 53). Diese Strukturen aufzubrechen, gestaltet sich außerordentlich schwierig, weil Regierungen und andere einflußreiche Gruppen durch ihre Entscheidungen den Konzentrationsprozeß meist noch verstärkt haben und häufig wenig Interesse an durchgreifenden Veränderungen zeigen.

3.4 Konzepte zur Dezentralisierung des Metropolisierungsprozesses

Vor dem Hintergrund der immer gravierender hervortretenden negativen siedlungsmäßigen, infrastrukturellen, sozioökonomischen und vor allem auch ökologischen Folgeerscheinungen des Metropolisierungsprozesses (vgl. Kap. 5) wurden seit den 70er, verstärkt seit den 80er Jahren immer wieder Maßnahmen zur Dezentralisierung, d. h. zur Umlenkung und damit zur Abschwächung des Metropolisierungsprozesses gefordert (vgl. u. a. Boisier 1987; Nuhn/Oßenbrügge 1987, 1988).

Die Implementierung der verschiedenen Formen der Dezentralisierung (Zinnel 1986, S. 123; Boisier 1987, S. 140 f.) setzt das Vorhandensein von *ciudades medianas* (Borsdorf 1986), *secondary cities* (Rondinelli 1983), *ciudades intermedias* (Carrión 1986), *intermediate urban centres* (Blitzer u. a. 1988) etc. voraus, die alle nicht eindeutig definiert sind (Mertins 1991 b, S. 175 f.), die aber bereits über eine gewisse infrastrukturelle, ökonomische und administrative Grundausstattung verfügen müssen. Die Dezentralisierungsmaßnahmen sollen nicht nur zur Abschwächung des Metropolisierungsprozesses führen, sondern

– in Verbindung mit dem Einsatz regionalpolitischer Strategien – durch die Verlagerung von Bevölkerungs- und Wirtschaftswachstum in regionale Wachstumspole oder Entwicklungszentren gleichzeitig auch zum Abbau interregionaler Disparitäten beitragen (vgl. zusammenfassend Nuhn/Oßenbrügge 1987).

Derartige Dezentralisierungskonzepte sind, z.T. mit Unterstützung internationaler Organisationen, in den 70er und 80er Jahren in mehreren lateinamerikanischen Ländern in Angriff genommen worden. Für Costa Rica, Panamá und Belize mit noch relativ kleinen bzw. noch gar keiner Metropole(n) kommen Nuhn/Oßenbrügge (1987, S. 11) zu dem Schluß, daß sie „bisher eine wenig effektive Umsetzung erfahren und nicht die erwarteten positiven Ergebnisse gebracht" haben. Vergleichbares kann für die bisherigen Dezentralisierungsmaßnahmen im Großraum Mexiko-Stadt festgestellt werden (Sander 1990), aber auch für die „Politik der mittleren Zentren" im gesamten Mexiko (Müller 1984). Noch sehr viel negativer sind die Dezentralisierungsbestrebungen in Peru (Gierhake 1988, 1991) und Kolumbien (Bischoff 1995) zu beurteilen, wo mit der Implementierung entsprechender Maßnahmen größtenteils gar nicht erst begonnen wurde. Hingegen kann Brasilien – nach Redwood (1984) – mit seiner Dezentralisierungspolitik deutliche Erfolge verbuchen: Ausgewählte Sekundärzentren, darunter einige regionale Metropolen (u. a. Belo Horizonte, Curitiba, Manaus, Porto Alegre, Salvador), verzeichnen aufgrund einer gezielten Industrialisierungspolitik – in Verbindung mit zeitweiligen Importsubstitutions- und Exportsubventionsmaßnahmen – seit den 70er Jahren z. T. weitaus höhere Bevölkerungswachstumsraten als die nationalen Metropolen São Paulo und Rio de Janeiro, deren Wachstum dadurch „gebremst" worden sein soll.

Allerdings ist zu beachten, daß bei Mega-Metropolen wie São Paulo, Mexiko-Stadt und Buenos Aires seit den 60er Jahren ein ungewöhnlich starker Suburbanisierungsprozeß eingesetzt hat. Er führte einmal zu einer noch anhaltenden Abnahme der Einwohnerzahlen in den Kernbereichen (vgl. Mertins 1987a, S. 163f. für São Paulo; Bähr 1979a, S. 157 und Gans 1990, S. 43, 144f. für Buenos Aires), verbunden mit einer intraregionalen Dekonzentration von Bevölkerung, die sich vermehrt in sog. Entlastungsstädten ansiedelt, die zunächst im engeren Einzugsbereich (bis zu 50 km), später auch im „potentiellen" äußeren Einzugsbereich (bis zu 100 km; Hennings/Jenssen/Kunzmann 1980, S. 17) liegen können.

In diesem „Konzept der Entlastungsorte", die gleichzeitig Entwicklungsschwerpunkte sind, sehen Hennings/Jenssen/Kunzmann

(1980) ein geeignetes Instrument zur Dezentralisierung (besser: Dekonzentration) von Metropolen in Entwicklungsländern. Dabei kann ein derartiger Dekonzentrationsprozeß durch die Anlage moderner Verkehrsachsen gelenkt werden. Im Falle von São Paulo hatte dieser „Standortbereich" für Entlastungsstädte bereits 1980 einen Durchmesser von 150 km und wies 1970–80 eine höhere Bevölkerungswachstumsrate auf als die *região metropolitana* (Redwood 1984, S. 41); im folgenden Jahrzehnt hat sich dieser Trend noch verstärkt (Bähr/Wehrhahn 1994). In Groß-Buenos Aires lagen schon 1972 die End„städte" derartiger Entwicklungsachsen ca. 55–60 km vom Zentrum entfernt (Bähr 1979 a, S. 156). Seit den frühen 80er Jahren zählen u. a. Toluca, Cuernavaca und Puebla (50–60 km, ca. 85 km bzw. ca. 120 km entfernt) zu den größeren Entlastungsstädten von Mexiko-Stadt (Sander 1990, S. 496 ff.; Czerny 1991, S. 67 f.), wobei die Dezentralisierungspläne bezüglich der *área metropolitana* auch eher als Dekonzentrationsvorhaben zu bezeichnen sind.

In Lateinamerika kann nur ein Beispiel für eine mit beachtlichen Erfolgen verbundene Anwendung von Dezentralisierungsmaßnahmen angeführt werden: Kuba, wo – unter den bekannten politischen Parametern – Dezentralisierung als grundsätzliches, umfassendes, normativ-gesellschaftliches Konzept aufgefaßt wird. Durch Industriegründungen, die seit den 70er Jahren in ausgewählten Wachstumspolen erfolgten, sowie die Anlage bzw. den Ausbau von kleinen agropolitanen Zentren kam es zu einer gezielten Umlenkung vor allem der hauptstadtgerichteten Wanderungen: Havanna ist die einzige Metropole Lateinamerikas, wenn nicht sogar der Dritten Welt, deren Bevölkerungswachstumsrate 1953–88 deutlich unter dem Landesdurchschnitt lag und deren Anteil an der Landesbevölkerung im gleichen Zeitraum sogar abgenommen hatte (22,0 % im Vergleich zu 19,8 %; Bähr/Mertins 1989; Mertins 1993).

Im Rahmen der recht umfangreichen Dezentralisierungsdiskussion überrascht es insgesamt, daß den Hauptstadtverlagerungen kaum dezentralisierende Effekte zugeschrieben werden bzw. sie nur eine untergeordnete Rolle spielen. Sicherlich steht die bedeutendste Hauptstadtneugründung in Lateinamerika, das am 21. 4. 1960 eingeweihte Brasília, in erster Linie als „Symbol der nationalen Emanzipation" (Kaiser 1987, S. 176) für die endgültige Abkehr von der Kolonialzeit und für das gestiegene nationale Selbstbewußtsein. Gleichzeitig war Brasília jedoch die Funktion eines regionalen Wachstumspols zugewiesen, von dem wichtige Impulse für die Entwicklung des Landesinnern ausgehen sollten (Pfeifer 1962, S. 290). Trotz rascher Bevölkerungszunahme (1991: 2,1 Mio. Ew.) blieb das Absorptionspotential von Brasília geringer als erwartet und hatte auf das Bevölkerungswachstum von São Paulo und Rio de Janeiro keinen nachhaltigen Einfluß (Hennings/Jenssen/Kunzmann 1980, S. 14).

Auch die im April 1986 begonnene, im September 1990 aus Kostengründen wieder eingestellte Planung für die Verlagerung der Hauptstadtfunktion von der Großmetropole Buenos Aires in die ca. 800 km südwestlich gelegene Kleinstadt Viedma (1991: ca. 41 000 Ew., mit der Nachbarstadt Plottier ca. 58 000 Ew.) an die Nordgrenze des dünn besiedelten, wirtschaftlich kaum bedeutenden Patagoniens geschah aus der Überlegung heraus, dort einen regionalen Wachstumspol zu schaffen. Daneben spielten geostrategische Gründe (die geopolitische Position Argentiniens im südlichen Atlantik) eine wichtige Rolle, kaum jedoch die Überzeugung, dadurch das Wachstum von Groß-Buenos Aires entscheidend schwächen zu können (Gans 1991).

Neben der „Wiedergewinnung der staatlichen Identifikation" stand die Verminderung der regionalen Disparitäten auch bei den dann nicht weiterverfolgten Untersuchungen zur Verlagerung der peruanischen Hauptstadt von Lima in das ca. 320 km östlich gelegene Mantaro-Tal, zwischen Huancayo und Jauja, im Vordergrund (INP 1987).

4 DETERMINANTEN
DES VERSTÄDTERUNGSPROZESSES

4.1 Die Bedeutung verschiedener Ursachengruppen

Die Zunahme der städtischen Bevölkerung läßt sich auf drei Ursachengruppen zurückführen: zum ersten auf das natürliche Bevölkerungswachstum, zum zweiten auf Land-Stadt-Wanderungen und zum dritten auf eine Umklassifizierung bisher als ländlich eingestufter Siedlungen nach Überschreiten einer bestimmten Einwohnerzahl bzw. als Folge von Eingemeindungen. In quantitativer Hinsicht haben Umklassifizierungen normalerweise verhältnismäßig wenig Einfluß, selbst wenn dadurch eine beträchtliche Städteverdichtung eintritt.

Von den beiden anderen Komponenten spielen in Lateinamerika wie auch in den anderen Entwicklungskontinenten Geburtenüberschüsse eine bedeutend größere Rolle als in den Industriestaaten zur Zeit ihres raschen Städtewachstums in der zweiten Hälfte des vorigen Jahrhunderts, als die Zunahme der Stadtbevölkerung zum überwiegenden Teil auf Wanderungsüberschüssen beruhte. Dagegen liegt nach Singelmann (1988) der Anteil von Wanderungsgewinnen (einschl. Umklassifikationen) in den Entwicklungsländern bei 43 %; in vielen lateinamerikanischen Staaten ist er sogar noch wesentlich niedriger (z. B. Kolumbien 26 %, Uruguay 32 %, Mexiko 34 %). In der Vergangenheit waren die Werte im allgemeinen höher. So betrug der Wanderungsanteil am Städtewachstum in den 40er und 50er Jahren oft über 50 %, z. T. sogar über 60 %, z. B. in Venezuela, Kolumbien, Nicaragua und der Dominikanischen Republik (CEPAL 1966, S. 21).

Freilich besteht zwischen Zuwanderung und natürlichem Wachstum eine sehr enge Beziehung, die auf die Auslesewirkung der Land-Stadt-gerichteten Migrationen zurückzuführen ist (vgl. Kap. 5.1). Da die Altersgruppen zwischen 15 und 35 Jahren weit überproportional am Wanderungsgeschehen beteiligt sind, erhöht sich damit auch der Anteil an Frauen im sog. gebärfähigen Alter, und die Geburtenüberschüsse bleiben hoch, selbst wenn die durchschnittliche Kinderzahl bei der städtischen Bevölkerung geringer als bei der ländlichen ist.

Im zeitlichen Verlauf zeigt das Zusammenspiel der einzelnen Komponenten auffällige Regelhaftigkeiten, die sich mit der Stellung der jeweiligen Länder im demographischen Transformationsprozeß und der damit eng verknüpften Mobilitätstransformation in Beziehung bringen lassen. Die von Zelinsky (1971) formulierte, von Brown/Sanders (1981) und Skeldon (1990) explizit auf die Situation in der Dritten Welt angewandte Hypothese von der Mobilitätstransformation besagt, daß mit zunehmendem sozioökonomischen Entwicklungsstand nicht nur regelhafte Veränderungen des natürlichen Wachstums, sondern auch des Mobilitätsverhaltens einhergehen. Danach gewinnen Migrationen in der frühen Transformationsphase, parallel zur Scherenöffnung zwischen Geburten- und Sterbeziffer und dem dadurch ausgelösten Bevölkerungsdruck, erheblich an Bedeutung. Eine massive Land-Stadt-Wanderung ist die Folge. Zwar dauert diese auch in den späteren Phasen des demographischen Übergangs noch an, zusätzlich treten jedoch andere Formen räumlicher Mobilität, wie Wanderungen zwischen oder innerhalb von Städten, stärker in Erscheinung. Eine lateinamerikanische Besonderheit bildet die umfangreiche Einwanderung aus Europa in der zweiten Hälfte des 19. und zu Beginn dieses Jahrhunderts, die vor allem Argentinien, Uruguay und Südbrasilien, abgeschwächt auch Chile, betraf. Dadurch kam es hier noch vor dem Einsetzen einer ausgeprägten „Landflucht" zu erheblichen Wanderungsgewinnen, namentlich auch in den jeweiligen Metropolen.

Gans (1992) hat diese Abfolge der Migrationsformen und ihre Einordnung in das Modell des demographischen Übergangs speziell für Lateinamerika schematisch dargestellt und in Beziehung zu verschiedenen Wirtschaftszyklen gesetzt (Abb. 8). Danach begann nach der Unabhängigkeit der lateinamerikanischen Staaten – wenn auch nicht überall zum gleichen Zeitpunkt – ein Modernisierungsprozeß, der sich auf den Aktionsraum der Menschen nachhaltig auswirkte. Zuvor hatte die Intensität der verschiedenen Migrationsformen auf einem vergleichsweise niedrigen Niveau gelegen, ist aber nach neueren Forschungen größer gewesen, als lange Zeit angenommen (Robinson 1990; Skeldon 1990). Diese Periode des *desarrollo hacia afuera*, die zwischen 1840 und 1880 begann, bedeutete die ökonomische Öffnung der lateinamerikanischen Staaten und ihren Anschluß an die zunächst von Europa gesteuerte Weltwirtschaft (Sandner 1971, S. 311 ff.). In diese Zeit fällt die große Einwanderungswelle, vorzugsweise aus Südeuropa (Italien, Spanien); es ist anzunehmen, daß diese mitverantwortlich für den verhältnismäßig frühen Beginn des demographischen Übergangs in Argentinien und Uruguay ist.

Mit der Weltwirtschaftskrise trat eine grundlegende Änderung der

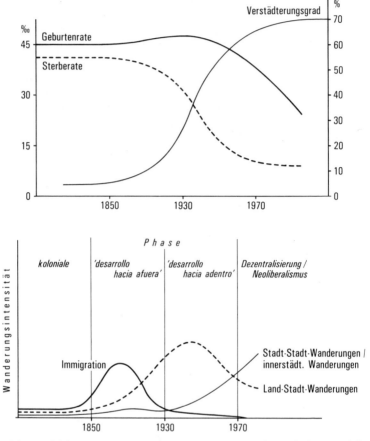

Abb. 8: Abfolge von Migrationsformen in Lateinamerika nach dem Modell
        der Mobilitätstransformation (Quelle: Gans 1992).

ökonomischen Rahmenbedingungen ein (Sandner 1971, S. 314 ff.).
Das Interesse der lateinamerikanischen Regierungen richtete sich in
der Folgezeit auf die Binnenentwicklung mit Hilfe der importsubstituierenden Industrialisierung *(desarrollo hacia adentro)*. Diese Wirtschaftspolitik, verbunden mit einer Aufblähung des staatlichen Ver-
waltungsapparates, schuf vor allem Arbeitsplätze in den wenigen
größeren Verdichtungsräumen, was zu einer Beschleunigung der Land-
Stadt-gerichteten Wanderungen beigetragen hat. Da sich gleichzeitig
die Schere zwischen den Geburten- und Sterberaten weit öffnete, sind

während dieser Phase in allen Städten maximale Zuwachsraten zu verzeichnen, wobei der Anteil der Geburtenüberschüsse als Wachstumskomponente im zeitlichen Verlauf mehr und mehr zunahm. Die von Herrera/Pecht (1976, S. 469) und Gaebe (1987, S. 41) genannten Daten für Mexiko-Stadt bestätigen diese Tendenz. Danach traten hier die höchsten jährlichen Wachstumsraten von durchschnittlich 6,0 % schon im Jahrzehnt zwischen 1940 und 1950 auf, wobei sich der Wanderungsanteil auf 69 % belief. Bis 1960–70 war die Rate auf 5,3 % gefallen, und der Anteil der Wanderungen hatte sich auf 38 % vermindert. Eine ähnliche Abfolge trifft auch für Santiago de Chile zu (Wilhelmy/Borsdorf 1984, S. 176).

4.2 Einwanderungen

Die Bevölkerungsentwicklung während der Phase des *desarrollo hacia afuera* ist in den einzelnen lateinamerikanischen Staaten und Großräumen höchst unterschiedlich verlaufen. Die Einwohnerzahl des Subkontinents hat sich zwischen 1850 und 1930 von 30 auf 104 Mio. mehr als verdreifacht, was einer jährlichen Zuwachsrate von etwas mehr als 1,5 % entspricht. Dieser Mittelwert wurde von Argentinien und Uruguay mit 3 %/Jahr und mehr deutlich übertroffen und auch von Brasilien und Chile noch überschritten. Hingegen verzeichneten die meisten Staaten Mittelamerikas und der Andenregion unterdurchschnittliche Wachstumsraten (Gans 1992, S. 214). Entscheidend für diese räumliche Differenzierung war die europäische Immigration, die sich auf jene Länder konzentrierte, in denen sich landwirtschaftliche Produkte mit guten Absatzchancen auf dem Weltmarkt erzeugen ließen (Getreide, Fleisch, Leder, Kaffee), wofür aber das nationale Arbeitskräfteangebot bei weitem nicht ausreichte. Diese Bedingungen fanden die Immigranten namentlich in Argentinien, Uruguay und im südlichen Brasilien vor. Eine aktive Einwanderungspolitik der betreffenden Staaten hat den Zuwanderungsstrom noch zusätzlich gefördert, der sich dann durch Kettenwanderungen weiter verstärkte. Nach Sánchez-Albornoz (1974) beruht die Zunahme der Einwohnerzahlen in Argentinien von 1841–1940 zu 29 % auf Einwanderungsgewinnen und zu weiteren 29 % auf Geburtenüberschüssen der Immigranten. Der Bevölkerungszuwachs aus der Überseewanderung wird auf ca. 5 Mio. veranschlagt.

Auch in Brasilien erreichte die überseeische Zuwanderung mit einem Saldo von ca. 3,5 Mio. ein erhebliches Ausmaß. Dagegen blieb die Nettozuwanderung in Uruguay unter 1 Mio. (Wilhelmy/Borsdorf 1985, S. 263). Für das kleine, zuvor kaum bevölkerte Land bedeutete aber auch diese verhältnismäßig geringe Zahl einen entscheidenden Entwicklungsimpuls. Immerhin betrug der Ausländeranteil bereits im Jahre 1860 33 % (Rial/Mario/Klaczko 1978, S. 99). Ein so hoher Wert ist selbst in Argentinien nie erreicht worden (Recchini de Lattes 1973, S. 25).

Sehr bald schon waren die großen Städte überproportional an den Wanderungsgewinnen aus Übersee beteiligt, weil sich im Rahmen der von außen gesteuerten wirtschaftlichen Entwicklung die meisten Investitionen auf wenige städtische Zentren konzentrierten, die im Falle von Buenos Aires und Montevideo zugleich Hauptstadt und wichtigster Hafen waren. So lag der Anteil von Buenos Aires an der argentinischen Netto-Einwanderung schon vor der Jahrhundertwende stets bei ungefähr 25 % und stieg nach 1914 auf über 35 % an (Recchini de Lattes 1971, S. 114). Entsprechend hoch war der Anteil der im Ausland geborenen Bevölkerung. Dieser belief sich 1914 in Buenos Aires auf 49 % (Argentinien: 30 %) – bei der männlichen Bevölkerung über 20 Jahre betrug er sogar 80 % –, nahm jedoch mit der zurückgehenden Einwanderung sehr schnell auf weniger als 20 % in den 60er Jahren ab (Solberg 1978, S. 151; Bähr 1979 a, S. 163). Noch extremere Werte waren zeitweise für Montevideo kennzeichnend. 1868 wurde der Ausländeranteil hier auf 56 % geschätzt; bis 1908 hatte er sich dann aber auf 30 % vermindert (Uruguay: 17 %; Bähr 1987, S. 7).

Die relative Konzentration der überseeischen Zuwanderung auf die beiden Hauptstädte führte dazu, daß diese schon vor der Jahrhundertwende maximale Wachstumsraten verzeichneten, so Montevideo zwischen 1852 und 1873 ca. 6,5 %/Jahr (Bähr 1987, S. 4) und Groß-Buenos Aires zwischen 1895 und 1914 im Jahresdurchschnitt 7,4 % (Recchini de Lattes 1971, S. 37).

Die Immigration aus Übersee hat sich in mehrfacher Hinsicht auf den Verstädterungsprozeß ausgewirkt:

1. In den Haupteinwanderungsländern Argentinien und Uruguay stieg der Verstädterungsgrad (Städte ≥ 20 000 Ew.) sprunghaft an. Er betrug hier bereits 1930 fast 40%. Allein schon aufgrund der Landesgröße blieb die Auswirkung der Immigration auf das Städtewachstum in Brasilien geringer (vgl. Abb. 5).

2. Im lateinamerikanischen Vergleich verstärkte sich das Gewicht der Metropolen Buenos Aires, Montevideo und São Paulo. Buenos Aires stieg nach 1870 zur größten Stadt des Subkontinents auf (zuvor hatten Rio de Janeiro, Mexiko-Stadt und Havanna nahezu gleichran-

gig diesen Platz inne) und konnte diese Position bis 1930 behaupten.
Montevideo lag zwischen 1880 und 1900 an sechster und anschließend
an siebter Stelle der Größenrangfolge, und São Paulo, das 1890 erst
Rang 19 eingenommen hatte, schob sich bis 1930 auf den zweiten
Platz vor. In diesem Jahr zählte Buenos Aires bereits über 2 Mio. Ew.,
und auch in São Paulo war (neben Rio de Janeiro und Mexiko-Stadt)
die Millionengrenze überschritten (Hardoy/Langdon 1978, S. 150).

3. Damit einher ging die Entwicklung zur Primatstruktur. Sowohl
in Argentinien als auch in Uruguay stieg der *Index of Primacy* nach
1850 sprunghaft an (Hardoy/Langdon 1978; vgl. auch Kap. 3.3). Dagegen läßt sich in Brasilien der „Aufstieg" São Paulos eher an der
Abnahme des *Index of Primacy* ablesen. Noch 1890 war Rio de Janeiro die eindeutig führende Stadt des Landes vor Salvador (Index:
3,0). Seit der Jahrhundertwende stand São Paulo zunächst an zweiter,
ab 1960 an erster Stelle, und der Index verminderte sich von 2,8 (1900)
auf 1,6 (1930) und 1,1 (1960).

Nach der Weltwirtschaftskrise kam die überseeische Einwanderung
fast vollständig zum Erliegen; nur nach dem Zweiten Weltkrieg erleb-
te sie nochmals einen kurzfristigen Aufschwung. Seit den 60er Jahren
ist die Wanderungsbilanz für Lateinamerika insgesamt sogar negativ
(Bähr/Jentsch/Kuls 1992, S. 633 ff.). Von den großen Städten wurde
davon allein Montevideo stärker betroffen. Nach Aguiar (1982, S. 69)
hat sich die Bevölkerung der Stadt zwischen 1963 und 1975 durch
Auswanderung (vorzugsweise nach Argentinien) um 12,1 % vermindert. Bei nur geringem natürlichem Wachstum und abnehmenden Gewinnen aus der Binnenwanderung bedingte dies eine nahezu stagnie-
rende Einwohnerzahl zwischen 1,2 Mio. (1963) und 1,3 Mio. (1985)
sowie eine für Lateinamerika ungewöhnlich niedrige jährliche Zuwachsrate, die in diesem Zeitraum stets unter 0,5 %/Jahr blieb (Bähr
1987, S. 18, 54).

4.3 Natürliches Bevölkerungswachstum

Die Stellung der lateinamerikanischen Staaten im demographischen
Übergang hat den Ablauf des Verstädterungsprozesses in doppelter
Weise beeinflußt: Zum einen war der mit der Scherenöffnung zwischen Geburten- und Sterberaten verbundene Bevölkerungsdruck ein
Grund für zunehmende Abwanderungen aus dem ländlichen Raum
(vgl. Kap. 4.1); zum anderen erhöhte sich dadurch auch ganz direkt
die Wachstumsgeschwindigkeit der Stadtbevölkerung.

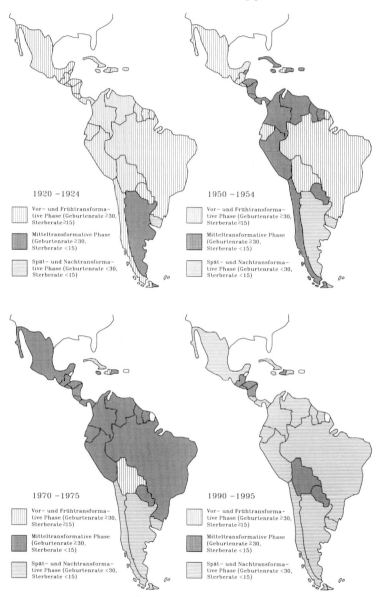

Abb. 9: Raum-zeitliche Ausbreitung des demographischen Übergangs in Lateinamerika 1920–24 bis 1990–95 (Quelle: Chung 1970; CEPAL 1993).

Das aus der europäischen Erfahrung abgeleitete Modell des demographischen Übergangs läßt sich nicht nur für Längsschnittsanalysen,
sondern auch für Querschnittsbetrachtungen im Sinne einer Typisierung von Ländern oder anderen Raumeinheiten hinsichtlich ihres demographischen Entwicklungsstandes heranziehen. Die Kartenfolge in
Abb. 9 dokumentiert die raum-zeitliche Ausbreitung des Übergangs
innerhalb Lateinamerikas.

Der demographische Transformationsprozeß ist zwar in den großen Städten der jeweiligen Länder tendenziell ähnlich verlaufen, einzelne Abweichungen und zeitliche Verschiebungen sind jedoch bemerkenswert, selbst wenn sie nicht in jedem Fall mit exakten Zahlen
belegt werden können:

1. Der Übergang, der mit dem Absenken der Sterblichkeit eingeleitet wird, setzte in den großen Städten gewöhnlich früher als auf
dem Lande ein. Dafür sind zwei Faktorengruppen verantwortlich zu
machen: Einerseits ließen sich viele medizinisch-technische Maßnahmen (Impfungen, hygienische Verbesserungen, Gesundheitsfürsorge)
in den Städten einfacher organisieren, und die Zugänglichkeit war
hier leichter zu gewährleisten. Andererseits sind Bevölkerungsgruppen mit geringerem Sterblichkeitsrisiko in den Städten meist überproportional vertreten (z. B. wohlhabendere Schichten, besser Aus-
gebildete). Damit unterscheiden sich die Verhältnisse grundlegend
von denjenigen in Europa während des Industrialisierungsprozesses,
als die Sterblichkeit gerade in den Städten überdurchschnittlich hoch
war. Bezeichnenderweise bildete Argentinien lange Zeit eine Ausnahme. So überstiegen – wie Abb. 10 zeigt – noch Ende des 19. Jh. die
Sterberaten in Buenos Aires deutlich den Landesdurchschnitt. Der
nachfolgende Abfall verlief jedoch in der Hauptstadt wesentlich
schneller, und die Scherenöffnung begann somit früher als in anderen
Landesteilen.

2. Auch hinsichtlich der Reduzierung der Geburtenzahlen, die das
allmähliche Schließen der Bevölkerungsschere bedingt, haben die
großen Städte im allgemeinen einen Vorsprung vor peripheren Regionen. Für mehrere lateinamerikanische Beispiele konnte nachgewiesen
werden, daß sich der Fertilitätsübergang als räumlicher und sozialer
Innovations- und Diffusionsprozeß vollzieht, in dessen Verlauf sich,
von den Metropolen ausgehend, neue Einstellungen gegenüber der
Geburtenbeschränkung und neue kontrazeptive Techniken mehr und
mehr durchgesetzt haben (vgl. Klijzing/Taylor 1982). Diese Diffusion
vollzieht sich sowohl über Nachbarschaftseffekte als auch hierar-
chisch über regionale Zentren. Daraus folgt, daß der demographische

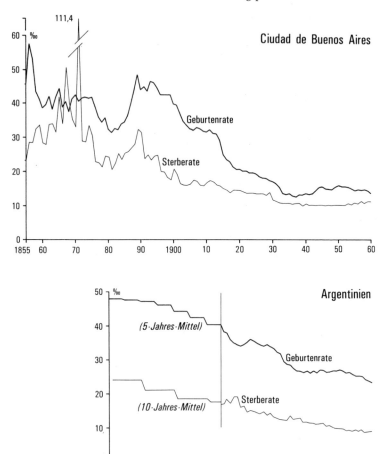

Abb. 10: Entwicklung von Geburten- und Sterberaten für Argentinien und die Ciudad de Buenos Aires (Quelle: Recchini de Lattes 1971; CELADE 1973).

Übergang im allgemeinen zuerst in den Metropolen, später in anderen Städten und zuletzt im ländlichen Raum zum Abschluß kommt, sofern nicht regionale Sonderbedingungen zu Abweichungen führen. Abb. 10 bestätigt für Argentinien diese These: Die Geburtenrate fiel in der Ciudad de Buenos Aires wesentlich früher als im übrigen Argentinien.

Aus dem bisher Gesagten ergibt sich, daß die Wachstumsgeschwindigkeit einzelner Städte ganz wesentlich von ihrer Stellung im demographischen Übergangsprozeß bestimmt wird. Mangels geeigneter Daten läßt sich das allerdings nicht direkt überprüfen. Es wird daher die jeweilige nationale Wachstumsrate als Indikator für die Einordnung der Städte in den demographischen Transformationsprozeß herangezogen und der Zusammenhang zwischen dieser Größe und der jährlichen Zuwachsrate derjenigen lateinamerikanischen Metropolen überprüft, die 1990 mehr als 1 Mio. Ew. zählten. Für die beiden gewählten Zeiträume (1950–55 und 1990–95) errechnet sich ein Korrelationskoeffizient von r = 0,54 bzw. r = 0,67. Daß r für 1950–55 kleiner als für die Gegenwart ist, steht im Einklang mit der Hypothese Zelinskys vom Mobilitätsübergang, die ja besagt, daß in einer frühen Phase der Scherenöffnung Land-Stadt-gerichtete Migrationen an Bedeutung gewinnen und zu einer wesentlichen Quelle des Städtewachstums werden.

Die sich daraus ableitende Beziehung zwischen Verstädterungsgrad und Stellung im demographischen Übergang ist von Gans (1992) genauer analysiert worden: Tendenziell erhöht sich mit fortgeschrittener demographischer Transformation der Verstädterungsgrad. Der ermittelte Rangkorrelationskoeffizient von r = 0,75 bestätigt diese Annahme und unterstützt die These Zelinskys, daß ein enger Zusammenhang zwischen beiden Transformationsprozessen besteht.

4.4 Land-Stadt-Wanderungen

Binnenwanderungen tragen heute im Mittel weniger als 50 % zum städtischen Wachstum bei (vgl. Kap. 4.1). Allerdings kommen erhebliche Unterschiede zwischen einzelnen Ländern und Städten vor. Bezogen auf den zwischenstaatlichen Vergleich, läßt sich sagen, daß Staaten, die besonders früh in den demographischen Übergang eingetreten sind, auch ein besonders frühes (binnen)wanderungsbedingtes Städtewachstum erlebten. So wurde in Buenos Aires und São Paulo die von der Einwanderung getragene Expansion seit ungefähr 1930 vermehrt von Binnenwanderungen abgelöst. Diese wiederum verloren etwa ab 1940 gegenüber den Geburtenüberschüssen an Bedeutung, die schon in den 70er Jahren deutlich über 50 % zum städtischen Wachstum beitrugen (Bähr 1979 a, S. 158; Mertins 1987 a, S. 164).

In Ländern mit einem verzögerten Beginn des demographischen Übergangs sind die Wachstumsraten namentlich der Metropolen auch heute noch überwiegend durch Zuwanderungen bedingt. Ähnliches gilt oft für Großstädte in anderen Staaten, die vom übermäßigen Wachstum der Führungsstädte und den damit verbundenen Problemen profitieren, im Rahmen von Dezentralisierungsmaßnahmen gefördert werden oder sich durch wirtschaftliche bzw. andere Sonderentwicklungen auszeichnen. Ein Vergleich der Zunahmeraten einzelner Städte mit den jeweiligen nationalen Wachstumsraten bestätigt diese Aussage. Unter den Städten mit sehr hohen, deutlich über dem Landeswert liegenden jährlichen Zunahmeraten finden sich Beispiele für beide der angeführten Gruppen (Werte für 1990–95 nach UN 1993): Quito (4,8 %) oder Port-au-Prince (4,0 %) stehen für den ersten, Brasília oder Manaus (jeweils 5,7 %) für den zweiten Fall. Noch 1950–55 war das Bild wesentlich anders. Damals zählten auch São Paulo (6,6 %), Bogotá (6,6 %) und Caracas (6,4 %) zu den überproportional schnell an Einwohnern zunehmenden Städten. Noch sehr viel früher traf das für Buenos Aires und Montevideo zu, die vor der Jahrhundertwende zeitweilig Werte zwischen 6 und 7 %/Jahr erreicht hatten.

Wenn auch im generellen ein enger Zusammenhang zwischen demographischer Entwicklung und Ausmaß der Land-Stadt-gerichteten Wanderungen besteht, so ist für die Erklärung im einzelnen doch ein komplexes Faktorenbündel im Sinne eines *push-pull*-Modells einzubeziehen, wobei neben demographischen auch wirtschaftliche Einflüsse zu bedenken sind und neben der Situation auf dem Lande auch diejenige in den Städten berücksichtigt werden muß. So hat Sandner (1986) darauf aufmerksam gemacht, daß wachsender Bevölkerungsdruck im Agrarraum nicht unbedingt zu einer Verstärkung der Abwanderung führen muß, denn es sind vielfältige Reaktionen der Bevölkerung denkbar, die zwar Migrationen einschließen, ebenso aber auch Parzellierungen und Neukolonisation, zunehmende Konkurrenz auf dem Arbeitsmarkt und soziale Konflikte, wachsende Verelendung sowie soziokulturelle und soziopolitische Veränderungen.

Die Anfänge des Ungleichgewichtes zwischen Land und Stadt reichen bis in die Kolonialzeit zurück. Die zentralistisch strukturierte Kolonialverwaltung hat von Beginn an vor allem die Hauptstadt und einige wenige Regionalzentren gefördert und nur diese in ein Verkehrs- und Versorgungsnetz eingebunden. Die führenden Städte waren politisch und ökonomisch auf das überseeische Mutterland ausgerichtet und weniger in ihrer Umgebung verwurzelt.

Der scharfe Kontrast zwischen Stadt und Land hat sich nach der Unabhängigkeit weiter verstärkt. Durch eine Konzentration der neugewonnenen Funktionen auf die Hauptstadt gewann vor allem diese eine herausragende Stellung. Zur Massenabwanderung vom Lande ist es damals allerdings noch nicht gekommen. Die wirtschaftlichen Umstrukturierungen im Rahmen der Politik des *desarrollo hacia afuera* waren zwar von (umfangmäßig noch geringen) Wanderungsbewegungen begleitet, Zielgebiete waren jedoch weniger die Städte als vielmehr ländliche Räume mit einer weltmarktorientierten Produktion – häufig in Form von saisonalen Bewegungen – und Standorte des Bergbaus (Balán 1984). Diejenigen Städte, die schon damals rasch an Bevölkerung zunahmen, wie z. B. Buenos Aires oder São Paulo, wuchsen vor allem durch Zuwanderungen aus Übersee (vgl. Kap. 4.2).

Der entscheidende Umbruch im Wanderungsgeschehen wurde sowohl durch demographische als auch wirtschaftliche Faktoren ausgelöst. In den meisten lateinamerikanischen Staaten begann er in den 30er Jahren, teilweise aber auch erst nach dem Zweiten Weltkrieg (Sandner/Steger 1973, S. 69). Zu den wichtigsten *push*-Faktoren ist das Öffnen der Bevölkerungsschere bei gleichbleibend starrer Landbesitzstruktur zu rechnen. Dadurch haben sich bestehende Abhängigkeiten oft noch verfestigt, und für soziale Mobilität bestanden kaum irgendwelche Chancen. Im einzelnen nennt Kohlhepp (1985, S. 46) eine Vielzahl sich ergänzender Gründe, wie z. B. eine verfehlte Agrar- und Entwicklungspolitik für den ländlichen Raum, Verdrängung durch Expansion des Großgrundbesitzes, Realteilung und Minifundiosystem, drückende Pachtzinsen, Verschuldung, fehlendes Eigenkapital und mangelnde Kreditmöglichkeiten, Arbeitslosigkeit und Unterbeschäftigung, aber auch erschöpfte Bodenfruchtbarkeit, klimatische Unbilden und latente soziale Konflikte. Zu den *pull*-Faktoren, insbesondere der großen Zentren, zählen in erster Linie der Auf- und Ausbau des sekundären Sektors im Rahmen der importsubstituierenden Industrialisierung, die Ausweitung, ja Aufblähung des tertiären Sektors, Maßnahmen zur Verbesserung der Schulausbildung und Infrastruktur sowie die Orientierung von Wohnungsbauprogrammen und anderer Sozialleistungen an den Bedürfnissen unterer städtischer Bevölkerungsgruppen. Durch Berichte in den Medien ist die positive Einschätzung der Stadt selbst in abgelegene Landesteile vermittelt worden, und die Bedeutung städtischer Lebensformen in der Wertskala der ländlichen Bevölkerung hat zugenommen. Jones (1978) konnte für Venezuela zeigen, daß das von den führenden Zeitungen des Landes vermittelte „Image" einzelner Regionen Wanderungsentschluß und Wanderungsrichtung entscheidend bestimmt. Auch die Information durch vorher Abgewanderte trägt zu einer Verstärkung einmal herausgebildeter Migrationsmuster bei. Im Gegensatz zu landläufigen Meinungen können die meisten Menschen durch eine Wanderung in die Stadt ihre wirtschaftliche Situation verbessern, ohne daß allerdings immer schon zufriedenstellende Lebensbedingungen erreicht werden (vgl. z. B. Reichart 1993, S. 240 ff. für Kolumbien). Solche im Grunde positiven Erfahrungen begünstigen naturgemäß die weitere Abwanderung; ebenso wird die Wahl des Zielgebietes davon beeinflußt. Kettenwanderungen sind auch deswegen die Folge, weil vorher abgewanderte Verwandte und Bekannte bei der Eingliederung in die Stadt behilflich sein können *(compadrazgo*-System).

Von den strukturell bedingten Ursachen der Wanderungen sind die subjektiven Motive des einzelnen zu unterscheiden. In den meisten Befragungen werden an erster Stelle wirtschaftliche Gründe genannt. Dahinter können sich sowohl persönliche Präferenzen als auch externe Zwänge *(constraints)* verbergen. Der recht hohe Anteil anderer, nicht genau spezifizierter Gründe, der teilweise 20–30 % erreicht, läßt darauf schließen, daß es häufig unwägsame, nicht voll geklärte Motive sind, die einem Leben in der Stadt trotz des Wissens um die möglichen Schwierigkeiten größere Vorteile beimessen als einem Verbleiben im ländlichen Milieu.

Der raum-zeitliche Ablauf der Wanderungsvorgänge ist von Skeldon (1977) am Beispiel Perus in modellhafter Form zusammengefaßt worden. Kennzeichnend sind die folgenden Regelhaftigkeiten:

1. Im zeitlichen Verlauf hat die Anziehungskraft der großen Städte – und dabei vor allem der Hauptstadt – auf immer entlegenere Räume übergegriffen und dort den *éxodo rural* eingeleitet. Häufig waren es zunächst die „dörflichen Eliten", die ihren Wohnsitz in die Stadt verlegten und damit das Verhalten der *hacendados* nachahmten. So sind in Lima bereits um die Jahrhundertwende erste Abwanderer aus der *sierra* registriert worden (Kroß 1992, S. 62); aber erst in den 50er und 60er Jahren schwoll der Wanderungsstrom stärker an, und der Anteil der Peruaner, die zum Zeitpunkt des jeweiligen Zensus nicht mehr in ihren Geburtsdepartments lebten, stieg von lediglich 6 % im Jahre 1940 auf 12 % (1961), 19 % (1972) und 22 % (1981). In Lima/Callao war 1981 fast die Hälfte der Bewohner nicht am Ort geboren, sondern aus anderen Departments zugewandert.

2. Temporäre Migrationen sind immer mehr durch permanente ersetzt worden. Dabei hat sich zunächst die Dauer der Abwesenheit vom Heimatort meist verlängert. In den von Skeldon (1977) untersuchten Gebieten um Cuzco herrschten solche semipermanenten Bewegungen bis in die 50er Jahre vor. Selbst Personen, die schon früh über weite Distanzen bis Lima und Arequipa wanderten, kehrten spä-

ter in die Region zurück. Dagegen sind heute Rückwanderungen vergleichsweise selten.

3. Die Etappen- und Stufenwanderung wird durch die Direktzuwanderung auch über größere Distanzen ersetzt. Lange Zeit waren die vom ländlichen Raum ausgehenden Wanderungsströme bevorzugt auf ein nahegelegenes regionales Zentrum gerichtet. Informations- und Kontaktbarrieren werden als Grund dafür angeführt, daß die Suche nach einem ersten oder besseren Arbeitsplatz bevorzugt dort begonnen wird, wo man sich bereits auszukennen glaubt. Vielfach bildet dieser Wanderungsschritt allerdings auch nur eine Zwischenetappe in einem mehrstufigen Prozeß mit dem Endziel der Landeshauptstadt oder eines vergleichbaren Ballungsraumes *(hierarchical step-wise migration)*. Verkehrsmäßige Erschließung und Verbesserung der Informationsmöglichkeiten sind wesentliche Voraussetzungen für die abnehmende Bedeutung der Etappenwanderung. In Peru, das erneut als Beispiel herangezogen werden soll, erfolgte der Umbruch im Wanderungsablauf frühestens seit den späten 50er und beginnenden 60er Jahren. Die Zahl der Wanderungen nach Lima nahm jetzt deutlich zu; kleinere Orte entfielen mehr und mehr als „Etappenstationen", einzig Cuzco behielt diese Funktion noch längere Zeit bei (Skeldon 1977, S. 400; vgl. auch Mertins 1982 für Nordostbrasilien).

5 SOZIOÖKONOMISCHE UND ÖKOLOGISCHE
KONSEQUENZEN DES VERSTÄDTERUNGSPROZESSES

5.1 Demographische Struktur

Die demographische Struktur der städtischen Bevölkerung, namentlich deren Altersstruktur, ist einerseits Ergebnis des natürlichen Bevölkerungswachstums und der Wanderungen in der Vergangenheit, andererseits bildet sie eine entscheidende Grundlage zur Beurteilung der zukünftigen Bevölkerungsentwicklung. In Abb. 11 sind beispielhaft einige Alterspyramiden für lateinamerikanische Metropolen wiedergegeben, um einen Eindruck von den raum-zeitlichen Unterschieden der Alters- und Geschlechtsgliederung zu vermitteln. Darin spiegelt sich zunächst die Stellung der jeweiligen Länder (und Städte) im demographischen Übergang wider (vgl. Abb. 9), mit der ein unterschiedlicher Grad an Überalterung einhergeht. So beträgt (1992) der Anteil der 65jährigen und Älteren in Uruguay fast 12 %, in Argentinien 9 %, in Chile 7 % und ist mit nur 3 % in Guatemala, Honduras und Nicaragua am geringsten (CEPAL 1993, S. 168 f.). Umgekehrt sind die Jugendlichen-Anteile (< 15 J.) in letzteren Staaten sehr hoch (ca. 45 %), während sie in ersteren schon stark abgesunken sind (30 % und weniger). Im räumlichen Vergleich wird diese Entwicklung durch die Gegenüberstellung der Pyramiden für Groß-Buenos Aires, Bogotá und Guatemala-Stadt dokumentiert. Ein vollständiger zeitlicher Vergleich ist nur für solche Länder möglich, in denen der demographische Transformationsprozeß weitgehend zum Abschluß gekommen ist; als Beispiel seien hier die Pyramiden für Montevideo zwischen 1889 und 1985 angeführt. Eine regelhafte Abfolge bestimmter Typen von Alterspyramiden konnten auch Taylor/Fesenmaier (1980) für Costa Rica herausarbeiten und mit dem Stand der von ihnen so bezeichneten „demographischen Modernisierung" in Verbindung bringen, wobei die Hauptstadtregion eine Vorreiterrolle spielte.

Die Grundstruktur der einzelnen Pyramiden wird in mehr oder weniger starkem Ausmaß durch Migrationen modifiziert. Überseeische Wanderungen haben sich nur in der Zeit um die Jahrhundertwende stärker ausgewirkt (vgl. Kap. 4.2) und drücken sich beispielsweise im überproportionalen Anteil der Jahrgänge zwischen 20 bis 40 Jahren an

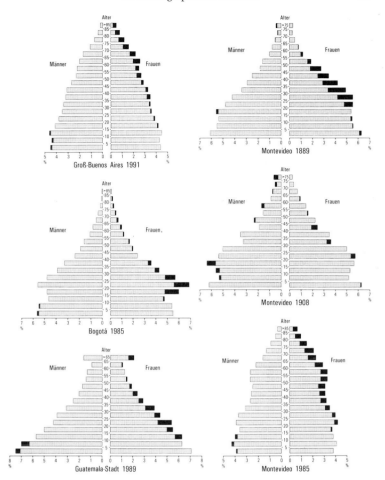

Abb. 11: Raum-zeitlicher Vergleich der Alters- und Geschlechtsgliederung lateinamerikanischer Metropolen (Quelle: eigener Entwurf nach Volkszählungsergebnissen, für Guatemala nach Encuesta Nacional Sociodemográfica 1989).

der Alterszusammensetzung Montevideos im Jahre 1889 aus, wobei der männliche Bevölkerungsteil eindeutig überwiegt. Die nach der Jahrhundertwende recht schnell zurückgehende Zuwanderung aus Übersee hat dazu geführt, daß sich dieser Einwanderungsüberschuß mehr und mehr in höhere Altersklassen verlagert hat und heute gar nicht mehr erkennbar ist (vgl. die Pyramiden für 1908 und 1985).

In der Gegenwart sind es vor allem die Land-Stadt-, aber auch die von kleineren Städten in Richtung auf die Metropolen verlaufenden Migrationen, die die Alters- und Geschlechtsgliederung bestimmen. Es gehört zu den gesicherten und vielfach belegten Ergebnissen der Wanderungsforschung, daß bestimmte Bevölkerungsgruppen mobiler als andere sind und daher durch jede Wanderungsbewegung die Bevölkerungszusammensetzung der Herkunfts- und Zielgebiete beeinflußt wird. Das gilt nicht nur in demographischer, sondern auch in sozioökonomischer Hinsicht. Bezogen auf Lateinamerika läßt sich die Wanderungsselektion auf der Basis einer Vielzahl empirischer Untersuchungen (vgl. u. a. Balán 1969; Brücher/Mertins 1978; Bähr 1979 b) durch die folgenden wichtigen Regelhaftigkeiten beschreiben (vgl. Wilhelmy/Borsdorf 1984, S. 170):

1. Die Wanderungen in die großen Städte werden mehrheitlich von den Altersgruppen zwischen 15 und 35 Jahren getragen. Der Anteil dieser Jahrgänge an der Gesamtzahl der Zuwanderer beträgt oft über 70 %. Dabei ist der zugewanderte weibliche Bevölkerungsteil meist jünger als der männliche. Ältere Migranten in größerer Zahl finden sich nur unter den Angehörigen gehobener Sozialschichten. Alle Bevölkerungspyramiden in Abb. 11 spiegeln diesen Sachverhalt mehr oder weniger ausgeprägt wider.

2. Unter den Zuwanderern aus dem Nahbereich, zunehmend jedoch auch aus weiter entfernten Regionen, dominiert in den jüngeren Altersgruppen, vielfach aber auch absolut, die weibliche Bevölkerung. Nur in den stark indianisch geprägten zentralen Anden traf das lange Zeit nicht zu. Jelin (1979) verweist auf einen systematischen Vergleich der geschlechtsspezifischen Wanderungsselektion für die städtischen Gebiete von sieben lateinamerikanischen Staaten und für sieben bedeutende Metropolen. Danach ergab sich in 13 Fällen eine höhere Zuwanderungsrate für die weibliche Bevölkerung. Es ist deswegen sogar schon vom „lateinamerikanischen Typ" der geschlechtsspezifischen Selektion gesprochen und diesem der „afro-asiatische Typ" gegenübergestellt worden, bei dem die Männer im Wanderungsgeschehen dominieren. Die Beschäftigungsmöglichkeit als Hausangestellte begünstigt die Zuwanderung von Frauen in häufig noch sehr jungem Alter. Vergleichbare Berufe für Männer mit geringer Qualifikation fehlen im allgemeinen. In vielen Städten finden mehr als die Hälfte, z. T. mehr als $^2/_3$ der zugezogenen erwerbstätigen Frauen eine Beschäftigung als *empleada doméstica* (vgl. Jelin 1979). Das hat zur Folge, daß die Sexualproportion (Männer auf 100 Frauen) in den Städten – und meist besonders ausgeprägt in der Hauptstadt – sehr deutlich

zur weiblichen Seite verschoben ist. So besteht für die Gesamtbevölkerung Costa Ricas (Werte für 1984) ein ausgeglichenes Geschlechterverhältnis, während die Sexualproportion im städtischen Raum 92, in der Hauptstadt San José sogar nur 90, hingegen im ländlichen Raum 107 beträgt. Noch stärkere Unterschiede ergeben sich bei Auszählungen nach einzelnen Altersklassen, hier liegen die Extreme bei nur 71 in San José und 118 auf dem Lande (Bähr/Jentsch/Kuls 1992, S. 167). Daß dieses Übergewicht der weiblichen Bevölkerung schon eine lange Tradition hat, ist den Analysen von Langenberg (1981, S. 117, 217) für Guatemala-Stadt zu entnehmen. Hier errechnete sich für das Jahr 1824 sogar nur eine Sexualproportion von 65, und in den Altersgruppen ab 24 Jahre war die Zahl der Frauen doppelt so groß wie die der Männer. Dafür sind zum einen die höheren Mortalitätsraten der männlichen Bevölkerung verantwortlich zu machen (höhere Anfälligkeit bei Epidemien, Kriegsverluste), zum anderen aber auch der Zuzug indianischer Dienstmädchen aus den umliegenden Dörfern.

3. Die Mehrzahl der Migranten ist bei ihrer Übersiedlung in die Stadt unverheiratet. Dabei fällt der Zeitpunkt der Wanderung weitgehend mit dem Abschluß der Schulausbildung – bei den Männern auch des Militärdienstes – und dem Eintritt in das Berufsleben zusammen. Das heißt jedoch nicht, worauf Kroß (1992, S. 67) unter Bezugnahme auf entsprechende Untersuchungen in Lima besonders hingewiesen hat, daß die Zuwanderer bei ihrer Ankunft in der Großstadt ledig im Sinne von „isoliert und völlig ungebunden" sind. Dieser Typ macht in Lima etwa nur ¼ der Migranten aus. Vielmehr ist die Wanderung ein Gruppenphänomen vor allem von jungen Familien, Geschwisterpaaren oder entfernten Verwandten, wobei allerdings diese Gruppen nicht immer geschlossen wandern, sondern häufig ein Mitglied zunächst die Voraussetzungen in bezug auf Unterkunft und Arbeit schafft und die übrigen Gruppenmitglieder dann schnell nachziehen. Da die Migranten entsprechend den Gewohnheiten des ländlichen Herkunftsgebietes im Durchschnitt früher heiraten und auch mehr Kinder haben als die Stadtbewohner, kann der Anteil der Verheirateten in der Altersgruppe der 15- bis 39jährigen sogar größer sein als bei der übrigen Stadtbevölkerung (vgl. Kroß 1992, S. 67 für Lima).

4. Die Migranten weisen im Vergleich zu den am Heimatort Zurückgebliebenen im statistischen Mittel eine bessere berufliche oder schulische Qualifikation auf, während sie, verglichen mit der Bevölkerung des Zielgebietes, meist einen niedrigeren Ausbildungsstand zeigen. Das führt einerseits zu einem *brain drain* vieler ländlicher

Räume und vermindert deren Entwicklungschancen, andererseits müssen sich die Zugewanderten in den Städten in der Regel mit schlecht bezahlten und instabilen Arbeitsplätzen begnügen (niederer Dienstleistungssektor, Bauwirtschaft), wozu bei den Frauen namentlich die Tätigkeit als Hausmädchen zählt (vgl. Kap. 5.2).

In engem Zusammenhang mit den bislang diskutierten demographischen Merkmalen stehen Kennzeichen der Familien- und Haushaltsstruktur. So hängt die durchschnittliche Haushaltsgröße in erster Linie von den Kinderzahlen ab, aber auch von der Aufnahme zugewanderter Verwandter oder Bekannter bzw. sonstiger familienfremder Personen. In den meisten großen Städten ist, entsprechend den Veränderungen im natürlichen Wachstum, in jüngerer Zeit ein deutlicher Rückgang der mittleren Haushalts- und Familiengröße zu verzeichnen, z. B. in Montevideo von 3,5 Personen (1963) auf 3,3 (1975) und 3,2 (1985), in der Región Metropolitana de Santiago von 4,9 (1970) auf 4,4 (1982) und 4,0 (1992), in Bogotá von 5,1 (1973) auf 4,6 (1985; Zensusergebnisse). Verhältnismäßig große Haushalte herrschen vor allem in solchen Staaten (und damit abgeschwächt in den jeweiligen Hauptstädten) vor, die noch am Anfang des demographischen Transformationsprozesses stehen. Als Beispiel läßt sich Guatemala anführen (1989: 5,4 Personen im Vergleich zu 4,9 Personen in der Hauptstadt).

Die Aufgliederung der Haushalte in verschiedene Typen gestattet weitergehende Aussagen und Rückschlüsse auf die sozialen Verhältnisse. Nach Vos (1987) zeichnen sich die lateinamerikanischen Haushalte und dabei insbesondere solche in den großen Städten durch eine komplexe Struktur aus. Zu den wesentlichen Kennzeichen zählen der beträchtliche Anteil von Haushalten mit weiblichem Vorstand, eine häufig vorkommende Erweiterung durch die Aufnahme unverheirateter Verwandter und die eindeutige Dominanz weiblicher Personen unter den familienfremden Haushaltsmitgliedern. Diese Charakterisierung gilt nicht nur für die Gegenwart, sondern trifft – wie die Untersuchung von Langenberg (1981, S. 138) zeigt – bereits für die ausgehende Kolonialzeit zu. So entfiel in Guatemala-Stadt um 1800 etwa die Hälfte aller Haushalte auf die beiden Gruppen „Haushalte mit mehreren Familien" und „Erweiterte Familienhaushalte" (vorwiegend um weibliche Verwandte). Auffallend hoch war auch der Anteil alleinstehender Frauen mit Kindern (Witwen, uneheliche Geburten).

Im karibischen Raum hat der Haushaltstyp mit weiblichem Vorstand deshalb eine lange Tradition, weil dort Männer auf der Suche nach Arbeit häufig auch für längere Zeit abwandern und vielfach sogar ins Ausland gehen. Es ist nicht ungewöhnlich, daß sie später gar nicht zurückkehren und so die Frau auf Dauer den Haushalt allein führen muß. Derartige Entwicklungen gibt es auch in anderen Abwanderungsgebieten, besonders häufig kommen sie jedoch in den Armenvierteln der großen Städte vor. Hier werden nach Angaben von Chant (1985) vielfach $1/4$ bis $1/5$, gelegentlich sogar mehr als 50 % der Haushaltsvorstände von Frauen gestellt, was überwiegend dadurch verursacht wird, daß die Männer ihre Familien verlassen haben. Lange Zeit sind derartige Haushaltsstrukturen als Indikator für soziale Desorganisation und eine besonders schwierige wirtschaftliche Situation aufgefaßt worden. Chant konnte jedoch für das von ihr näher untersuchte Querétaro in Mexiko nachweisen, daß Haushalte mit weiblichem Vorstand unter vergleichbaren Rahmenbedingungen oft besser gestellt sind als diejenigen mit männlichem, vor allem weil der Zusammenhalt zwischen der Mutter und ihren Kindern in diesen Fällen meist größer ist. Haushalte mit unvollständigen Familien werden von ihr daher nicht nur als *constraints*, sondern auch als *positive choice* und Befreiung vom *machismo* angesehen (Chant 1985, S. 649).

Die geschilderte Entwicklung bedingt, daß in großen Städten Haushalte mit weiblichem Vorstand mindestens ebenso häufig, wenn nicht häufiger auftreten als im ländlichen Raum. So betrug der Wert 1982 in Santiago 22,2 %, im übrigen Chile nur 21,6 %, 1985 in Bogotá 23,1 %, in Kolumbien insgesamt 18,7 %. Noch weit größere Unterschiede werden aus Kuba berichtet (1981: Havanna 44 %, ländlicher Raum 14 %). Hier wirkt sich allerdings in erster Linie ein hoher Anteil Verwitweter und Geschiedener aus.

Haushaltserweiterungen können sowohl durch Verwandte als auch durch familienfremde Mitglieder erfolgen. Dabei spielen gerade in den Städten Mehrgenerationenhaushalte keine so große Rolle, es sei denn, Kinder verbleiben auch nach der Verheiratung noch einige Zeit im elterlichen Haushalt, was besonders bei ärmeren Bevölkerungsgruppen häufiger zutrifft, weil diese größere Schwierigkeiten haben, eine eigene Wohnung zu finden (vgl. Bähr 1986 für Santiago). Typischer noch sind Haushaltserweiterungen, die aus der Aufnahme unverheirateter Verwandter, z.T. auch Bekannter resultieren (vgl. van der Tak/Gendell 1973 für Guatemala). Das liegt daran, daß viele Zuwanderer in der Stadt bei *compadre* aus der Heimatgemeinde eine erste Unterkunft finden (vgl. dazu auch Kap. 4.4). Der überwiegende Teil der familienfremden Haushaltsmitglieder geht allerdings auf Bedienstete zurück, die in Haushalten der Mittel- und Oberschicht leben. Das Merkmal „Frauenanteil an der Wohnbevölkerung" kann deshalb als ein guter Indikator für sozial hochwertige Wohnviertel dienen. So liegt beispielsweise in den bevorzugten Wohngebieten Santiagos, die sich östlich an das Stadtzentrum anschließen, die Sexualproportion bei ungefähr 70 und somit beträchtlich unter dem Wert für die *región metropolitana* insgesamt, der nach den Ergebnissen der Volkszählung von 1992 92 betrug. Damit vergleichbar sind die Verhältnisse in Bogotá (1985) mit einem Durchschnitt von 90 und Werten von weniger als 70 in Teilen des „reichen Nordens" (Hubrich 1994). Die Haushaltserweiterungen haben zur Folge, daß kleine Haushalte und darunter insbesondere Einpersonenhaushalte weitaus weniger vorkommen als in den Städten der Industrieländer. So betrug der Anteil der Einpersonenhaushalte 1982 in Santiago de Chile nur 6,4 % und lag sogar noch niedriger als in den übrigen Landesteilen mit 7,1 %. In Bogotá gab es 1985 ebenfalls 6,4 % Einpersonenhaushalte (Kolumbien insgesamt: 5,1 %; Zensusergebnisse).

Nach Sjoberg (1960, S. 95 f.) gehört es zu einem wichtigen Kennzeichen der vorindustriellen Stadt, daß sich deren Wohngebiete vorwiegend nach ethnischer Zusammensetzung, nach Familienverbänden sowie nach Berufsgruppen und, damit verknüpft, nach der sozialen Stellung untergliedern lassen, während sich die Differenzierung der Gesellschaft nach Alter und Geschlecht sowie Familien- und Haushaltsstruktur räumlich kaum ausprägt. Für die spanische Kolonialstadt trifft das ohne Zweifel zu: Mit dem zentral-peripheren Gefälle nach Wohlstand und Ansehen ging bis zu einem gewissen Grade auch eine ethnische Zonierung einher (vgl. Kap. 2.2). Dagegen spielten lebenszyklusorientierte innerstädtische Wanderungen noch kaum eine Rolle, und deshalb hatte der „Familienstatus" als grundlegende Beschreibungsdimension der Wohnstandortdifferenzierung keine größere Bedeutung. Dieses Muster blieb bis in die 30er Jahre unseres Jahrhunderts, in kleineren Städten auch noch bis in die Zeit nach dem Zweiten Weltkrieg erhalten, wie aus einer ganzen Reihe empirischer Untersuchungen zu entnehmen ist (vgl. u. a. Caplow 1949; Hayner 1948; Whiteford 1964). Der spätere Umbruch von der kompakten Kolonialstadt zu einem ausufernden Ballungsraum war von umfangreichen Verlagerungen des Wohnstandortes innerhalb des Stadtgebietes begleitet (vgl. im einzelnen Kap. 6.2). Das hat nicht nur zu einer Bevölkerungsabnahme in den zentralen Stadtbereichen und neuen Mustern sozioökonomischer Differenzierung geführt, sondern auch zur räumlichen Segregation bestimmter Altersgruppen und Haushaltstypen. Den wenigen faktoren- bzw. clusteranalytischen Untersuchungen für lateinamerikanische Städte (vgl. Morris/Pyle 1971;

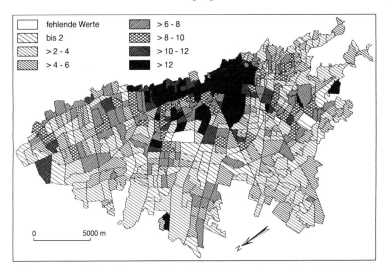

Abb. 12: Anteil der Einpersonenhaushalte in Bogotá 1985 (Quelle: Hubrich 1994).

Schwirian/Smith 1974; Bähr 1978 a; Bähr/Klückmann 1985) ist zu entnehmen, daß die sozioökonomische Gliederung des Stadtgebietes von einem Lebenszyklusfaktor, der Merkmale zur Alters- und Haushaltsstruktur zusammenfaßt, überlagert wird. Dieser findet seine räumliche Ausprägung in einer zentral-peripheren Anordnung verschiedener Lebenszyklusgruppen, mit denen bestimmte Haushaltstypen einhergehen: Kleinere, vielfach ältere Familien und Einzelpersonen wohnen in der Regel zentrumsnäher, größere und insbesondere junge, noch wachsende Familien überwiegend an der Peripherie. So schwankt der Anteil der Einpersonenhaushalte in Bogotá zwischen mehr als 12 % in vielen zentralen Stadtteilen und weniger als 4 % in großen Teilen der Peripherie (Abb. 12). Im grundsätzlichen zeichnet sich daher die Tendenz einer weitgehenden Angleichung an Strukturen ab, wie sie in Industrieländern zu finden sind.

5.2 Beschäftigungsstruktur

Der rasche Wandel der Beschäftigungsstruktur ist ein Spiegelbild des enormen Verstädterungsprozesses (vgl. Tab. 3). Dabei hat die im Rahmen der Importsubstitution ab ca. 1950 in den meisten Ländern

Tab. 3: Erwerbstätige nach Wirtschaftssektoren in Lateinamerika 1950–1990 (in %)

Wirtschaftssektoren	1950	1980	1990[1]
Landwirtschaft	55	32	26
Industrie[2]	19	26	26
Dienstleistungen[3]	26	42	48
Gesamt	100	100	100

[1] Die Daten für 1990 entstammen Haushaltsbefragungen in Argentinien, Bolivien, Brasilien, Chile, Costa Rica, Kolumbien und Venezuela; sie umfassen 60 % der Erwerbstätigen Lateinamerikas.

[2] Einschließlich Bergbau, Handwerk, Bauhandwerk und Elektrizitätswirtschaft

[3] Einschließlich Handel und Transport

Quelle: Infante/Klein (1991)

einsetzende beschleunigte Industrialisierung zu einer Konzentration der neuen Industriebetriebe in wenigen Großstädten geführt und in hohem Maße als *pull*-Faktor für Zuwanderer gewirkt (vgl. Kap. 4.4; Portes/Schauffler 1993, S. 33 ff.). Gerade die Land-Stadt-Wanderung, zweifellos eines der bedeutendsten sozioökonomischen Phänomene in der zweiten Hälfte des 20. Jh., beinhaltet einen massiven Transfer von Arbeitskräften aus dem Agrarsektor in die „städtischen Sektoren" und – da die modernen Industriebetriebe nur einen geringen Teil davon aufnehmen können – hier vor allem in den Dienstleistungsbereich.

Bei den Trends in der Entwicklung der städtischen Erwerbstätigenstruktur fällt auf (vgl. Tab. 4):
– die zunehmende Dichotomie zwischen dem formellen Sektor, d. h. dem durch „schriftliche Verträge sanktionierten Arbeitsprozeß" (Waldmann 1990 b, S. 42), und dem informellen Sektor, der nach anderen Autoren 1990 bereits ca. 50 % aller städtischen Erwerbstätigen umfaßte (Mertins 1992 c, S. 8 f.; ILO 1993, S. 25);
– die relativ geringe Arbeitslosigkeit, die darauf zurückzuführen ist, daß die wenigsten Erwerbstätigen den Beginn ihrer (formellen) Arbeitslosigkeit anzeigen, da es im allgemeinen keine Arbeitslosenunterstützung und keine staatliche oder kommunale Arbeitsvermittlung gibt;
– der hohe Anteil von Beschäftigten im öffentlichen Dienst, der 1980–85 durchschnittliche jährliche Wachstumsraten von 4,0 %

Tab. 4: Trends in der städtischen Erwerbstätigenstruktur Lateinamerikas 1950–1989 (in %)[1]

Städtische Erwerbstätige	1950	1980	1985	1989
Erwerbstätige im formellen Sektor	71,1	69,1	67,5	63,9
davon – im öffentlichen Dienst – in Privatunternehmen	18,8 81,2	21,3 78,7	24,0 76,0	20,8 79,2
Erwerbstätige im informellen Sektor	22,2	23,5	27,5	32,1
Arbeitslose	6,7	7,4	5,0	5,0
	100,0	100,0	100,0	100,0

[1] Schätzungen auf der Basis von Volkszählungen und Haushaltsbefragungen. Die Angaben für 1980 und 1989 beziehen sich auf Argentinien, Brasilien, Chile, Costa Rica, Kolumbien, Mexiko und Venezuela; sie umfassen 80 % der Erwerbstätigen Lateinamerikas.

Quelle: Infante/Klein (1991); Tokman (1986) (umgerechnet)

aufwies, gegenüber einem Beschäftigtenwachstum von nur 0,3 % im gleichen Zeitraum bei den privaten Groß- und Mittelbetrieben (Tokman 1986, S. 535).

In dem aufgezeigten Kontext spielen vor allem drei Prozesse eine signifikante Rolle, prägen sie doch in entscheidendem Maße die Erwerbs- und Beschäftigungsstruktur in lateinamerikanischen Großstädten:

Erstens die wachsende Einbeziehung der Frauen in den Arbeitsmarkt, vor allem als Hausangestellte, Sekretärinnen etc.: Nach einer Studie in den Städten Bogotá, Buenos Aires, Caracas, Montevideo, San José und São Paulo (Kaztman 1992) bewegte sich der Frauenanteil an den Erwerbstätigen in der zweiten Hälfte der 80er Jahre zwischen 40 und 60 %. Das sind Werte, wie sie in den 70er Jahren für viele Industrieländer verzeichnet wurden. Daß an der weiblichen Erwerbstätigenquote Verheiratete oder in eheähnlicher Gemeinschaft lebende Frauen zwischen 25 und 39 Jahren mit Kindern unter 5 Jahren zu 33–57 % beteiligt waren (Kaztman 1992, S. 91), weist darauf hin, daß in ständig zunehmendem Umfang der Verdienst des Mannes für die Familie bzw. den Haushalt nicht ausreicht und die Frauen mitverdienen müssen.

Zweitens die Schaffung von Arbeitsplätzen im öffentlichen Dienst, vor allem in Verwaltung, infrastrukturellen Einrichtungen etc.: Dieses war einmal aufgrund des enormen Städtewachstums notwendig, andererseits aber auch wegen damit verbundener neuer öffentlicher Aufgaben, z. B. im Bereich des Wohnungsbaus oder der sozialen Dienstleistungen. Die „Ausdehnung des Staatsapparates" (Waldmann 1990 b, S. 40) schuf so vermehrt Stellen für Angehörige der Mittelschicht, die dadurch stark anwuchs. Oft sind neue Arbeitsplätze im öffentlichen Dienst auf Wahlversprechen zurückzuführen, was jedoch mehrheitlich die Beschäftigung von Angehörigen der unteren Mittel-/Unterschicht betrifft. Dadurch ist es insgesamt zur Überbürokratisierung vieler Behörden gekommen, verbunden mit einem deutlichen Nachlassen der Verwaltungseffizienz („Verwaltung als entwicklungshemmender Faktor"; vgl. Illy 1984, S. 21 f.).

Der dritte Prozeß ist der umfangmäßig und sozioökonomisch folgenreichste: die Entstehung und das rasche Wachstum des informellen Sektors, was eng mit der Land-Stadt-Wanderung sowie mit der unzureichenden Aufnahmekapazität des formellen Wirtschaftssektors für Arbeitsmigranten verbunden ist (Tokman 1984). Hinzu kommen – was nach Soto (1992, S. 11) mindestens gleich stark zu bewerten ist – rechtliche Barrieren (Schul-, Ausbildungs-, Arbeitszertifikate etc.), die einer Aufnahme besonders in die modernen Produktionsbereiche entgegenstehen.

Der in den offiziellen Statistiken nicht erfaßte informelle Wirtschaftssektor wies Mitte der 80er Jahre mit 4,9 % die höchste Arbeitskraftwachstumsrate aller städtischen Wirtschaftssektoren auf. Betrug der Anteil der informell Beschäftigten an allen Erwerbstätigen in den Städten Lateinamerikas um 1980 erst 25 %, so lag er 1985 bereits bei 32 % (Tokman 1986, S. 535), 1989 bei 40–42 % (Infante/Klein 1991, S. 126; die differierenden Angaben dazu in Tab. 4 sind mit der unterschiedlichen Datenlage zu erklären bzw. auch aufgrund der geringeren Länderzahl), um bis Anfang der 90er Jahre auf durchschnittlich 53 % anzusteigen (Mertins 1991 a, S. 168; ILO 1993, S. 26). Für dieses rapide Wachstum waren vor allem konjunkturelle Gründe entscheidend, aber auch die kostensparende Verlagerung bestimmter Arbeitsprozesse aus Groß- und Mittelbetrieben in den informellen Sektor. Mit einem Anteil von ca. 65 % informell Beschäftigter im Jahre 1986 nimmt Lima unter den Metropolen Lateinamerikas zweifellos die Spitzenstellung ein (Stapelfeldt 1990, S. 171).

Informelle Wirtschaftsaktivitäten sind in hohem Maße Überlebensstrategien/-mechanismen (Portes/Schauffler 1993, S. 40) und basieren fast immer auf einer erheblichen Mobilisierung der Selbsthilfe. Der informelle Sektor ist einmal durch selbständig Erwerbstätige („Eigenbeschäftigung"), zum anderen durch kleine Betriebsgrößen (Familienunternehmen) gekennzeichnet, deren Produktivität meistens recht gering ist (zu den weiteren Kriterien des informellen Sektors vgl. zusammenfassend Schamp 1989; Heimburger 1990; Mertins 1991 a).

Während der Teilmarkt der informellen Eigenbeschäftigung (Schuhputzer, ambulante Händler, Garküchenbetreiber, Parkwächter, Autowäscher u. a.) dominant das Straßenbild der Innenstädte, der Ausfall- und Hauptstraßen prägt, ist der Teilmarkt der Familienbetriebe (Handwerks- und Reparatur-, kleinere Industrie-, Abfallsammel- und -recyclingbetriebe, Transportunternehmen etc.) überwiegend auf die ebenfalls informell entstandenen Marginalviertel beschränkt.

Am Beispiel der nordperuanischen Regionalmetropole Trujillo (1990: ca. 500 000 Ew.; drittgrößte Stadt Perus) konnte Gaskin-Reyes (1986) das ganze Spektrum der informellen Handels-, Handwerks-, Industrie- und Transportbereiche aufzeigen, die in hohem Grade von aufstiegswilligen Zuwanderern aus dem Hochland (*cholos*) und deren Kindern beherrscht werden. Derartige Wirtschaftszweige konzentrieren sich meistens in bestimmten, auch informell (illegal) entstandenen Stadtvierteln, z. B. der Klein-, Zwischen- und z. T. auch Großhandel mit Nahrungsmitteln aller Art, Auto-, Autoersatzteilhandel, Autoreparatur, überregionaler Personen- und Frachttransport mit den entsprechenden Umschlags-, Lagerräumen etc. Das trägt erheblich zur funktionalen Viertelsbildung bei und stellt ein bedeutendes Element der sozial-/funktionsräumlichen Differenzierung der lateinamerikanischen Stadt dar.

Während es fast unmöglich ist, statistisch verläßliches Material über Umfang, Zusammensetzung, Beschäftigte etc. des informellen Sektors zu erhalten, liegen für Teilbereiche wie die ambulanten oder Straßenhändler einige aussagekräftige Detailuntersuchungen vor, z. B. über die *street traders* in Cali (Bromley 1978), über Straßenverkäufer in Lima (Möller 1979) sowie über den ambulanten Handel im Stadtzentrum von Montevideo (Gans 1987 b): Diesen betreiben vor allem Männer zwischen 20 und 40 Jahren, sei es, daß sie keine Beschäftigung im formellen Sektor finden oder – allerdings nachrangig – daß sie das Einkommen aus einer anderen, oftmals formellen Beschäftigung ergänzen wollen (Gans 1990, S. 197 ff.). Dabei ist interessant, daß bei 80 % der Straßenhändler die Einnahmen aus dem ambulanten Handel durchschnittlich um 64 % über dem gesetzlichen Mindestlohn lagen, was für die Motivation einer Tätigkeit in diesem informellen Teilsektor – und gerade an lukrativen Standorten – spricht.

5.3 Soziale Schichtung

Die Grundlagen der heutigen Sozialstruktur sind in allen lateinamerikanischen Staaten in der Kolonialzeit gelegt worden. Die Eingliederung des Subkontinents in die Weltwirtschaft während des späten 19. Jh., die europäische Einwanderung um die Jahrhundertwende, die Industrialisierungsbemühungen seit den 30er und 40er Jahren und nicht zuletzt das massive Städtewachstum in jüngster Zeit führten zwar zu Modifizierungen der ererbten Strukturen, nicht jedoch zu grundsätzlichen Umwälzungen (Wilhelmy/Borsdorf 1984, S. 177). Von Anfang an spiegelte sich die soziale Schichtung der Gesellschaft und deren Veränderungen am deutlichsten in den Städten wider. Zum einen lebten die führenden gesellschaftlichen Gruppen schon immer dort, selbst wenn ihr Reichtum und Einfluß auf Landbesitz und einer agrarwirtschaftlichen Tätigkeit beruhte, zum anderen manifestierten sich auch die jüngeren gesellschaftlichen Wandlungen vor allem im städtischen Raum.

Während der frühen Kolonialzeit war die gesellschaftliche Struktur denkbar einfach: Einer sehr kleinen Oberschicht spanischer bzw. portugiesischer Abstammung stand die breite Masse der indianischen Bevölkerung bzw. regional auch der eingeführten Sklaven gegenüber. Schon sehr bald setzte jedoch eine weitere Differenzierung ein: Innerhalb der Oberschicht betraf diese die Unterscheidung zwischen den eigentlichen Spaniern bzw. Portugiesen als der politischen, militärischen und kirchlichen Machtelite und den spanisch- bzw. portugiesisch-blütigen, aber im Lande geborenen Kreolen, zu denen einerseits Großgrundbesitzer, andererseits auch Großkaufleute und Eigentümer von Bergwerken zählten. Während zunächst zwischen der Landaristokratie und letzteren Gruppen ein beträchtlicher gesellschaftlicher Abstand lag, verschoben sich diese Grenzen später immer mehr, weil auch andere zu Wohlstand gekommene Personen ihr Geld vielfach in Landbesitz anlegten.

Für die Untergliederung der sozialen Unterschicht ist in erster Linie die Entstehung einer breiten Mischlingsbevölkerung verantwortlich zu machen. Die Mestizen waren vor allem im Handwerk und Gewerbe tätig und übernahmen auch im Bergbau und auf den *haciendas* gewisse Aufsichtsfunktionen. Auf den untersten sozialen Stufen standen einerseits Mulatten, Zambos und Schwarze, deren zahlenmäßige Bedeutung aber regional sehr stark schwankte, und andererseits – trotz verschiedener Sonderrechte und Schutzbestimmungen – auch die indianische Bevölkerung (Langenberg 1981, S. 238 f.). Im

Laufe der Zeit verwischte sich allerdings die ethnische Struktur der Sozialpyramide mehr und mehr, und der wirtschaftliche Erfolg trat als weiteres Stratifikationskriterium hinzu. Das führte dazu, daß auch Mischlinge und sogar Schwarze sozial aufsteigen und verarmte Weiße in ihrem Status absinken konnten. Lediglich die Indianer partizipierten nur in geringem Maße an diesen Mobilitätschancen (Pietschmann 1984, S. 255).

Die Gliederung der kolonialzeitlichen Stadt war ein getreues Abbild dieser Verhältnisse. Zu den *vecinos* (Nachbarn), aus deren Reihen der Bürgerrat gewählt wurde, zählten lediglich Angehörige der Oberschicht. Eine breitere Mittelschicht im europäischen Sinne gab es nicht; allenfalls lassen sich einzelne Handwerker, kleinere Händler oder Angestellte, die meist von Mestizen gestellt wurden, dazu rechnen. Die Unterschicht umfaßte den größten Teil der Mestizen, die Schwarzen und Mulatten sowie die *indios*. Diese wie auch die Sklaven lebten oft in besonderen Vierteln am Rande oder sogar außerhalb der eigentlichen Stadt, was ihre sozial untergeordnete Position noch unterstreicht (Cruz Rodríguez 1993; vgl. Kap. 2.5). Allerdings gibt es auch Beispiele für eine fehlende räumliche Trennung verschiedener Sozialschichten. Vor allem die Sklaven waren sehr häufig im Dach- oder Obergeschoß adliger oder bürgerlicher Paläste untergebracht („vertikale Segregation" nach Souza 1993, S. 44, 49 f.).

Quantitative Angaben liegen für Lima aus den Jahren 1561 und 1614 vor (vgl. Portes/Walton 1976, S. 17; Córdova Aguilar 1989, S. 238). Ein Vierteljahrhundert nach der Gründung (1535) zählte Lima erst 2500 Bewohner, davon trugen nur 40 den Titel eines *vecino*. Bis 1614 war die Einwohnerzahl auf 25 434 gestiegen. Der Anteil der Spanier betrug jetzt zwar 38 %, jedoch ist nur ein Bruchteil davon zu den *vecinos* zu rechnen, die Mehrzahl entfiel auf ärmere Gruppen spanischer Abstammung sowie Frauen und andere Familienangehörige. In anderen Städten – abgesehen von Mexiko-Stadt (vgl. Sargent 1993, S. 174) – lag der Anteil der Spanier noch wesentlich niedriger und belief sich z. B. in Panamá auf 21 % (1610) und in Santiago de Chile auf 16 % (1613).

Einen Vergleich über einen längeren Zeitraum ermöglichen die Auswertungen von Langenberg (1981, S. 243 ff.) für die Stadt Guatemala-La Antigua. Danach nahm der Anteil der Spanier parallel zum Anstieg der Einwohnerzahlen zwischen den Dekaden 1591–1600 und 1761–70 von etwas mehr als 40 % auf unter 20 % ab, und die Mestizen und Mulatten entwickelten sich zur zahlenmäßig stärksten Bevölkerungsgruppe (von weniger als 10 % auf ca. 60 %). Setzt man diese ethnische Struktur mit einer berufsgruppenorientierten sozialen Schichtung in Beziehung, so zeigt sich, daß die Oberschicht vollständig aus Spaniern bestand, in der oberen Mittelschicht Spanier und Mestizen, in der unteren Mestizen und mehrrassige Ladinos überwogen, während sich die Unterschicht fast ausschließlich aus Indianern sowie Schwarzen und Mulatten zusammensetzte (Langenberg 1981, S. 285 f.).

Als Folge der Unabhängigkeit haben sich die sozialen Gegensätze nicht abgemildert, sondern teilweise sogar noch verschärft, lediglich der direkte spanische bzw. portugiesische Einfluß ging zurück, und die Kreolen wurden zur führenden gesellschaftlichen Gruppe. Die Einbindung der lateinamerikanischen Länder in den Weltmarkt hat deren Stellung meist noch gestärkt, weil sie den größten Nutzen aus dem Anbau von Kaffee (Brasilien, Kolumbien, Zentralamerika) und Zuckerrohr (Brasilien, Karibik) oder der Produktion von Fleisch und Getreide (Argentinien, Uruguay) zogen. In einzelnen Staaten gehen die sozialen Gegensätze gar erst auf diesen Zeitabschnitt zurück, so z. B. in Costa Rica mit der Herausbildung der *aristocracia cafetalera*. Nur in Ländern, in denen die wirtschaftlichen Ressourcen hauptsächlich von ausländischen Unternehmen ausgebeutet wurden, wie beim Kupfer in Chile, dem Erdöl in Venezuela und den Bananenplantagen in Zentralamerika, verlief die Entwicklung anders (Waldmann 1990 b, S. 39).

Zur zahlenmäßig sehr geringen kreolischen Oberschicht trat eine kleine Gruppe europäischer Einwanderer, die es auch außerhalb des Agrar- und Bergbausektors zu Geld und Ansehen gebracht hatten. Von wenigen Ausnahmen abgesehen, ist jedoch kein mit Europa vergleichbares Industrieunternehmertum entstanden.

Die führenden gesellschaftlichen Gruppen, deren Anteil an der Gesamtbevölkerung in keinem lateinamerikanischen Land 3 bis 4 % übersteigt (vgl. Portes 1985, S. 22 f.), konnten die einmal erlangte beherrschende Position jahrzehntelang, z. T. bis in unsere Tage bewahren. Erst in jüngerer Zeit haben sie vielfach an Einfluß und vor allem an politischem Gewicht verloren. Das hängt nicht zuletzt mit der wachsenden Bedeutung mittlerer Sozialschichten zusammen, die es verstanden haben, den staatlichen Machtapparat für ihre Zwecke zu nutzen. Diese Gruppen sind in den einzelnen lateinamerikanischen Staaten in sehr unterschiedlichem Umfang vertreten. Während sie in Argentinien, Chile und Uruguay 35 bis 40 % der Gesamtbevölkerung ausmachen, fallen sie in besonders rückständigen Ländern wie Bolivien und Paraguay kaum ins Gewicht. Die Mittelschichten konzen-

trieren sich hauptsächlich auf den städtischen Raum. Vor allem zählen
dazu mittlere und kleine Unternehmer, Angestellte, die eine mittlere
Position in Produktion und Verwaltung innehaben, und freiberuflich
Tätige, wie Ärzte und Rechtsanwälte (Waldmann 1990 b, S. 40).
    Die Herausbildung eines Mittelstandes beginnt bereits im 19. Jh.
An der weltwirtschaftlichen Öffnung partizipierten nicht nur die hei-
mischen Eliten und Neuzuwanderer aus Europa, auch vielen Hand-
werkern, Händlern und Angestellten in leitender Funktion gelang ein
leichter und schneller Aufstieg. Die reichen Exporterlöse jener Zeit
ermöglichten es gleichzeitig dem Staat, zahlreiche Verbesserungsmaßnahmen im Bereich der Infrastruktur durchzuführen, das Schul- und
Gesundheitswesen auszubauen und auch insgesamt die öffentliche
Verwaltung stark auszuweiten, was die Zahl der staatlichen Bedien-
steten rasch ansteigen ließ. Diese wurden insbesondere in den Staaten
des außertropischen Südamerikas zum Kern der neuen *clase media*,
die im Verlauf der importsubstituierenden Industrialisierung nochmals kräftig expandierte und zu deren besonderem Kennzeichen ein
herausgehobener Ausbildungsstand gehört. Für Chile wird ihr Anteil
1920 auf ca. 10 %, 1960 auf ca. 25 % der Bevölkerung geschätzt. Mehr
und mehr konnte sie hier, wie auch in anderen Ländern, die traditionelle Oberschicht aus ihren Machtpositionen verdrängen und einen
zunehmenden politischen Einfluß gewinnen (Friedman/Lackington
1967; Caviedes 1979). Dieser wirkte sich jedoch nicht in grundlegenden Strukturveränderungen aus, vielmehr ging es den Angehörigen
der Mittelschicht in erster Linie um individuellen wirtschaftlichen
Aufstieg und Absicherung der erreichten Positionen (vgl. Wilhel-
my/Borsdorf 1984, S. 179; Waldmann 1990 b, S. 40). Daß sie darin
durchaus erfolgreich waren, belegt beispielsweise der zwischen 1940
und 1971 von 15 auf 35 % gestiegene Anteil der Gehälter an den
gesamtchilenischen Einkünften (Mamalakis 1976).
    Die größten quantitativen Verschiebungen hat es im Zuge des ra-
schen Städtewachstums innerhalb unterer Sozialschichten gegeben.
Die entscheidende Trennungslinie verläuft hier zwischen den Arbei-
tern, die in den Produktionsprozeß eingegliedert sind und dadurch
über eine gewisse soziale Absicherung verfügen, und der großen Masse der im informellen Sektor Tätigen und meist Unterbeschäftigten,
die ein Leben am Rande der Gesellschaft und in Armut führen.
    Die Entstehung einer vorwiegend industriellen und bergbaulichen
Arbeiterklasse, die sich schon früh gewerkschaftlich organisierte,
geht ebenfalls auf die Jahrzehnte um die Jahrhundertwende zurück.
Als Folge der importsubstituierenden Industrialisierung hat sich die

Arbeiterschaft zunächst absolut und relativ vermehrt; in den letzten Jahrzehnten bedingten jedoch Stagnation oder gar Schrumpfung des Industriesektors bei gleichzeitig weiterhin rasch fortschreitendem Städtewachstum eine erhebliche Gewichtsverschiebung innerhalb der Unterschicht. Selbst für Argentinien geht man davon aus, daß die Anzahl der Industriearbeiter gegenwärtig kaum größer ist als in den 20er Jahren (Waldmann 1990 b, S. 42).

Der größte Teil der Unterschicht entfällt heute auf sog. marginale Gruppen. Gemäß dem Anfang der 60er Jahre entwickelten *marginalidad*-Konzept werden darunter diejenigen Bevölkerungsschichten verstanden, die an den politischen, gesellschaftlichen und ökonomischen Entscheidungen sowie Entwicklungen nur unbedeutend, eben „marginal" beteiligt sind und – als Folge davon – in Armut leben, d. h. ihre Grundbedürfnisse nicht oder nicht in ausreichendem Umfang decken können (Hemmer/Kötter 1990; Mertins 1992 c). Zu diesen Grundbedürfnissen zählen sowohl der private lebensnotwendige Minimalbedarf, vor allem Ernährung, Unterkunft, Kleidung, als auch grundlegende öffentliche Dienstleistungen, wie einwandfreies Trinkwasser, sanitäre Einrichtungen, Basisgesundheitsversorgung u. a. Gelegentlich wird dabei die „extreme Armut" gesondert ausgewiesen, um dadurch jene Gruppe zu kennzeichnen, die noch nicht einmal ihre Ernährung sicherstellen kann.

Bezugnehmend auf Brasilien, hat Souza (1993, S. 37 ff.) verschiedene Möglichkeiten zur Bestimmung von Armutslinien diskutiert. Einerseits zeigte sich dabei, daß solche Festlegungen besonders dann sehr problematisch und bis zu einem gewissen Grade willkürlich sind, wenn man einzelne Länder oder Zeiträume vergleichen will; andererseits spiegelt das Ausmaß der absoluten Armut die sozioökonomischen Disparitäten innerhalb der Gesellschaft nur unzureichend wider und ist durch ein relatives Armutskonzept zu ergänzen.

In den Großstädten wird die Marginalisierung „sichtbarer", allein schon aufgrund der Konzentration unterer Bevölkerungsschichten in den inner- und randstädtischen Marginalvierteln (vgl. dazu Kap. 6). Feres/León (1990) haben für ausgewählte Länder Lateinamerikas den Anteil extrem armer und armer Haushalte in den Haupt- und anderen Städten ermittelt (vgl. Tab. 5). Daraus wird deutlich, daß das Problem der Massenarmut längst nicht mehr auf den ländlichen Raum beschränkt ist. Vor allem seit Beginn der 80er Jahre ist der Anteil der Marginalgruppen an der städtischen Bevölkerung sprunghaft angestiegen, während auf dem Lande – nicht zuletzt durch umfangreiche Abwanderungen bedingt – eine Stagnation oder sogar ein gewisser

Tab. 5: Extrem arme und arme Haushalte in städtischen und ländlichen Räumen Lateinamerikas 1970–1990

Land	Bezugs-jahr	Anteil extrem armer Haushalte (in %)				Anteil armer Haushalte (in %)			
		städtisch		alle Städte	ländlich	städtisch		alle Städte	ländlich
		Hauptstadt	and. Städte			Hauptstadt	and. Städte		
Argentinien	1970	–	–	1	1	–	–	5	19
	1980	1	2	2	4	5	9	7	16
	1986	3	4	3	6	9	15	12	17
Brasilien	1970	–	–	15	42	–	–	35	73
	1987	8¹	16	13	34	24	37	34	60
	1990	–	–	22	–	–	–	39	56
Chile	1970	–	–	3	11	–	–	12	25
	1987	11	15	13	16	33	40	37	45
	1990	9	–	11	15	30	–	34	36
Costa Rica	1970	–	–	5	7	–	–	15	30
	1988	5	6	6	10	19	22	21	28
	1990	–	–	7	12	–	–	22	25
Guatemala	1980	5	19	13	44	26	52	41	79
	1986	20	31	28	53	45	59	54	75
	1990	–	–	–	45	–	–	–	72
Kolumbien	1970	–	–	14	23	–	–	38	54
	1986	11	16	15	22	31	37	36	42
Mexiko	1970	–	–	6	18	–	–	20	49
	1984	–	–	6	19	–	–	23	43
Peru	1970	–	–	8	39	–	–	28	68
	1986	11	22	16	39	37	53	45	64
Uruguay	1970	–	–	4	–	–	–	10	–
	1986	2	4	3	8	9	19	14	23
	1989	1	2	2	–	7	14	10	–
Venezuela	1970	–	–	6	19	–	–	20	36
	1986	4	9	8	14	16	28	25	34
	1990	–	–	11	17	–	–	33	38

¹ Angaben für São Paulo und Rio de Janeiro

Quelle: Feres/León (1990); CEPAL (1993)

Rückgang der Prozentwerte verzeichnet werden kann. In allen Ländern ist allerdings der Anteil der Armen in ländlichen Gebieten noch immer größer als in den Städten. Ebenso bestehen weiterhin erhebliche Unterschiede zwischen den einzelnen Staaten. Im städtischen Raum reichen die Extremwerte von lediglich 12–14 % in Argentinien und Uruguay über 20–25 % in Costa Rica, Mexiko und Venezuela bis zu ca. 50 % in Peru und Guatemala, wobei noch zu bedenken ist, daß es auch erhebliche Gegensätze zwischen einzelnen Städten gibt. So lebten z. B. in Brasilien Anfang der 80er Jahre in den Großstädten des Nordostens (Belém, Fortaleza, Recife) mehr als die Hälfte der Bevölkerung in Armut, dagegen im Südosten und Süden z. T. weniger als 20 % (Curitiba, Porto Alegre; vgl. Cardoso/Helwege 1992, S. 25). Bezieht man die gesamte Habitat- und infrastrukturelle Situation mit ein, so kann als gesichert gelten, daß mindestens 40–50 % der Großstadtbevölkerung Lateinamerikas nicht nur in Marginalsiedlungen, sondern auch insgesamt in marginalen Verhältnissen leben (Infante/Klein 1991, S. 124; Mertins 1992 c, S. 7).

Angesichts der weiter anhaltenden Verstädterung und Metropolisierung dürfte sich die Marginalisierung im großstädtischen Raum in Zukunft noch ausweiten. Damit werden die sozialen Spannungen zwischen einer kleinen Gruppe Besitzender und der breiten Masse der verarmten Bevölkerung weiter zunehmen.

Räumlich manifestieren sich die sozialen Disparitäten in einer scharfen schichtspezifischen Segregation, so daß teilweise schon von regelrechten „Reichen-Ghettos" gesprochen werden kann (Sandner 1969, S. 177; vgl. Kap. 6.4). Damit einher geht vielfach eine Segregation nach rassisch-ethnischen Kriterien, wie jüngst Telles (1992) für Brasilien zeigen konnte. Die staatliche Wohnungspolitik hat – z. B. durch Umsiedlungsmaßnahmen – diese Tendenzen häufig noch verstärkt (Scarpaci/Infante/Gaete 1988; Nickel-Gemmeke 1991, S. 164 ff.).

Als Folge der wirtschaftlichen Krise der 80er Jahre hat die Polarisierung zwischen Arm und Reich noch zugenommen, während die räumliche Segregation eher abnehmende Tendenzen zeigte. Dieser auf den ersten Blick paradoxe Befund ist einerseits darauf zurückzuführen, daß auch viele Angehörige der Mittelschicht unter der schwierigen ökonomischen Situation erheblich zu leiden hatten und daher vermehrt Wohnalternativen in ehemals eindeutigen Unterschichtvierteln suchten; andererseits wuchsen Hüttenviertel in räumlicher Nähe zu Wohngebieten der Oberschicht überdurchschnittlich schnell, weil sie günstigere Arbeitsmöglichkeiten im informellen Sektor versprachen (Portes/Itzigsohn/Dore-Cabral 1994, S. 7 f.).

5.4 Flächenwachstum und infrastrukturelle Probleme

Parallel zum raschen Bevölkerungswachstum setzt seit Ende der 40er/Anfang der 50er Jahre eine z.T. rasante Flächenexpansion der Großstädte ein. Oft nimmt der Flächenverbrauch sogar noch weit schneller zu als das Bevölkerungswachstum. Das hängt vor allem damit zusammen, daß ein großer Teil der städtischen Flächenausdehnung informell, d. h. illegal oder semilegal, erfolgt (vgl. Kap. 6.7) und diese randstädtischen Hüttenviertel vergleichsweise viel Platz benötigen (Bähr/Mertins 1992 b, S. 364). Man kann davon ausgehen, daß mindestens die Hälfte der großstädtischen Bausubstanz, in einigen Fällen sogar bis zu 75 % informell entstanden sind (Mertins 1991 a, S. 165). Dabei sind allerdings auch ältere, mittlerweile längst konsolidierte und formalisierte, d. h. offiziell anerkannte Viertel einbezogen. Einen der spektakulärsten Fälle stellt die Metropole Lima-Callao dar, wo „bereits 1974 mehr als die Hälfte der Neubauwohnungen auf (informelle) Selbsthilfeaktivitäten der Armen entfielen" und die „*barriadas*" (d. h. die informellen Hüttenviertel) zum dominanten Träger der Stadtentwicklung geworden sind" (Kroß 1992, S. 154, 206).

Die Abb. 13 und 14 belegen für Bogotá und Mexiko-Stadt die starke Flächenausdehnung der letzten drei bis vier Jahrzehnte. Im Falle von Bogotá stellt der steile Anstieg zur Ostkordillere (von 2600/2700 auf 3200/3300 m) eine deutliche Siedlungsgrenze dar. Das führte zu einer bis jetzt ca. 30 km langen Nord-Süd-Ausdehnung der Stadt auf der vorgelagerten Fußzone, während weite, z. T. überschwemmungsgefährdete Teile der Hochebene (Sabana de Bogotá) erst nach der relativ späten Parzellierung von Latifundien größtenteils informell besiedelt wurden (Brücher/Mertins 1978, S. 48 ff.). Das wohl anschaulichste Beispiel für die unerhörte Dynamik des metropolitanen Flächenwachstums bildet Mexiko-Stadt und hier vor allem die Besiedlung der trockengefallenen Randbereiche des Lago de Texcoco im Osten/Nordosten des Verdichtungsraumes. Innerhalb von nur zwei Jahrzehnten entstand auf einer Fläche von knapp 50 km² eine neue, informell-gelenkte Großsiedlung, Nezahualcóyotl, mit fast 2 Mio. Ew., sicherlich die größte ihrer Art in der Dritten Welt (Buchhofer 1982, S. 30 f.).

Die räumliche Ausdehnung der lateinamerikanischen Großstädte geschah lange Zeit überwiegend in der Form des flächenmäßig-kontinuierlichen Wachstums (Urbanisierung). Für die Hauptstädte Zentralamerikas hat Sandner schon 1969 (S. 166) darauf hingewiesen, daß erst nach dem Zweiten Weltkrieg der „auf Verdichtung und geschlossene Stadterweiterung ausgerichtete Stil endgültig zugunsten einer zellenhaften Entwicklung randlicher Wohngebiete aufgegeben wurde".

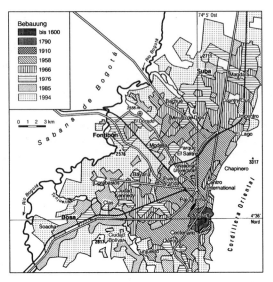

Abb. 13: Flächenwachstum von Bogotá bis 1994 (Quellen: Brücher 1969; Unterlagen des Depto. Administrativo de Planeación Distrital [Bogotá]; eigene Erhebungen Jan. 1995).

Im gleichen Zusammenhang sprechen Bähr/Mertins (1981, S. 25) von „zellenförmigen Stadterweiterungen an der Peripherie", einem der drei Grundprinzipien der internen Differenzierung lateinamerikanischer Großstädte/Metropolen (vgl. Kap. 6.1), das in diesen allerdings weder zur gleichen Zeit noch mit der gleichen Intensität auftritt. Spätestens seit den 60er Jahren ist dann die zellenförmige, räumlich-diskontinuierliche Siedlungsstruktur ein sehr charakteristisches Kriterium für die schnelle, oft unkontrollierte Flächenzunahme der Großstädte (Bähr/Mertins 1992a, S. 66), findet also der überwiegende Teil des Großstadtwachstums im suburbanen Umland statt. In Anlehnung an Gaebe (1987) und Heineberg (1989) wird unter Suburbanisierung, speziell unter Bevölkerungssuburbanisierung verstanden:
– die intraregionale Wanderung von Bevölkerung aus dem Kernbereich in das jeweilige Umland und
– die interregionale Zuwanderung von Bevölkerung aus dem ruralen Raum und aus anderen Städten unterschiedlicher Größe direkt in das Umland der betreffenden Großstadt.
Dabei löst sich das städtebaulich-räumliche Kontinuum meist auf, d. h., es besteht zunächst kein flächenmäßiger Zusammenhang zwischen der jeweiligen Großstadt/Metropole und den neuen suburba-

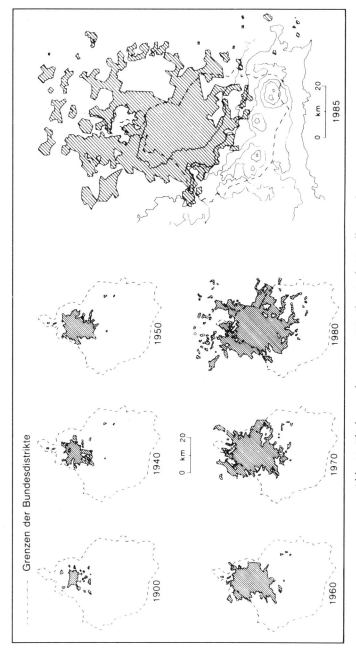

Abb. 14: Flächenwachstum von Mexiko-Stadt (Quelle: Ward 1990).

nen Siedlungen, die allerdings später durch die weitere räumliche Ausdehnung der verschiedenen Siedlungskörper zusammenwachsen. Generell lassen sich in den Großstädten Lateinamerikas drei Siedlungstypen unterscheiden (vgl. Kap. 6.4, 6.7, 6.8), die in unterschiedlichem Maße für das Flächenwachstum, vor allem auch im suburbanen Raum, verantwortlich sind (Wilhelmy/Borsdorf 1984; Kohlhepp 1985; Bähr/Mertins 1992 a):

– Oberschichtviertel, die meistens nur einen Sektor des suburbanen Raumes einnehmen;
– Viertel des sozialen Wohnungsbaus und des Niedrigkosten-Wohnungsbaus, letztere vor allem seit Ende der 70er Jahre in vermehrtem Umfang entstehend, und
– informelle Hüttenviertel, die wohl typischsten, zahlen- wie flächenmäßig dominierenden Suburbia.

Die informelle Entstehung von Wohnvierteln beinhaltet, daß zunächst keine oder zumindest keine offiziellen Anschlüsse an die technische Infrastruktur erfolgen, sondern daß Wege, Elektrizitäts- und Wasserversorgung, Abwasser- und Müllbeseitigung informell, d. h. in provisorischen, nicht den Normen entsprechenden, völlig unzureichenden Formen entstehen oder jahrelang gar nicht existieren bzw. funktionieren, was vor allem für die Abwasser- und Müllbeseitigung gilt (Mertins 1992 a, S. 166; 1994, S. 7). Dieses brisante infrastrukturelle Defizit hat oft unmittelbare Auswirkungen auf den Gesundheitszustand der dort lebenden, vielfach unter- oder mangelernährten Bevölkerung. Abgeschwächt trifft das ebenfalls auf die durch degradierte, z. T. verfallene Bausubstanz mit nur teilweise funktionierenden Ver- und Entsorgungsnetzen gekennzeichneten innerstädtischen Slums zu.

Während sich eine provisorische Elektrizitätsversorgung durch das Anzapfen von Stromleitungen meistens relativ rasch herstellen läßt, ist die Wasserversorgung ein Problem. Wenn keine (häufig erheblich belasteten) Wasserläufe oder öffentlichen Brunnen vorhanden sind, bleibt nur der – einigermaßen befestigte Wege vorausgesetzt – Wassertransport mittels privater und/oder kommunaler Tankwagen, wobei das Wasser selbst bei letzteren meistens bezahlt werden muß. Öffentliche Wasserzapfstellen, von denen eine vielfach hundert und mehr Haushalte versorgt, stellen dann schon eine besondere Einrichtung dar. Ferner existiert oft jahrelang kein Kanalsystem zur Ableitung der Abwässer, oder es bestehen nur provisorisch gezogene Gräben. Der anfallende Müll wird meistens gar nicht beseitigt. Die besonders in Bodenvertiefungen, Erosionsschluchten etc. entstandenen illegalen Müllkippen verschmutzen Boden, Grundwasser und Luft.

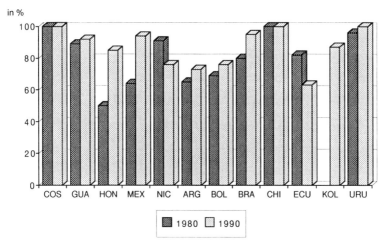

Abb. 15: Trinkwasserversorgung städtischer Haushalte (Wasserleitung im Haus oder über Zentralbrunnen) in ausgewählten Ländern Lateinamerikas 1980 und 1990 (Quelle: Weltbank 1994).

Zudem sind zahlreiche informelle Hüttenviertel auf ehemaligen, kaum abgedeckten Müllhalden errichtet, z. B. in Lima am Río Rímac (Stapelfeldt 1990, S. 353) oder in Bogotá am gleichnamigen Fluß (Brücher/Mertins 1978, S. 50 f.).

Erst mit der Legalisierung eines informellen Viertels, d. h. mit der Festlegung und Vermessung der öffentlichen Flächen (Straßen, Plätze etc.) und der privaten Parzellen sowie der nachfolgenden Grundbucheintragung, wird ein informell entstandenes Wohnviertel offiziell anerkannt, ein Prozeß, der jahrelang dauern kann (vgl. Kroß 1992, S. 297 ff. für Lima; Ward 1990, S. 47 ff. für Mexiko-Stadt). Danach sind die kommunalen Ver- und Entsorgungsbetriebe oder die entsprechend beauftragten Firmen verpflichtet, die Basisinfrastruktur, wenn auch nur nach den Mindestnormen *(normas mínimas)*, zu installieren bzw. zu übernehmen. Da die Bewohner dieser Siedlungen jetzt für die öffentlichen Dienstleistungen bezahlen müssen, besteht selbst bei der Staffelung der Tarife nach Sozialschichten (vgl. z. B. DNP 1986 für Bogotá) kein übergroßes Interesse an einer Legalisierung.

Die Abb. 15 und 16 geben den Umfang und die Art der Wasserver- und Abwasserentsorgung der städtischen Haushalte in ausgewählten Ländern Lateinamerikas an, wobei beträchtliche Diskrepanzen auffallen, die vor allem durch die unterschiedliche sozioökonomische Entwicklung zu erklären sind. In den randstädtischen Hüttenvierteln

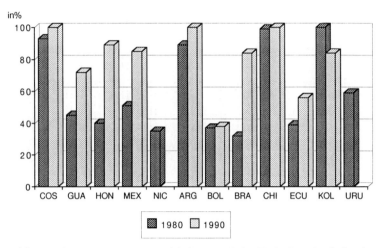

Abb. 16: Abwasserentsorgung städtischer Haushalte (WC, Gemeinschaftstoiletten, Abort-, Faulgruben) in ausgewählten Ländern Lateinamerikas 1980 und 1990 (Quelle: Weltbank 1994).

werden diese Durchschnittswerte noch weit unterschritten. Das belegen u. a. die Angaben für Groß-Buenos Aires (Pace/Federovisky/Hardoy 1991, S. 11 ff.): 1985 waren 32,8 % der Einwohner nicht an das öffentliche Wassernetz und 1988 62,4 % nicht an die Kanalisation angeschlossen. Dabei nimmt das infrastrukturelle Defizit mit wachsender Distanz von der Kernstadt zu. Ferner hat 1985 der Grad der infrastrukturellen Ver- und Entsorgung im Vergleich zu 1980 abgenommen, d. h. nicht mit dem Bevölkerungs- bzw. Flächen-/Siedlungswachstum Schritt gehalten.

Auffällig ist auch der enorme Unterschied beim Wasserverbrauch, z. B. in Mexiko-Stadt: Nur 9 % der Verbraucher nehmen 75 % der Wassermenge in Anspruch; die Bevölkerung der Oberschichtviertel benötigt durchschnittlich bis zu 650 Liter/Kopf/Tag, während in den Unterschichtvierteln oft nur 40 Liter verbraucht werden (Harris/Puente 1990, S. 510 ff.). Andere Akzente weist die Agglomeration von Lima auf, wo 1983 immerhin 66,4 % der Bewohner von der städtischen Wasser- und Abwassergesellschaft mit Trinkwasser versorgt werden konnten, davon allerdings über die Hälfte nur stundenweise. In den informellen Siedlungen *(barriadas)* verfügten aber nur 23,5 % der Häuser/Hütten über einen direkten Anschluß an das Wasserleitungsnetz, 27,4 % bezogen das Wasser über öffentliche Zapfstellen, 6 % aus Brunnen, Bächen etc. und mehr als 40 % aus Tankwagen (Stapelfeldt 1990,

S. 346 ff.). Dieses Wasser gilt als das teuerste in Lima, gleichzeitig aber auch als sehr stark verseucht. Da das Abkochen des Wassers ein Problem für viele *barriada*-Bewohner darstellt, ist es oft die Ursache für Durchfall-, Ruhr-, Typhus- und Choleraepidemien mit hohen Sterbeziffern, hauptsächlich bei Kindern und älteren Menschen.

5.5 Ökologische Situation und Probleme

Bei den in den letzten Jahren oft, heftig und kontrovers geführten Diskussionen über Umweltgefährdung und -zerstörung blieben – im Vergleich zur Amazonaswald-Problematik – stadtökologische Aspekte weitgehend ausgespart (vgl. u. a. Kohlhepp/Schrader 1987 a, b; Römpczyk 1987). Jedoch liegen für viele lateinamerikanische Großstädte mittlerweile verläßliche – und zugleich in höchstem Maße alarmierende – Meßergebnisse zur Umweltbelastung vor, vor allem über die Luftverschmutzung, die die ökologische Problemdimension sehr deutlich werden lassen (vgl. zusammenfassend Wehrhahn 1993).

Die gravierende ökologische Situation in fast allen lateinamerikanischen Großstädten ist – wie auch der Zustand der infrastrukturellen Versorgung – generell auf drei Ursachenkomplexe zurückzuführen:

1. Im Zuge des rasant verlaufenden Urbanisierungs- und Suburbanisierungsprozesses hat seit ca. 30–40 Jahren, hauptsächlich durch informelle Siedlungen, die Flächenexpansion extrem zugenommen (vgl. Bähr/Mertins 1990, 1992 b).

2. Die Ausdehnung des öffentlichen Ver- und Entsorgungssystems hält damit nicht Schritt (vgl. dazu auch Kap. 5.4). Einmal sind die entsprechenden Gesellschaften oft überfordert, zum anderen sind sie bei den informell entstehenden *barrios* erst dann dazu verpflichtet, wenn diese legalisiert, d. h. offiziell anerkannt, sind. Ein derartiger Prozeß setzt allerdings meistens erst viele Jahre nach der *barrio*-Gründung ein, kann recht lange dauern und wird von vielen *barrio*-Bewohnern aus Kostengründen nicht unbedingt gewollt (vgl. Kap. 6.7; Mertins 1986, S. 240 f.; Kroß 1992, S. 299 ff.).

3. Mit der raschen Industrialisierung und „Automobilisierung" haben zunächst die legislativen, dann aber vor allem später die exekutiven Maßnahmen zur Eindämmung der Emissionen nicht mithalten können bzw. sind oft nur „auf dem Papier" erfolgt. Im internationalen Vergleich weisen Metropolen wie São Paulo, Rio de Janeiro, Belo Horizonte, Bogotá, Santiago de Chile, Mexiko-Stadt, Guadalajara, Monterrey, Lima-Callao und Caracas, in denen ca. 20 % der Bevöl-

Tab. 6: Luftverschmutzung in lateinamerikanischen Städten Ende der 1980er Jahre

Meßstation	TSP¹ (µg/m³)		SO₂ (µg/m³)		NO₂ (µg/m³)		O₃ (ppm)
	jährl. geom. Mittel	Max. in 24 Std.	jährl. geom. Mittel	Max. in 24 Std.	jährl. arith. Mittel	Max. in 24 Std.	Max. in 1 Std.
Mexiko-Stadt							
Xalostoc	490	1204	129	369	–	–	0,14
Museu	250	1494	77	225	–	–	–
Pedregal	143	550	126	252	151	564	0,34
Caracas							
El Silencio	98	247	–	–	56	125	–
Santiago de Chile							
Min. de Salud	242	665	38	143	–	–	–
Providencia	195	1142	9	29	–	–	–
Pudahuel	308	975	16	68	–	–	–
São Paulo							
Moóca	–	–	–	–	49	–	0,16
Congonhas	–	–	–	–	105	–	0,10
Cambuci	66	326	47	204	–	–	–
Sto. Amaro	140	1068	13	84	–	–	–
Sto. André	186	536	29	84	–	–	–
Cubatão							
Vila Nova	58	146	11	74	–	–	0,17
Vila Parisi	208	818	14	90	–	–	0,14
WHO-Standards	60–90	100–150	40–60	100–150	100	150	0,05–0,10
Richtwerte Brasilien	80	240	80	365	100	–	0,08
Richtwerte Chile	75	260	80	–	100	300	–

¹ TSP: Total Suspended Particulates

Quelle: Wehrhahn (1993)

kerung Lateinamerikas konzentriert sind, extrem hohe Luftver-
schmutzungen auf (Tab. 6; Wehrhahn 1993, S. 83 ff.).

Mexiko-Stadt gilt als die Metropole in der ganzen Welt mit der
höchsten Umweltbelastung durch atmosphärische Kontamination
(Sander 1990), von Beck (1992) treffend als „Smogotitlán, eine erstik-
kende Stadt" bezeichnet. Dadurch ergeben sich Veränderungen des
Stadtklimas und kann es u. a. – wie auch in São Paulo, Santiago de
Chile oder Bogotá – zur Ausbildung einer Wärmeglocke mit durchschnittlich 20 Inversionstagen/Monat von November bis April und/
oder zu einer Änderung der Wind- und Niederschlagsverhältnisse
kommen (vgl. u. a. Klaus/Lauer/Jáuregui 1988; Collins/Scott 1993).
Lag der Ozongehalt noch 1960 durchschnittlich bei 0,01 ppm, so stieg
er seit den frühen 70er Jahren rapide an und übertraf 1987 in allen
Stadtteilen den erlaubten Wert von 0,11 ppm z. T. erheblich, so in der
Innenstadt mit fast 0,2 oder im Südwesten mit 0,22 ppm (Col-
lins/Scott 1993, S. 123 f.). Tagtäglich werden in Mexiko-Stadt ca.
12 000 t Schadstoffe emittiert (Zeissig 1992, S. 11), fast doppelt soviel
wie in São Paulo. Besonders kritische Bestandteile sind Kohlenwas-
serstoffe und die ozonbildenden Stickoxide. Mehr als 3,2 Mio. Privat-
PKWs sowie etwa 137 000 Taxis und Autobusse verbrauchen pro Tag
ca. 20 Mio. l überwiegend verbleites Benzin und schwefelhaltiges
Dieselöl. Dazu kommen ca. 1,5 Mio. l Diesel, 3,2 Mio. l Heizöl und
7,3 Mio. m^3 Gas, die in den größtenteils veralteten Anlagen der rund
35 000 Industrie- und Dienstleistungsbetriebe verfeuert werden, sowie
der auf den vielen unbefestigten Straßen in den Außenbezirken aufge-
wirbelte Staub. Das seit 1988/89 mit internationaler Unterstützung
durchgeführte „Luftverbesserungsprogramm für den Großraum Mexiko-Stadt", das weltweit größte dieser Art, soll die notwendige „Atemhilfe" bringen, u. a. mit umfangreichen Meßprogrammen, Verbesserungen des Kfz-Inspektionswesens, Emissionsnormen für Neufahrzeuge
und Einführung von Katalysatoren, Fahrverbot für jedes Kfz an einem
Wochentag sowie durch Industrieverlagerungen (Zeissig 1992).

Die für Mexiko-Stadt aufgezeigte Emissionssituation findet sich
tendenziell auch in São Paulo wieder (vgl. Wehrhahn 1994). Allerdings
hat die Einführung alkoholbetriebener Fahrzeuge, die hier mittlerweile ca. 50 % aller PKWs ausmachen, in den letzten Jahren zu einer
beachtlichen Reduzierung der Luftverschmutzung geführt. Jedoch
muß darauf hingewiesen werden, daß der Zuckerrohranbau und die
Alkoholproduktion erhebliche Umweltschäden in den entsprechenden Anbauregionen verursachen, so daß hier nur eine Verlagerung der
Probleme stattfindet (Wehrhahn 1993, S. 87).

Alarmierend sind auch die Auswirkungen der industriellen und Kfz-Emissionen auf die menschliche Gesundheit, wie Gutberlet, (1991) in einer schockierenden Fallstudie über die Industriestadt Cubatão (1991: ca. 90 000 Ew., im Küstensaum von São Paulo gelegen) nachgewiesen hat. Die seit Jahren sehr hohen Emissionswerte für NO_x, SO_2, von Aluminium und bestimmten Schwermetallen (Barium, Kadmium, Eisen, Mangan, Nickel, Titan, Zink) sowie von weiteren Schadstoffen, wie Benzol, Fluorid, Ozon, Thallium und Quecksilber, haben zu einem besorgniserregenden Anstieg der Säuglings- und Kindersterblichkeit, der Atemwegserkrankungen, von Krebs (Leukämie) sowie von Anomalien des Nervensystems geführt. Auch in Studien über Mexiko-Stadt und Santiago de Chile wurde ein Zusammenhang, wenngleich noch keine kausalen Beziehungen, zwischen Luftbelastung und Atemwegserkrankungen festgestellt (Romieu/Weitzenfeld/Finkelmann 1990). Andere Untersuchungen belegen die besondere Belastung durch Blei: In Mexiko-Stadt, wo Anfang der 90er Jahre 95 % des Benzins noch bleihaltig waren, weisen 29 % aller Kinder einen „ungesund hohen Bleigehalt im Blut" auf. Ferner dürfte dort die Bleibelastung zu 20 % für das Auftreten von Bluthochdruck verantwortlich sein (Weltbank 1992, S. 66).

Ein gravierendes Umweltproblem stellt auch die mangelhafte Abwasserentsorgung dar. Das beginnt beim Anschluß an das öffentliche Kanalisationsnetz (Abb. 16), das für die meisten informellen randstädtischen und suburbanen Viertel gar nicht existent und für andere Unterschichtviertel, vor allem in den Innenstädten, in einem desolaten Zustand ist. Eine ungleich schwerere Umweltbelastung sind jedoch die nicht geklärten/aufbereiteten Haus- und Industrieabwässer: Circa 90 % davon fließen direkt in die Vorfluter und über diese bzw. unmittelbar in angrenzende Meeresbuchten (Mertins 1991 a, S. 168 f.). Nach dem Weltentwicklungsbericht werden in Lateinamerika sogar nur 2 % der Abwässer behandelt (Weltbank 1992, S. 58). Wie hoch die Vorfluter der Großstädte belastet sind, belegen beispielhaft die Angaben von Volmer (1993) für Bogotá und Wehrhahn (1994) für São Paulo (Abb. 17).

Hohe Priorität für alle lateinamerikanischen Großstädte dürfte in nächster Zukunft auch die Lösung des Abfallproblems haben (Knipschild 1990; Weltbank 1992). Schon bei der Hausmüllabfuhr treten große Defizite auf: Während in Buenos Aires, Caracas, Santiago de Chile oder São Paulo noch über 90 % des Mülls (aus den legalen Stadtvierteln!) wenigstens eingesammelt werden, reduziert sich diese Rate in Lima, Guadalajara, Quito oder Santo Domingo auf 70–80 %,

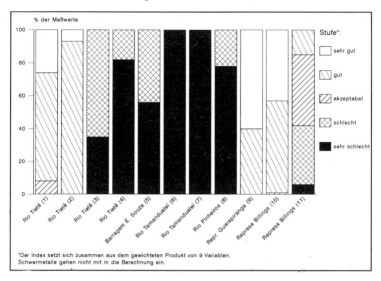

Abb. 17: Wasserqualität im Großraum São Paulo 1992 (Quelle: CETESB 1993).

und in anderen Städten, z. B. in Guayaquil, wird über die Hälfte des Mülls auf städtischen Brachflächen und in Schluchten abgelagert bzw. in die Flüsse oder das Meer geworfen (Haas/Ernst 1990; Heineberg/Camberos Garibi/Schäfers 1993; Wehrhahn 1993). Allein in Groß-Buenos Aires wurden Ende der 80er Jahre über 100 illegale Müllkippen überwiegend in den Randvierteln entdeckt (Pace/Federovisky/Hardoy 1991, S. 14). Gerade die wilden Müllkippen, vor allem in den informellen Siedlungen, und die verunreinigten Flüsse stellen eine permanente Gesundheitsbedrohung für die Bewohner der nahe gelegenen Wohnviertel dar. Ebenso wichtig ist daher die Frage nach einer ordnungsgemäßen Deponierung des Hausmülls und einer umfassenden Abfallwirtschaft, die sich bis jetzt kaum ansatzweise findet. Eine Ausnahme macht hier das Recycling, in erster Linie von Papier, Pappe und Glas, wie es Haas/Ernst (1990) und Haas/Sagawe (1990) am Beispiel von Quito und Santo Domingo aufgezeigt haben. Dabei geschieht das Sammeln, der An- und Verkauf der Rohstoffe über informell Tätige, die so zur Reduzierung des Müllberges um ca. 25 % beitragen. Weitaus gravierender als das Hausmüllproblem ist das der oft toxischen Industrieabfälle, da Sondermülldeponien kaum existieren und diese Abfälle oft „spurlos" auf städtischen Deponien, in Schluchten etc. verschwinden.

6 MODELL ZUR FUNKTIONALEN
UND SOZIALRÄUMLICHEN DIFFERENZIERUNG
LATEINAMERIKANISCHER GROSS-STÄDTE

Die Grundstrukturen der modernen Großstadt in Lateinamerika zusammenfassend zu charakterisieren, fällt nicht ganz leicht, denn trotz aller Gemeinsamkeiten, auf die man in den Städten zwischen Mexiko und Feuerland immer wieder stößt, trägt jede Stadt natürlich auch ganz individuelle, unverwechselbare Züge, die sich nur schwer in ein allgemeines Bild fügen. Allein die sehr unterschiedliche Größe und Entwicklungsdynamik wirken differenzierend. Aber auch die Aufteilung Lateinamerikas in einen spanisch und einen portugiesisch geprägten Raum hat zu Unterschieden geführt, die bis heute fortwirken.

Wenn trotzdem seit Mitte der 70er Jahre eine ganze Reihe von Autoren versucht hat, die allen lateinamerikanischen Städten, vor allem aber den Großstädten, gemeinsamen Strukturmerkmale in funktionaler und sozialräumlicher Hinsicht modellhaft zu erfassen, so liegt das daran, daß bereits damals eine größere Anzahl von Stadtmonographien und empirischen Untersuchungen über stadtgeographische Einzelprobleme vorlagen, deren Ergebnisse analysiert und miteinander verglichen werden konnten, um allgemeine Regelhaftigkeiten herauszuarbeiten. Der Beitrag der deutschen Geographie zu diesem Forschungsfeld ist von Bähr/Gormsen (1988, S. 65 ff.) zusammengestellt worden. Ausgangspunkt für weiterführende Überlegungen bildete meist das klassische Werk von Wilhelmy (1952) „Südamerika im Spiegel seiner Städte", das – stark historisch ausgerichtet – den Forschungsstand unmittelbar nach dem Zweiten Weltkrieg wiedergibt, für Zentralamerika ergänzt durch die vergleichende Studie von Sandner (1969), in der der Frage nach den Grundzügen der räumlichen Ordnung besondere Beachtung geschenkt wird, woraus sich vielfältige Anregungen für die spätere Modellbildung ergeben haben. In ihrer überwiegenden Mehrzahl beziehen sich die empirischen Forschungsarbeiten, die – nicht nur von deutscher Seite – in der Folgezeit vorgelegt worden sind, auf die Hauptstädte und andere Metropolen (z. B. Mexiko-Stadt: Ward 1976; Panamá-Stadt: Sandner 1970; Caracas: Pachner 1973; Bogotá: Brücher/Mertins 1978; Lima: Matos Mar 1969; Santiago de Chile: Bähr 1976 b; Buenos Aires: Torres 1978). Die dabei gewonnenen Ergebnisse sind schon früh zusammengefaßt und verallgemeinert worden (vgl. z. B. Amato 1970; Bähr 1976 a; Mertins 1980). Über kleinere Regionalzentren, die der Einwohnerzahl nach aber häufig schon zu den Großstädten zählen, ist zunächst nur vereinzelt gearbeitet worden (Gormsen 1963; Whiteford 1964; Borsdorf 1976; Köster 1978; Schoop 1980; Klahsen 1983).

Auffällig ist auch die relative Vernachlässigung des portugiesisch bestimmten Bereichs, so daß die Frage nach den Unterschieden zur spanisch-amerikanischen Stadtentwicklung noch immer nicht voll befriedigend beantwortet werden kann (Borsdorf 1982, S. 498). Erst kürzlich hat Souza (1993, S. 257) für Rio de Janeiro ein Strukturmodell der sozialräumlichen Segregation entwickelt. Sieht man von lokalen Besonderheiten (z. B. Lage der *favelas*) und Definitionsfragen (z. B. Subsumierung der illegalen Parzellierungen unter Unterschichtvierteln) einmal ab, so sind die Abweichungen zum spanisch geprägten Stadttyp vergleichsweise gering (vgl. Kap. 7.3). Ebenso lassen die weiteren vorliegenden Einzelergebnisse, z. B. zur Verlagerung von Oberschichtvierteln (Achilles 1989), zur Abwertung von Teilen der Altstadt (Thomae 1988), zum sozialen Wohnungsbau (Bähr/Mertins 1988; Wehrhahn 1988), zur *favela*-Problematik (Engelhardt 1989; Souza 1993, S. 214 ff.) sowie zu den (illegalen) Parzellierungen (Evers 1980; Augel 1986) eine Übereinstimmung in den Grundzügen des jüngeren Wandels vermuten, so daß es gerechtfertigt erscheint, von der lateinamerikanischen Stadt als regionalem Stadttyp zu sprechen. Das gilt besonders dann, wenn großräumige Vergleiche – etwa zwischen verschiedenen Kulturerdteilen – angestrebt werden (vgl. Hofmeister 1980; Ehlers 1992).

Die bisherige Diskussion um Modelle der lateinamerikanischen Stadt haben Wilhelmy/Borsdorf (1984, S. 181 ff.) zusammenfassend referiert. Von deutscher Seite sind dazu von Bähr (1976 a), Borsdorf (1976), Mertins (1980), Bähr/Mertins (1981, 1992 a) und Gormsen (1981) wesentliche Beiträge geleistet worden. Im nicht-deutschen Schrifttum wurde das Thema hingegen nur randlich und wenig vertiefend behandelt (z. B. Griffin/Ford 1980; Deler 1989; Howell 1989). Hier wird darauf verzichtet, die einzelnen Konzepte ausführlicher zu diskutieren. Ausgangspunkt der weiteren Überlegungen soll das 1981 von Bähr/Mertins erarbeitete Modell sein (Abb. 18). Diese Vorgehensweise erscheint auch deswegen vertretbar, weil die von Borsdorf (1982) erarbeitete Synthese der verschiedenen Vorschläge ganz wesentlich darauf Bezug nimmt und das Modell in der internationalen Literatur am meisten diskutiert wird (vgl. z. B. Schuurman 1986; Mele

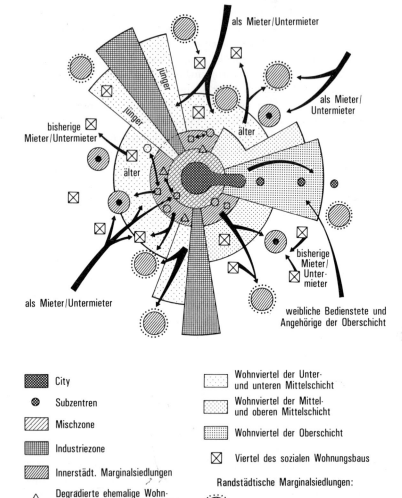

1988; Lobato Corrêa 1989; Deler 1992). Durch die in das Modell einfließenden dynamischen Komponenten kann das „Idealschema" von Bähr/Mertins (1981) auch zur Erklärung zeitlicher Veränderungen dienen und als idealtypischer Entwicklungsablauf interpretiert werden, was in anderen Modellen durch das Nebeneinander verschiedener Schemata erfolgt (Gormsen 1981; Borsdorf 1982). Damit ist es nicht nur auf Metropolen, sondern auch auf kleinere Groß- und Mittelstädte anwendbar (Mertins 1991 b; Müller 1994).

6.1 Grundstrukturen des Modells

Das Strukturschema der lateinamerikanischen Stadt versteht sich als „empirisches Modell". Es basiert in erster Linie auf Feldforschungen der Verfasser, vor allem in Bogotá, Quito, Lima und Santiago de Chile, aber auch auf Beobachtungen anderer Autoren in weiteren lateinamerikanischen Städten verschiedener Größenordnungen. Die Abgrenzung der ausgewiesenen Zonen und Sektoren erfolgt ausschließlich nach qualitativen Gesichtspunkten und beruht daher bis zu einem gewissen Grade auf subjektiven Einschätzungen. Dabei orientiert sich die Differenzierung der Wohngebiete an Merkmalen zur baulichen Gestaltung, zur Qualität der Bausubstanz, zur technischen und sozialen Infrastruktur sowie an solchen, die den sozioökonomischen Status der Bevölkerung charakterisieren. Die Beschreibungsdimension des Familienstatus ist nicht explizit berücksichtigt worden, generell ist jedoch davon auszugehen, daß die sektorale Untergliederung nach dem sozioökonomischen Status ähnlich wie in europäischen und nordamerikanischen Städten von einer zentral-peripheren Abfolge des Familienstatus überlagert wird (vgl. Kap. 5.1).

Bei der Begriffsbildung sind einerseits Bezeichnungen übernommen worden, die im deutschen Sprachraum allgemein üblich sind (soziale Schicht, sozialer Wohnungsbau), wohl wissend, daß ein direkter Vergleich nur mit Einschränkungen vorgenommen werden kann (vgl. Kap. 5.3 und 6.8). Andererseits bemühte man sich um möglichst neutrale Bezeichnungen, wobei vorwiegend bauliche und rechtliche Kriterien Verwendung fanden (vgl. dazu auch Burgess 1985).

Bei den Siedlungen mit unzureichender Bausubstanz und Infrastruktur (Marginalsiedlungen) wird zunächst nach der Lage unterschieden, und zwar in „innerstädtisch", d. h. meist in relativer Zentrumsnähe, und „randstädtisch", d. h. zur Zeit der Entstehung an der damaligen Peripherie der Stadt.

Der Begriff „Hüttenviertel" *(shantytown)* kennzeichnet alle Siedlungen, bei denen die ursprünglichen Behausungen aus Matten, Holz, Blech, Karton, Plastikresten etc. erbaut worden sind. Häufig setzt jedoch im Laufe der Zeit ein baulicher Konsolidierungsprozeß ein, und die ersten behelfsmäßigen Unterkünfte wandeln sich in stabilere Holz- oder Steinkonstruktionen. Namentlich in der *tierra fría* werden aus klimatischen Gründen auch gleich am Anfang einfache Ziegelsteinbauten errichtet.

Die weitere Untergliederung basiert auf rechtlichen Kriterien, weil diese für die Weiterentwicklung und das Ausmaß der baulichen Konsolidierung entscheidend sind (vgl. dazu Kap. 6.7 und 6.8). Illegale Hüttenviertel *(squatter settlements)* resultieren aus der Besetzung öffentlicher (Staats-, Kommunaleigentum etc.) oder privater Ländereien, semilegale Hüttenviertel, im Englischen oft als *pirate settlements* in Anlehnung an die *barrios piratas* in Kolumbien bezeichnet, aus der nicht genehmigten Parzellierung und Bebauung von Flächen, wohingegen das Grundstück legal erworben wird. Im Falle von legalen Hüttenvierteln erfolgt nicht nur die Übertragung von Grund und Boden rechtmäßig, auch die Bebauung mit zunächst behelfsmäßigen Unterkünften ist von staatlicher oder kommunaler Seite genehmigt bzw. wird im Rahmen von Selbst- und Nachbarschaftshilfe erwartet. Gelegentlich werden von den mit der Vergabe der Parzellen beauftragten Behörden auch minimale Bauleistungen und erste infrastrukturelle Maßnahmen erbracht *(sites and services-Projekte)*.

Zu den innerstädtischen Marginalsiedlungen zählen zum einen degradierte Wohnviertel der Ober- und Mittelschicht sowie ältere Massenquartiere für Angehörige unterer Sozialschichten, zusammenfassend in Anlehnung an den peruanischen Sprachgebrauch oft auch als *tugurios*, gelegentlich als *conventillos* (Argentinien, Uruguay, Chile) oder *vecindades* (Mexiko) bezeichnet, zum anderen auch illegale und semilegale Hüttenviertel in „Nischen" innerhalb des bebauten Gebietes (vgl. im einzelnen Kap. 6.6). Die ersten beiden Gruppen werden vielfach als „Slums" zusammengefaßt; teilweise wird allerdings der Slum-Begriff auch irreführend für alle Substandard-Wohngebiete verwandt.

Die Siedlungen mit unzureichender Bausubstanz und Infrastruktur sind früher z. T. mit dem Begriff Elendsviertel umschrieben worden. An einer solchen stark wertenden und eurozentrischen Charakterisierung ist schon in den 60er Jahren Kritik geübt worden. Dabei bezog man sich vor allem auf die randstädtischen Hüttenviertel, die von den Bewohnern häufig nur als Durchgangsstation zu besseren Lebensverhältnissen angesehen werden und von denen viele in verhältnismäßig

kurzer Zeit einen erstaunlichen Konsolidierungsprozeß durchma-
chen, was als Beleg für einen gewissen sozialen Aufstieg der Siedler
zu werten ist.

Kritisch hinterfragt worden ist in diesem Zusammenhang auch das
Marginalitätskonzept; in bezug auf die *favelados* von Rio de Janeiro
spricht Perlman (1975) sogar vom „myth of marginality", um damit
zum Ausdruck zu bringen, daß die Bewohner der *favelas* zwar nur
ein marginales Gewicht im sozialen, ökonomischen und politischen
Leben der Stadt haben, jedoch voll in das gesellschaftliche System
integriert sind (vgl. auch Achilles 1989, S. 126 f.). Nach Stokes (1962)
ist daher zu unterscheiden zwischen den *slums of hope*, wozu die
Mehrzahl der randstädtischen Hüttenviertel gerechnet werden kann,
und den *slums of despair*, zu denen abgewertete Wohnquartiere in
innenstadtnaher Lage sowie Hüttenviertel ohne Zukunftsperspektive
gehören (vgl. Turner 1968, S. 360). Gegen diese Dichotomie sind jedoch in jüngster Zeit ebenfalls Bedenken geäußert worden. Trotz der
abgewerteten Bausubstanz, der unzureichenden Infrastruktur und der
beengten Wohnbedingungen haben viele innerstädtische Slums neuerdings mehr und mehr an Attraktivität gewonnen, vor allem deshalb,
weil sie in der Regel recht günstig zu möglichen Arbeitsstätten im
formellen und informellen Sektor liegen und die Versorgung hier verhältnismäßig gut ist (vgl. Mertins 1985; Eckstein 1990). Auch muß die
materielle Notlage der Bewohner nicht größer sein als in anderen
Wohngebieten der ärmeren Bevölkerung (vgl. Gormsen 1981,
S. 298 für Puebla; van Lindert 1989 für La Paz). Das gilt insbesondere
dann, wenn die Mieten vergleichsweise niedrig oder gar „eingefroren"
sind, wie es lange Zeit in Montevideo, Rio de Janeiro, Lima oder
Buenos Aires der Fall war (Mertins 1987 c, S. 67; Füchtner 1991, S. 13;
Kroß 1992, S. 90; Torres 1993, S. 304). Dagegen sind die Perspektiven
für viele Bewohner von Hüttenvierteln heute weniger günstig als ein
bis zwei Jahrzehnte zuvor. Zum einen erschwert die extrem periphere
Lage mancher Siedlungen den Zugang zum Arbeitsmarkt und bedingt
eine hohe Transportkostenbelastung, zum anderen wird es immer
schwerer, zu eigenem Grund und Boden zu kommen – sei es durch
Landbesetzungen oder durch Kauf –, und viele Menschen sind daher
gezwungen, über längere Zeit oder sogar auf Dauer als Mieter bzw.
Untermieter in mittlerweile konsolidierten, ehemals randstädtischen
Hüttenquartieren zu leben. Entsprechend inhomogen ist daher die
Bevölkerungs- und Sozialstruktur solcher Siedlungen (vgl. Souza
1993, S. 221 ff. für die *favelas* von Rio de Janeiro.).

Bei der Ausweisung der Flächenanteile für die verschiedenen Viertel bemühte man sich darum, einen „mittleren Zustand" zu erfassen. Die Variationsbreite ist jedoch sehr groß, was in einem allgemeinen Modell nur unvollkommen zum Ausdruck gebracht werden kann (vgl. dazu die Beispiele in Kap. 7). Namentlich gilt das für die Ausdehnung der randstädtischen Hüttenviertel. So gibt es Städte, in denen dieser Viertelstyp die Physiognomie eindeutig bestimmt, wie z. B. in Lima, wo der Anteil der in *barriadas* lebenden Menschen kontinuierlich von ca. 10 % im Jahre 1955 auf 38 % in 1989 gestiegen ist (Kroß 1992, S. 154), oder in Bogotá, wo der Bevölkerungsanteil der *barrios de invasión* und *barrios piratas* von 36 % im Jahre 1964 auf deutlich über 50 % in den 70er Jahren zugenommen hatte, um in der Folgezeit bis 1985 – aufgrund von Legalisierungen vieler *barrios piratas* – auf 43 % zurückzufallen (Brücher/Mertins 1978; Zensusergebnisse). Dem stehen andere Städte gegenüber, wo Hüttenviertel selbst an der Peripherie nicht dominant in Erscheinung treten, z. B. in Buenos Aires oder Montevideo.

Die Grundprinzipien der inneren Differenzierung werden in der Überlagerung von drei verschiedenen Ordnungsmustern gesehen:

1. Einem älteren, vielfach schon in der Kolonialzeit angelegten, jedoch mehr oder weniger abgewandelten ringförmigen Muster im Stadtkern.

Dieses beruhte ursprünglich auf der Konzentration der wichtigsten öffentlichen Repräsentationsbauten um die *plaza* und dem damit verknüpften zentral-peripheren Gefälle des Sozialgradienten. Als Folge davon nahmen Hausgröße und Qualität der Bausubstanz von den zentralen Stadtteilen zur Peripherie kontinuierlich ab *(reverse Burgess-type*; vgl. Kap. 2.3). In den großen Städten tritt diese ringförmige Struktur heute in einer stärker funktional bestimmten Abfolge von der meist im altstädtischen Kern entstandenen City über eine Wohn-Geschäfts-Industrie-Mischzone bis hin zu den eher zellenartig angeordneten innerstädtischen Marginalvierteln in Erscheinung. Im Gegensatz dazu ist in kleineren Städten – sofern man hier überhaupt von einer ausgeprägten Viertelsbildung sprechen kann (vgl. Gormsen 1966) – das traditionelle sozialräumliche Muster noch erhalten (vgl. Rother 1977; Schoop 1980; Struck 1992), selbst wenn es sich um sehr junge Gründungen handelt, wie die von Coy (1990) sowie Coy/Lükker (1993) untersuchten „Pionierstädte" im Mittelwesten Brasiliens. In vielen Mittelstädten und kleineren Großstädten befindet es sich in einem mehr oder weniger weit fortgeschrittenen Auflösungsprozeß (Beispiele in Borsdorf 1976; Schenck 1989; Lücker 1990; Mertins 1991 b; Coy 1992; Müller 1994).

2. Sektorenförmigen Wachstumsachsen, die sich in allen großen Städten seit den 30er und 40er Jahren, vereinzelt auch schon früher, herausbildeten und durch Fortschritte in der Verkehrstechnologie ermöglicht wurden (Straßenbahn, Bus, PKW; nur in Buenos Aires auch U-Bahn; vgl. Sargent 1972).

Diese stehen einerseits im Zusammenhang mit verstärkten Industrialisierungsbemühungen nach der Weltwirtschaftskrise und der Ansiedlung von größeren Industriekomplexen mit den zugehörigen Arbeitersiedlungen entlang von Eisenbahnlinien und Ausfallstraßen; die Industriesektoren schließen oft an die seinerzeit schon vorhandenen Wachstumsspitzen der *suburbios* mit Arealen des Handwerks, des Gartenbaus und der Vorstädte bzw. Wochenendsiedlungen an (Wilhelmy/Borsdorf 1984, S. 189). Andererseits ist zumindest eine sektorenförmige Erweiterung eine Folge der Abwanderung großer Teile der Oberschicht und später auch der Mittelschicht aus den einst hochbewerteten Stadtteilen um die zentrale *plaza*. Dabei ist eine einmal festgelegte „Abwanderungsrichtung" meist beibehalten worden, innerhalb der es aber oft zu mehrfachen Verlagerungen der sozial hochwertigen Wohnviertel gekommen ist. Die aufgegebenen Quartiere sind dann mehr oder weniger stark degradiert bzw. erleben einen Funktionswandel als Cityerweiterung oder tertiäres Subzentrum. Sowohl Industriezonen als auch Wohngebiete der Oberschicht können sich auf einen Sektor beschränken oder auch auf mehrere (meist zwei) Sektoren verteilen.

In Städten mittlerer Größenordnung sind diese Entwicklungen in der Regel nur in Ansätzen vorhanden, in Kleinstädten fehlen sie im allgemeinen ganz: Die Konzentration der Industrieansiedlungen auf die jeweiligen Landeshauptstädte oder vergleichbare Ballungsräume hat dazu geführt, daß es in kleineren Städten nur selten zur Ausbildung ausgesprochener Industrieachsen gekommen ist; die kleineren Industrie- und Handwerksbetriebe bleiben meist auf die wichtigsten Ausfallstraßen beschränkt. Außerdem liegen hier die Wohngebiete der Oberschicht wenigstens z. T. noch im altstädtischen Kern. Ausnahmen bilden sog. *company towns* jüngerer Entstehung, die um große Industriekomplexe angelegt wurden und sich meist durch eine besonders scharfe soziale Segregation auszeichnen (Buchhofer 1984, 1986; Borcherdt 1988; Roberts 1992).

3. Einer zellenförmigen Gliederung an der Peripherie, die seit den 60er Jahren das Bild der großen Städte entscheidend prägt und Folge der enormen, oft unkontrollierten flächenhaften Stadtexpansion ist, die ihrerseits durch wachsenden Zuwanderungsdruck ausgelöst wurde.

Vor allem drei Siedlungstypen kennzeichnen diese Zellenstruktur: Zum ersten sind es informelle, sowohl illegale wie semilegale Hüttensiedlungen, die entweder bereits konsolidiert sind oder sich in einem unterschiedlichen Stadium des Konsolidierungsprozesses befinden. Sie entstanden und entstehen infolge des unzureichenden öffentlichen und privaten Wohnraumangebots für untere Sozialschichten meist in Selbsthilfe. Zum zweiten sind es die Viertel des sozialen Wohnungsbaus: Diese reichen von Siedlungen, die in konventioneller Form als vier- bis fünfgeschossige Wohnblocks oder Einfamilien-(Reihen-)Häuser meist für Angehörige der unteren Mittelschicht erbaut werden bis zu großflächigen *sites and services-* und *core housing-*Projekten, wobei die Errichtung der Hütten bzw. Häuser sowie deren Erweiterung und Verbesserung in Selbsthilfe geschieht. Zum dritten sind es in geringerem Umfang auch Wohnviertel der Oberschicht, die z. T. ebenfalls informell entstanden sind, wobei anfänglich vielfach kleinere Wochenendhaus- oder Sommerhaussiedlungen standortbestimmend waren. Neuerdings gehen von der Errichtung von *shopping-centers* vor der jeweiligen „Siedlungsfront" entscheidende Impulse für die Erweiterung von Oberschichtvierteln aus.

Die Zellenstruktur der Peripherie ist nicht nur für Großstädte kennzeichnend, sondern trifft auch für Mittel-, ja für Kleinstädte zu, sofern deren Bevölkerung in jüngerer Zeit deutlich gewachsen ist. Hier sind es allerdings weniger Wohngebiete der Oberschicht, sondern in erster Linie Siedlungen des sozialen Wohnungsbaus und auch Hüttenviertel, die den Stadtrand prägen (Beispiele in Rother 1977; Borcherdt 1992; Struck 1992).

Die bislang vorgestellten Elemente des Modells beziehen sich auf die Erfassung der gegenwärtigen Stadtstruktur in funktionaler und sozialräumlicher Hinsicht; sie werden detaillierter in den Kapiteln 6.3–6.9 erläutert. Die einzelnen Viertel bzw. Zonen sind jedoch in mehr oder weniger starkem Umfang Veränderungen unterworfen, die eng mit Bevölkerungsverlagerungen innerhalb des großstädtischen Raumes verknüpft sind. Durch die in Abb. 18 eingetragenen Pfeile, die für die vorherrschenden Migrationsrichtungen stehen, wird das ursprünglich statische Schema zu einem „dynamischen Modell", das auch die hinter den beobachteten Erscheinungen und ihrer räumlichen Anordnung stehenden Prozesse und Kräfte zum Ausdruck bringen und zukünftige Entwicklungstendenzen andeuten kann. Im folgenden Abschnitt (Kap. 6.2) werden deshalb die intraurbanen Wanderungen in ihren Bestimmungsfaktoren und Auswirkungen auf die Stadtstruktur eingehender diskutiert.

6.2 Intraurbane bzw. intrametropolitane Wanderungen

Genauere Analysen intraurbaner Migrationen in lateinamerikanischen Städten beziehen sich zum überwiegenden Teil auf Bevölkerungsschichten mit geringem Einkommen. Dementsprechend basieren darauf auch die aus verschiedenen Fallstudien abgeleiteten Modellvorstellungen. Hingegen fand das innerstädtische Wanderungsverhalten gehobener Sozialgruppen bislang weniger Beachtung. Zwar sind die Verlagerungen der sozial hochwertigen Wohngebiete schon sehr früh dokumentiert (Sandner 1969; Amato 1970) und in jüngster Zeit auch auf ein brasilianisches Beispiel ausgedehnt worden (Achilles 1989); dabei standen jedoch vor allem die baulichen, funktionalen und sozialen Folgen der Wanderungen sowie die innere Struktur der Oberschichtviertel im Mittelpunkt des Interesses und weniger eine vertiefende Betrachtung der einzelnen Wanderungsströme (vgl. dazu ausführlicher Kap. 6.4). Letzterer Gesichtspunkt ist erstmals von Köster (1988) aufgegriffen und am Beispiel von La Paz empirisch untersucht worden. Zu den Wanderungsbewegungen unterer Sozialschichten gibt es demgegenüber mittlerweile ein breites Schrifttum (vgl. Conway/Brown 1980; Mertins 1985; Bähr 1986). Es erscheint deshalb gerechtfertigt, sich im folgenden in erster Linie auf diese Gruppe zu beziehen. Das gilt um so mehr, als sie unter den Migranten weitaus die Mehrheit stellt.

Bis in die 60er Jahre sind die innerstädtischen Wanderungen unterer Sozialschichten erheblich unterschätzt worden; man vermutete vielmehr, daß die vom ländlichen Raum oder kleineren Provinzstädten ausgehenden Wanderungsströme in erster Linie auf den jeweiligen Stadtrand gerichtet wären und dort zur Entstehung der physiognomisch so auffälligen Hüttenviertel führen würden. Für diese These sprach, daß die Zahl der Menschen, die in solchen oft über Nacht errichteten Siedlungen lebten, noch weit schneller als die Stadtbevölkerung insgesamt zunahm. Erst genauere, mit Befragungen verbundene Untersuchungen führten zu einer Modifizierung dieser Ansicht und zu einem zweiphasigen Wanderungsmodell „Provinz–Stadtzentrum–Stadtrand". Danach haben – zumindest in den großen Metropolen – die randstädtischen Hüttenviertel nur in geringem Umfang die Funktion als erste Auffangquartiere für Zuwanderer aus unteren Einkommensgruppen. Vielmehr sind die stärksten Wanderungsströme auf abgewertete Wohnquartiere im innenstadtnahen Bereich gerichtet. Dazu zählen insbesondere ehemalige Wohnviertel der Ober- und Mittelschicht sowie ältere, z. T. schon aus dem vorigen Jahrhundert stam-

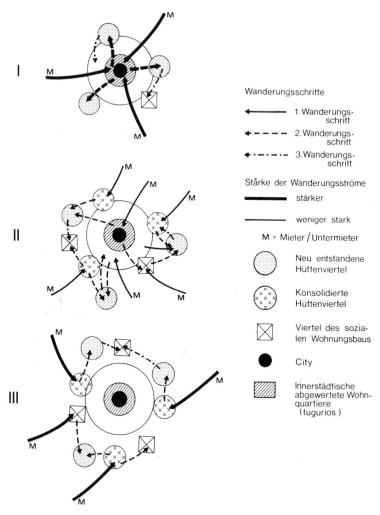

Abb. 19: Entwicklungsstufen innerstädtischer Wanderungen unterer Sozialschichten (Quelle: Bähr 1986).

mende Massenunterkünfte für Arbeiter (im Modell zusammengefaßt
als innerstädtische Marginalviertel). Die Wanderung von dort an den
Stadtrand erfolgt erst in einer späteren Lebensphase, wenn eine gewisse Vertrautheit mit der neuen städtischen Umgebung erreicht worden ist. Vielfach ist es dafür auch nötig, vorher eine gewisse Summe
anzusparen, z. B. für die Anzahlung eines Grundstücks in einem

semilegalen Viertel oder den Kauf einiger Baumaterialien (Phase I in Abb. 19).

Die theoretische Begründung für diesen idealtypischen Verlauf geht vor allem auf Turner (z. B. 1968) und seine in Lima gewonnenen Erfahrungen zurück. Dort wirkte er als Berater staatlicher Wohnungsbaugesellschaften in den Jahren zwischen 1957 und 1965. Seine Ableitungen stützen sich darauf, daß sich Wohnungswünsche und damit auch die Anforderungen an den Wohnstandort im Laufe der Zeit wandeln können. Nach Turner (1968, S. 356) lassen sich jedem Wohnstandort drei grundlegende Eigenschaften zuordnen: *location* (Lage), *tenure* (Besitzart) und *amenity* (Wohnwert). Die Bewertung dieser Eigenschaften durch wohnungssuchende Haushalte oder Einzelpersonen hängt sowohl von ihrer sozioökonomischen Position als auch ihrer Stellung im Lebenszyklus ab. Für neu in die Stadt gekommene Migranten spielt die Lage des Wohnstandortes zu möglichen Arbeitsplätzen eine entscheidende Rolle. Als „Brückenkopf" in der Stadt werden daher bevorzugt Unterkünfte als Mieter bzw. Untermieter *(inquilinos)* in den Marginalvierteln am Rande der City gewählt, sofern nicht eine erste Bleibe bei Verwandten oder Bekannten *(alojados)* gesucht wird. Kroß (1992, S. 166) zitiert dazu für Lima eine Untersuchung aus den 60er Jahren, wonach ca. 60 % der Migranten zunächst bei Verwandten unterkamen. Aus unterschiedlichen Gründen kommt es auch zu mehrfachen Umzügen innerhalb dieser Viertel, z. B. als Folge von Kündigungen wegen rückständiger Mietzahlungen.

Erst wenn ein einigermaßen sicherer Arbeitsplatz mit regelmäßigen, wenngleich noch immer niedrigen Einkünften gefunden ist, kann der Wunsch nach einer eigenen Wohnung und, damit verbunden, nach der Sicherheit vor Kündigungen oder Mieterhöhungen *(security of tenure)* erneut eine Wanderungsentscheidung auslösen. Dieser Motivationsbereich verstärkt sich vor allem nach der Familiengründung und der Geburt von Kindern. Um dieses Ziel verwirklichen zu können, wird sogar in Kauf genommen, nach der Wanderung an den Stadtrand zunächst in einer behelfsmäßigen Hütte zu leben, die in Selbsthilfe allmählich in ein stabileres Haus umgestaltet wird. Die Umzüge in die Hüttenviertel am Stadtrand sind daher in auffälliger Weise an eine Phase im Lebenszyklus gebunden, in der die Familie zu expandieren beginnt. Die Bevölkerungsstruktur neu entstandener Hüttensiedlungen, wie sie in Abb. 20 für Beispiele aus Lima wiedergegeben ist, vermag diese *„squatter suburbanization*-Hypothese" im grundsätzlichen zu bestätigen.

Nach Sicherung der Eigentumsrechte an Grund und Boden beginnt

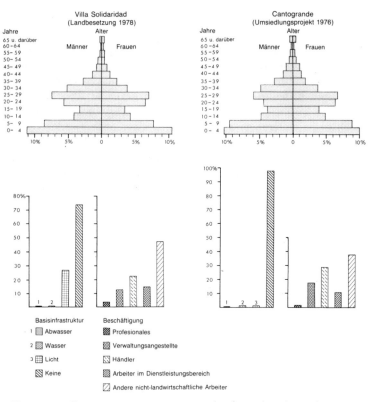

Abb. 20: Bevölkerungszusammensetzung und Infrastruktur in zwei neu entstandenen Hüttenvierteln von Lima 1981 (Quelle: Bähr/Klückmann 1985).

in den Hüttenvierteln gewöhnlich ein baulicher Konsolidierungsprozeß, der weitgehend auf der Eigeninitiative der Bewohner beruht. Um
mit Turner zu sprechen, sind damit die *bridgeheaders* zu *consolidators*
geworden, die ihren Wohnstandard *(amenity)* sukzessive erhöhen.
Von diesen schafft allerdings nur ein kleinerer Teil den weiteren
Sprung zum *status seeker.* Außerdem ist damit in der Regel kein Umzug, z. B. in eine Siedlung des sozialen Wohnungsbaus, verbunden
(vgl. Brücher/Mertins 1978, S. 107); eher wird die Verbesserung des
Wohnwertes durch die Erweiterung (z. B. Aufstockung) des eigenen
Hauses angestrebt. Auf diese Weise läßt sich auch rein äußerlich die
herausgehobene Stellung demonstrieren, was in einer uniformen Neu-
bausiedlung so nicht möglich wäre. Überdies sind die Wohnungen
hier meist kleiner.

Das Turner-Modell hat die Wohnungsbaupolitik für untere Sozialschichten entscheidend beeinflußt, denn daraus läßt sich die Forde-
rung nach einer stärkeren Unterstützung von *self-help housing*-Pro-
grammen (Selbst- und Nachbarschaftshilfe) ableiten (vgl. auch Mangin 1967). Insbesondere seit der Habitat-Konferenz in Vancouver
(1976) werden derartige Strategien von vielen nationalen und internationalen Organisationen gefördert (Mertins 1984; Conway 1985; ausführlicher Kap. 6.8). Kritik kommt vor allem von denjenigen Politikern und Wissenschaftlern, die in erster Linie grundsätzliche gesellschaftliche Veränderungen anstreben. Aus deren Sicht tragen
Selbsthilfeprogramme nur dazu bei, den Status quo zu erhalten und
notwendige Reformen – nicht zuletzt auch im öffentlich geförderten
Wohnungsbau für untere Sozialschichten – zu verhindern (vgl. Burgess 1977; Conway 1982; Ward 1982; zusammenfassend Kroß 1992,
S. 211 ff.).

Trotz dieser sehr unterschiedlichen Bewertung wurde das Turner-
Modell zum Ausgangspunkt einer intensiveren Beschäftigung mit
innerstädtischen Wanderungsbewegungen unterer Sozialschichten.
Die Ergebnisse einer Vielzahl jüngerer empirischer Untersuchungen
lassen sich dahingehend zusammenfassen, daß das Modell zwar in
kleineren Städten noch weitgehend Gültigkeit hat (vgl. Schenck 1989
für Cuenca), jedoch in den großen, sich dynamisch entwickelnden
Metropolen in wesentlichen Punkten zu revidieren ist:

1. Cityausdehnung, Sanierungsmaßnahmen sowie eine langfristige
Blockierung der Wohnungen (Mieterschutzbestimmungen, Standort-
gunst durch Nähe zu Arbeitsstätten und Versorgungseinrichtungen)
sorgen dafür, daß die Bedeutung der zentrumsnah gelegenen Marginalviertel als „Drehscheibe" innerstädtischer Wanderungen abnimmt.

2. Erste Auffangstelle für Migranten und damit Ausgangspunkte
der intraurbanen Wanderungen (nicht nur) an den Stadtrand sind alle
innerstädtischen Unterschichtquartiere und in zunehmendem Maße
konsolidierte Hüttensiedlungen sowie solche des sozialen Wohnungsbaus, im Falle von alleinstehenden weiblichen Zuwanderern auch
Viertel der Ober- und (weniger) der Mittelschicht, wo sie als Haus-
bedienstete im Haushalt ihres Arbeitgebers leben.

3. Nicht nur Zuwanderer nehmen an diesen Migrationen teil, sondern in erheblichem Umfang auch in der Großstadt selbst geborene
Personen gleicher Schichtzugehörigkeit.

4. Richtung und Intensität der Wanderungsströme werden weit
stärker als früher durch staatliche Bautätigkeit beeinflußt, z. B. durch
Umsiedlungen im Rahmen von Sanierungsmaßnahmen (vgl. Nickel-

Gemmeke 1991) oder Projekte des sozialen Wohnungsbaus für ein-kommensschwache Bevölkerungsgruppen (vgl. Kap. 6.8).

5. Nicht alle Familien, die in neu entstehende Hüttenviertel am Stadtrand ziehen, werden dort zu erfolgreichen *consolidators*. Viel-fach müssen Erstbewohner die besetzten oder erworbenen Parzel-len wieder verlassen, sei es, daß sie die mit der von der öffentlichen Hand durchgeführten infrastrukturellen Verbesserung *(upgrading)* verbundenen Kosten nicht tragen können, sei es, daß eine persön-liche Notsituation sie zum Verkauf zwingt (Engelhardt 1989; Kellet 1990, 1992). Ihnen bleibt dann nur die Alternative, in un-günstiger gelegenen, infrastrukturell noch nicht erschlossenen Sied-lungen ein Grundstück zu suchen bzw. zu besetzen oder – sofern solche Möglichkeiten nicht gegeben sind – Wohnraum in konsoli-dierten Hüttenvierteln oder anderen Unterschichtquartieren zu mie-ten. Auch über vorübergehende oder sogar dauerhafte (Rück-)Wan-derungen in den ländlichen Raum wird berichtet (vgl. Kellet 1992, S. 362 f.).

Das räumliche Muster innerstädtischer Wanderungen wird dem-nach nicht mehr von einigen wenigen, stark dominierenden Bewegun-gen bestimmt, sondern von einer Vielzahl unterschiedlich gerichteter Ströme, die sich nur bedingt in ein zentral-peripheres Ordnungsprin-zip einfügen (Phase II in Abb. 19). Diese Entwicklung kann soweit gehen, daß die Verdichtung in allen älteren Wohnbereichen der Un-terschicht, einschließlich der bereits seit längerem konsolidierten und in das städtische System integrierten Hüttenviertel, soweit fortge-schritten ist, daß kaum noch eine Aufnahmefähigkeit für Neuzuwan-derer besteht. Damit aber verlagern sich die Hauptzuwanderungsströ-me immer mehr an die Peripherie (Phase III in Abb. 19).

In empirischen Untersuchungen ist dieser modellhafte Ablauf in-zwischen vielfach bestätigt worden, wenn auch große Unterschiede hinsichtlich Beginn und Dauer der einzelnen Phasen sowie der rela-tiven Bedeutung der verschiedenen Wanderungsströme auftreten. Ganz ähnliche Regelhaftigkeiten dürften nach den Untersuchungen von Köster (1988) für La Paz auch für mittlere und obere Sozial-schichten gelten (vgl. Abb. 21).

Die zentral-periphere Ausrichtung der innerstädtischen Wanderun-gen wird vor allem modifiziert durch Umzüge innerhalb desselben Wohngebietes bzw. zwischen benachbarten, ähnlich strukturierten Quartieren. Wegen der Bedeutsamkeit informeller Kontakte bei der Wohnungssuche spielen kleinräumige Bevölkerungsbewegungen ge-rade für Angehörige unterer Sozialschichten eine sehr bedeutsame

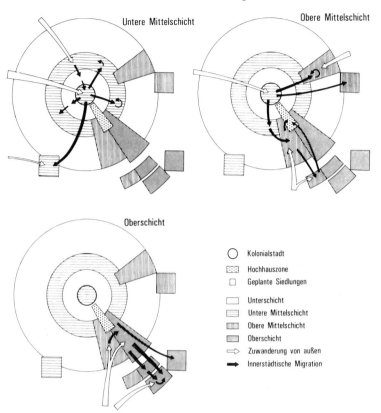

Abb. 21: Migrationsmuster der Bevölkerung mit gehobenem Sozialstatus in La Paz (Quelle: Köster 1988).

Rolle. Nach den Untersuchungen von van Lindert (1991) in La Paz sind es hier vor allem bereits in der Stadt geborene Angehörige unterer Einkommensgruppen, die – auch bei einem gewissen sozialen Aufstieg – bevorzugt kleinräumig ihren Wohnstandort wechseln und den Umzug an die „ferne Peripherie" auf dem Altiplano nach Möglichkeit vermeiden. Ein engeres Netzwerk an Kontakten und persönlichen Beziehungen macht es dieser Gruppe leichter, in größerer Nähe zum Stadtzentrum eine bessere Wohnung – sei es als Eigentümer oder Mieter – zu finden. Ward (1990, S. 53 f.) weist darauf hin, daß selbst Landbesetzer meist aus der Nähe kommen. Das liegt zum einen an der Informationsstruktur, zum anderen erleichtert es den „Rückzug", falls die Besetzung scheitert.

Noch zu klären bleibt die Frage nach den auslösenden Faktoren für die über kürzere oder längere Distanzen verlaufenden Wanderungswellen an den Rand der großen Städte. Bei Turner (1968) und anderen entscheidungstheoretischen Ansätzen werden in erster Linie die sich mit wachsender Aufenthaltsdauer in der Stadt und der Stellung im Lebenszyklus wandelnden Präferenzen betont. Weniger beachtet wird hingegen, ob überhaupt ein Handlungsspielraum besteht und inwieweit dieser durch persönliche und externe *constraints* eingeschränkt ist. Zur ersten Gruppe zählen vor allem die finanziellen Möglichkeiten (z. B. zum Ankauf einer Parzelle), die verfügbare Zeit (z. B. zum Ausbau einer Hütte), der Besitz eines Verkehrsmittels (insbesondere für den Weg zur Arbeit) und der soziale und kulturelle Zugang (z. B. die Vertrautheit im Umgang mit Behörden). Die schon dadurch gegebene recht weitgehende Einengung des Handlungsspielraumes, die sich z. B. darin ausdrückt, daß die einkommensschwachen Schichten im allgemeinen keinen Zugang zum formellen Wohnungsmarkt und meist auch nicht zu Projekten des sozialen Wohnungsbaus haben (vgl. Kap. 6.8), verstärkt sich durch verschiedene externe Restriktionen. Besondere Bedeutung haben dabei die *authority constraints*, d. h. die verschiedenen Arten staatlicher Einflußnahme und Reglementierung (Gilbert/Ward 1982). Diese reichen von der Verfügbarkeit an geeignetem Land für Besetzungen und Parzellierungen, über das Ausmaß der Duldung bzw. Ermunterung illegaler bzw. semilegaler Hüttenviertel, die Höhe der Mieten oder die Mieterschutzbestimmungen bis zu Art und Umfang des sozialen Wohnungsbaus und der mehr oder weniger hohen Subventionierung des innerstädtischen Verkehrssystems. Das Zusammenwirken aller *constraints* führt häufig dazu, daß bei der Wohnungssuche kaum Alternativen bestehen. So erklärt sich u. a., daß es in einzelnen Städten nahezu ausschließlich semilegale Hüttenviertel gibt (z. B. Bogotá, São Paulo), während sie in anderen fast überhaupt nicht vorkommen (z. B. Guatemala-Stadt, Guayaquil, Lima, Rio de Janeiro; vgl. Mertins 1984, S. 438) und daß die Vermietung und Untervermietung eine sehr unterschiedliche Rolle spielen (vgl. Gilbert 1987, S. 48 für Beispiele aus Mexiko, Kolumbien und Venezuela).

Tendenziell wird durch die *constraints* eine Verdichtung innerhalb des bebauten Gebietes und ein steigender Mieteranteil gefördert. So konnte Edwards schon 1983 für Bucaramanga/Kolumbien nachweisen, daß die enge Bindung der innerstädtischen Wanderungen an einzelne Phasen im Lebenszyklus nicht unbedingt zutreffen muß. Zwar ist auch in Bucaramanga wie in anderen Städten der Wunsch nach

einer eigenen Wohnung gerade unter den allerärmsten Bevölkerungsgruppen weit verbreitet, die wenigsten können diesen Wunsch jedoch
verwirklichen. Das liegt daran, daß illegale Landbesetzungen und damit die einzige Möglichkeit, ohne jede Kosten zu einem kleinen
Grundstück zu kommen, von den Behörden weitgehend verhindert
werden und sich nur die wenigsten den Kauf bzw. die Anzahlung
einer Parzelle leisten können. Vielen Familien gelingt es selbst nach
einem längeren Aufenthalt in der Stadt nicht, dafür genügend Geld
anzusparen, und sie kommen so über das gemäß der *„squatter suburbanization*-Hypothese" nur als vorübergehend angesehene Mie-
ter/Untermieter-Stadium nie hinaus. Andere werden erst in fortge-
schrittenem Lebensalter zu *consolidators*, was sich auch aus den Angaben von Buchhofer/Aguilar (1991) für Mexiko-Stadt ableiten läßt,
wonach sich dort das Durchschnittsalter der wandernden Familien-
väter in den 80er Jahren deutlich erhöht hat. Aber selbst in Städten,
in denen es noch gewisse Möglichkeiten für eine illegale oder semilegale Bebauung gibt (z. B. Lima, Mexiko-Stadt, Rio de Janeiro), treten
Verdichtungen in zentraleren Stadtteilen auf, weil Hüttenviertel in extrem peripherer Lage so große Nachteile haben (Entfernung zu Arbeitsplätzen und Versorgungseinrichtungen, Verkehrsanbindung, Infrastruktur), daß dann einer Mietwohnung der Vorzug gegeben wird
(vgl. Gilbert/Varley 1990).

Ein systematischer Vergleich der sozioökonomischen Situation von
Eigentümern und Mietern, wie ihn Gilbert (1983) für *self-help housing*-Siedlungen in Bogotá und Mexiko-Stadt vorgenommen hat, zeigt
nur geringe Unterschiede zwischen beiden Gruppen. Selbst die
durchschnittliche Haushaltsgröße bleibt bei den Mietern nur geringfügig hinter der bei den Eigentümern zurück. Auffällig ist lediglich
das höhere Lebensalter der Eigentümer (Abstand 8–9 Jahre). Derartige Befunde können als Beleg dafür gewertet werden, daß es heute
für untere Einkommensgruppen wesentlich schwieriger geworden ist,
zu einer eigenen Wohnung zu kommen und das Wohnungsproblem
in Selbsthilfe zu lösen. Das gilt vor allem in solchen Städten, in denen
das „Ventil" der Landbesetzungen fehlt, wie es z. B. in Santiago de
Chile während der Pinochet-Zeit der Fall war. Es wird geschätzt, daß
hier etwa $^1/_3$ aller Familien, die sich im Jahrzehnt zwischen 1970 und
1980 neu bildeten, keine eigene Wohnung fanden und so gezwungen
waren, als *allegados* in anderen Haushalten zu leben, d. h. auf den
ohnehin schon kleinen Grundstücken von Eltern, Geschwistern oder
Freunden eine zusätzliche Hütte bzw. einen Anbau zu errichten oder
sich mit diesen die Wohnung zu teilen (vgl. Bähr/Mertins 1985). Das

hatte eine erhebliche Bevölkerungsverdichtung in bereits bestehenden
Stadtvierteln zur Folge, so daß sich das Kern-Rand-Gefälle des Dich-
tegradienten teilweise in das Gegenteil verkehrte. Angesichts steigender Bodenpreise und abnehmender Landreserven in zumutbarer Entfernung zum Stadtzentrum bzw. zu den Arbeitsplätzen ist damit zu
rechnen, daß in allen großen Städten die Gruppe der *enforced renters*
(Gilbert/Varley 1990, S. 92) zukünftig eher zunehmen wird. An Einzelbeispielen läßt sich dieser Umbruch bereits genauer belegen (vgl.
Gilbert/Varley 1990, S. 94 für mexikanische Städte; Füchtner 1991,
S. 18 für São Paulo).

Aus diesen und anderen Beispielen kann man in Anlehnung an
Gilbert/Ward (1982) den Schluß ziehen, daß die *„squatter suburbanization*-Hypothese" ihre Gültigkeit zwar nicht verloren hat, die da-
hinterstehenden Prozesse jedoch wesentlich vielfältiger sind und auch
regional erheblich mehr differieren, als in den 60er und 70er Jahren
angenommen wurde. Dazu hat nicht zuletzt die ökonomische Krise
der 80er Jahre entscheidend beigetragen. Die Ausbildung innerstädtischer Wanderungsmuster wird heute mehr denn je weniger von den
Entscheidungen der Wohnungssuchenden, sondern in erster Linie von
den verschiedenen *constraints* bestimmt. Nicht unterschiedliche Präferenzen in Verbindung mit einem mehr oder weniger weit fortgeschrittenen Verstädterungsprozeß, sondern unterschiedliche politische und wirtschaftliche Strukturen, verknüpft mit einem jeweils
anderen Grundstücks- und Wohnungsmarkt, sind demnach für die
Unterschiede zwischen einzelnen Städten maßgebend. Verallgemeinerungen der an Einzelbeispielen erarbeiteten Befunde sind deshalb
schwer möglich, und Modellvorstellungen können nur als Leitlinien
und Arbeitshypothesen kleinräumiger Detailstudien dienen, diese
jedoch keinesfalls ersetzen.

6.3 Citybildung und -ausdehnung, Geschäftszentren

Die City, d. h. der „zentralstgelegene Teilraum einer großen Stadt
mit räumlicher Konzentration hochrangiger zentraler Funktionen"
(Heineberg 1989, S. 36; vgl. auch Hofmeister 1993, S. 161 ff.), entstand
in allen Großstädten Lateinamerikas im Altstadtkern, meist in Anlehnung an die kolonialzeitliche *plaza*. Bis heute findet sich hier und in
den *plaza*-nahen *cuadras* noch eine gewisse Konzentration von Ministerien, Büros der Provinz- wie Stadtverwaltung und anderen öffentlichen Einrichtungen. Man kann also von einer, allerdings von Groß-

stadt zu Großstadt schwankenden, über mehrere Jahrhunderte anhaltenden Lage- und Funktionskonstanz hochrangiger öffentlicher
Dienststellen im jeweiligen Altstadtkern sprechen. Gleiches gilt für
kirchliche Einrichtungen, wie Kathedrale, Erzbischofs- oder Bi-
schofssitz, bedeutende Klöster etc.

Der Prozeß der Citybildung, d. h. der Wandel von Wohnvierteln
überwiegend der Ober- und oberen Mittelschicht zum Standort hochrangiger privater Einrichtungen des tertiären Sektors (Dienstleistungen im weiteren Sinne), setzte in einigen Großstädten, wie Buenos
Aires, Montevideo, Rio de Janeiro, São Paulo und Mexiko-Stadt, bereits Ende des 19./Anfang des 20. Jh. ein. Er ging einher mit der
teilweisen baulichen Umformung der Altstadt, d. h. des historischen,
kolonialzeitlichen Kerns *(centro histórico)*, und der Errichtung von
vier- bis fünfgeschossigen Gebäuden mit repräsentativen Fassaden.
Gleichzeitig entstanden, sich an den von Haussmann in Paris geschaf-
fenen Vorbildern orientierend und erst durch den z. T. rigorosen Abriß älterer Bausubstanz ermöglicht, breite Prachtstraßen mit Ge-
schäfts- (Banken!) und Verwaltungsbauten, wie z. B. die Avenida Rio
Branco in Rio de Janeiro (1905), die Avenida 18 de Julio in Montevideo (ab 1877), die Avenida de Mayo (1889–94) in Buenos Aires oder
die Alameda Bernardo O'Higgins in Santiago de Chile. Den End-
punkt dieser Phase bildete die Errichtung der ersten Hochhäuser: der
Palacio Salvo in Montevideo (1923–28) und das Martinelli-Hochhaus
in São Paulo, beide jeweils 26 Geschosse zählend, die bis 1938 die
höchsten Gebäude Lateinamerikas waren (Wilhelmy/Borsdorf
1984/85; Mertins 1987 c, S. 60).

Die zweite Phase der Cityentwicklung begann in den 30er, z. T.
bereits Ende der 20er Jahre, um dann nach 1950 größere Dimensionen
anzunehmen. Sie führte in den genannten Großstädten, wie auch in
Bogotá, Caracas und Lima, zur baulichen und funktionalen Transformation der bisherigen City: Verdichtung des Finanzsektors (Banken,
Versicherungen u. a.), aber auch Verdrängung einst citytypischer
Funktionen wie die des Einzelhandels durch Büroeinrichtungen.
Gleichzeitig kam es zur weiteren Cityexpansion, die fast überall entlang einer oder mehrerer wichtiger Straßenachsen in Richtung auf die
neuen Oberschichtviertel stattfand (vgl. Kap. 6.4; Griffin/Ford 1980,
S. 400; Bähr/Mertins 1981, S. 16 ff.). In anderen Großstädten, vor allem Zentralamerikas, kann man – nach Anfängen in den 30er Jahren
– erst ab 1945/50 von einer eigentlichen Citybildung sprechen, die
dann oft recht stürmisch verlief und gleich mit einer gewissen Cityexpansion verbunden war (Sandner 1969, S. 165 ff.). Das traf vor allem

für San José, Panamá-Stadt, z. T. auch für San Salvador und Guatemala-Stadt zu, wo aber nach Sandner (1969, S. 36, 91) noch Mitte der 60er Jahre „die Silhouette ausdruckslos flach" war, während Managua einen „eher mittelstädtischen Eindruck" vermittelte.

Allgemein vollzogen sich nach 1945/50 Cityentwicklung und -expansion parallel zu dem dann z. T. explosionsartig einsetzenden Urbanisierungs- und Metropolisierungsprozeß (vgl. Kap. 3.1, 3.2), wobei dessen raum-zeitlich variierende Intensität und die jeweilige Wirtschaftsentwicklung den unterschiedlichen Ablauf der City-Prozesse in den einzelnen Großstädten entscheidend beeinflußten. Bei dem großen Flächenwachstum und dem rasch zunehmenden Kfz-Verkehr war die schnelle Erreichbarkeit der City eine wichtige Voraussetzung für die Beibehaltung bzw. Steigerung ihrer Attraktivität als Standort hochrangiger öffentlicher und privater Dienstleistungen. Dem diente die seit den 40er/50er Jahren verstärkte Schaffung von mehrspurigen Durchgangs-/Verbindungsstraßen (*avenidas, diagonales, transversales*) und Stadtautobahnen, da die schmalen Straßen des traditionellen Schachbrettgrundrisses den Verkehr, trotz der Einführung von Einbahnstraßensystemen, nicht mehr bewältigen konnten. Zu den bekanntesten Beispielen zählen die 4 km lange und 90 m breite Avenida Presidente Vargas in Rio de Janeiro, die noch 1969 verlängerte, fast 140 m breite Avenida 9 de Julio in Buenos Aires, die Avenida Bolívar in Caracas sowie der Paseo de la Reforma in Mexiko-Stadt.

Gleichzeitig setzte in fast allen Großstädten die vertikale Expansion, d. h. die Errichtung von Hochhäusern, ein. Sie werden zu einem wichtigen städtebaulichen Kriterium der Cityausdehnung und konzentrieren sich vor allem an den Hauptverbindungs-/Durchgangsstraßen. In vielen Großstädten sind die Hochhausgruppen „silhouettenprägend", am signifikantesten in São Paulo, Buenos Aires und Rio de Janeiro, weniger in Caracas, Belo Horizonte, Bogotá und – wegen der Erdbebengefahr – in Mexiko-Stadt oder Santiago de Chile. Zwar wurden in Baustil und -materialien oft US-amerikanische Vorbilder kopiert, doch auch der Einfluß europäischer, vor allem französischer und italienischer Architekten war bedeutend. Gerade die Besuche Le Corbusiers, z. B. 1936 in Rio de Janeiro oder 1947 in Buenos Aires und Bogotá, haben nachhaltige architektonische Auswirkungen gehabt. So geht z. B. die Idee des sog. Tropenhochhauses, das sich durch Vorrichtungen zur Beschattung und Kühlhaltung der Innenräume auszeichnet, darauf zurück (Wilhelmy/Borsdorf 1984, S. 141 f.).

Dann begann seit den 70er, verstärkt seit den 80er Jahren ein weiterer, bis heute mit z. T. hoher Intensität ablaufender Ausdehnungs-

prozeß der City. Citybebauung und -funktionen rücken entlang der
bereits bestehenden City-Wachstumsachsen und/oder um Hotelkom-
plexe internationalen Standards über die innerstädtische Mischzone
(*zona en transición*; vgl. Abb. 18) in ehemalige Oberschichtviertel
der ersten Auslagerungsetappen vor, die mittlerweile Mittelschicht-
Wohnbezirke darstellen. Während in den bzw. um die internationalen
Hotels Ladenpassagen (*galerías*) entstehen, kommt es entlang der
„Wachstumspfeile" zur Ausbildung von gehobenen Büro- und Ge-
schäftsstandorten, wobei in den oberen Etagen der Hochhäuser die
Apartmentnutzung durch Angehörige der Ober-/oberen Mittelschicht dominiert. In den ehemaligen Oberschichtvierteln findet zunächst eine punkthafte Tertiärisierung statt, d. h., es werden ältere
Einfamilienhäuser/Villen zu Büro- und anderen Dienstleistungszwek-
ken umgewidmet, z. T. auch abgerissen und durch Hochhäuser mit
Dienstleistungs- (Büros, Praxen, Boutiquen, Antiquitätengeschäfte
etc.) und Wohnnutzung (Apartments) ersetzt. Beispiele dafür bieten
u. a. das Centro Internacional in Bogotá und die punkthafte Tertiärisierung in den *barrios* Teusaquillo und Magdalena, Oberschichtvierteln aus den 30er/40er Jahren (Bähr/Mertins 1981, S. 11); ferner Santiago de Chile (Bähr/Riesco 1981, S. 30 ff.), Caracas (Pachner 1982,
S. 170), die City„wanderung", vor allem östlich der Avenida 10 de
Agosto, nach Norden in Quito (Fernández de Castro 1989, S. 132)
oder Lima, wo diese Verlagerungs- bzw. Transformationsprozesse in
den 70er Jahren einmal entlang der neuen Entwicklungsachse des Paseo de la República einsetzten, zum anderen aber auch Miraflores, das
in den 30er/40er Jahren entstandene Oberschichtviertel, erreichten
(Kroß 1992, S. 117, 127 f.), was bereits in den 70er Jahren dem Alt-
stadtzentrum Konkurrenz zu machen begann (Deler 1975, S. 80). Insgesamt sind jedoch die Kennzeichen echter Citybildung, d. h. die
Trennung von Wohn- und Geschäftsfunktionen, verbunden mit einer
Aufgliederung in hochspezialisierte „Viertel" (vgl. Abb. 22), und die
Ausbildung eigentlicher CBDs am stärksten in den großen Metropolen ausgeprägt und in den anderen nur ansatzweise vorhanden.

Mit der Citybildung und -expansion gingen in zunehmendem Umfang Verlagerungstendenzen im öffentlichen wie privaten Dienstleistungssektor einher. Die Gründe dafür sind unterschiedlich. Für die
Verlagerung von Verwaltungsstellen der Staats-, Provinz- und Stadt-
regierung sind in erster Linie der nicht mehr vorhandene Platz für
Erweiterungs- und Neubauten sowie die schwieriger gewordene Ver-
kehrssituation entscheidend. Neue Verwaltungszentren entstanden
schon in den 60er Jahren am damaligen Innenstadtrand, z. B. in

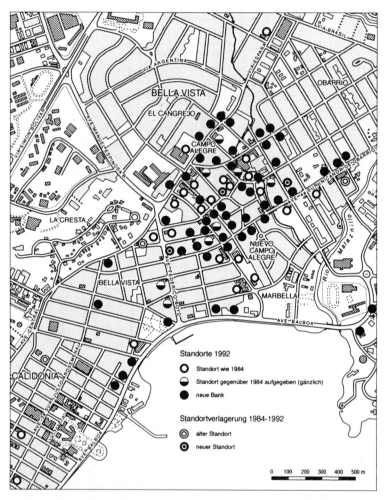

Abb. 22: Entwicklung des Bankenviertels in Panamá-Stadt (Quelle: eigener Entwurf nach Mapa Ciudad de Panamá 1:12500, 1985; Guía de Teléfonos 1993).

Panamá-Stadt, Guatemala-Stadt, San Salvador, oder weit vor der seinerzeitigen Stadt„front", z. B. in Bogotá (Mitte der 60er Jahre) oder in Salvador/Bahia (Mitte der 70er Jahre), jeweils an den Ausfallstraßen zum Flughafen gelegen. In beiden Fällen stimulierte die Neuanlage der Verwaltungsviertel die nachfolgende horizontale wie vertikale Flächenexpansion beiderseits dieser Wachstumsachsen. In Salvador war das gewissermaßen der Auftakt zu einer großen Verlagerungswelle (zentraler Busbahnhof, Einkaufszentren, Kliniken, große Verwaltungsgebäude) entlang der beiden nach Nordosten, in Richtung Flughafen verlaufenden Ausfallstraßen (Nentwig/Bandeira 1991, S. 70).

Hingegen führten wachsende Entfernungen zu den Nachfragern, steigende Bodenpreise und eine – in den jeweiligen Großstädten zu unterschiedlichen Zeiten einsetzende – Überalterung der innerstädtischen Bausubstanz zu einer Auslagerung bestimmter hochrangiger Dienstleistungen aus dem alten Zentrum. Für Rio de Janeiro konstatierte Achilles (1989, S. 172), „daß Copacabana schon 1950 die funktionale Bedeutung der City übertraf", während seinerzeit der an die Altstadt nach Norden anschließende Teil der Séptima noch die Haupteinkaufsstraße Bogotás darstellte (Brücher 1969, S. 185) und sich in Guatemala-Stadt das „schmale Geschäftszentrum" zu Beginn der 50er Jahre im alten Kerngebiet entlang der 6. Avenida konzentrierte (Sandner 1969, S. 135 f.). Wenn Schoop (1980, S. 63) für La Paz berichtet, daß sich die seit den 20er Jahren entwickelnde City noch überwiegend auf die kolonialspanische Altstadt beschränkt, so liegt das sicherlich an dem langsameren Wachstum der bolivianischen Hauptstadt mit damals noch relativ geringen Verlagerungs- bzw. Ausdehnungstendenzen des Zentrums.

Die Dezentralisierungs- oder Auslagerungsprozesse, der Exodus von hochrangigen privaten Dienstleistungsfunktionen aus der Innenstadt setzen sich mit unterschiedlicher Intensität fort. Zu den bereits angeführten Gründen kommen jetzt vermehrt hinzu: hohe, z. T. fast unerträgliche Lärm- und Abgasbelästigungen, die größere Nähe zu dem entsprechenden Kundenkreis und die bessere Erreichbarkeit an den neuen Standorten, vor allem aber die zunehmende Unsicherheit in den Innenstädten, die schon Anfang der 60er Jahre zur Abwanderung der Ladengeschäfte aus der Altstadt von Panamá-Stadt geführt hat (Sandner 1969, S. 32), sicherlich zu dieser Zeit ein Extremfall unter den lateinamerikanischen Großstädten. Mit der Entwicklung von Panamá-Stadt zu einem wichtigen Bankenplatz ging dann seit den 70er/80er Jahren eine erneute Verlagerung hochwertiger Geschäfts- und Dienstleistungseinrichtungen einher (Abb. 22).

In einer detaillierten Untersuchung über die Verlagerung von Banken, Versicherungsgesellschaften, Immobilienbüros, Rechtsanwalts- und Arztpraxen, Juwelier- und Textilgeschäften etc. im Zeitraum von 1971–81 aus dem Zentrum von Bogotá hat Mittendorff (1984, S. 79 ff.) als Gründe dafür eindeutig – und in dieser Rangfolge – herausgestellt: Fahrtzeitdauer zum und unzureichendes Parkplatzangebot im Zen-

trum; hohe Unsicherheit (Einbruch, Raub, Überfälle) für die Ge-
schäftslokale wie für die Kunden; ein insgesamt schlechtes *ambiente*
des Zentrums (Lärm, Staub, Dreck, ambulante Straßenhändler, Bettler
etc.) bzw. umgekehrt: die Nähe zu den Kunden/Klienten; große, moderne und repräsentative Geschäftsräume; höhere Sicherheit etc. Gleiches gilt heute, wenn auch in unterschiedlichem Ausmaß (s. u.), für
die alten Citybereiche aller lateinamerikanischen Metropolen.

Diese „Migration" tertiärer Einrichtungen geht direkt in die neuen
Wohnviertel der Ober- und oberen Mittelschicht und führt zur
raschen Ausbildung sekundärer, auf den gehobenen und höchsten
Bedarf ausgerichteter Geschäftszentren (Bähr/Mertins 1981, S. 18;
Gormsen 1981, S. 292 ff.). Die Tertiärisierung nimmt auch hier vor
allem entlang der wichtigen Durchgangsstraßen zu. Dabei kommt es
zur Umnutzung von Einfamilienhäusern/Villen und, verstärkt seit
den 80er Jahren, zu ihrer Ersetzung durch mehrstöckige Bauten, z. T.
auch durch Hochhäuser mit einer Geschäfts-Wohn-Mischnutzung
(Bähr/Mertins 1992 a, S. 73).

Wenngleich Banken und Börsen, Theater, Medienverlage und ein
Teil der öffentlichen Verwaltung im Zentrum verbleiben, so hat dieses
durch die Verlagerungsprozesse doch wesentliche Funktionen verloren, sind die exklusiven Geschäfte, Restaurants, Nachtlokale etc. fast
ganz verschwunden und ist die Innenstadt„landschaft" reizlos geworden. Als typisches Beispiel kann wiederum Rio de Janeiro angeführt
werden (Achilles 1989). In Lima kündigte sich der Abstieg des alten
Zentrums Ende der 60er Jahre an; die meisten Geschäfte sind dort
mittlerweile „auf den Massenbedarf unterer Einkommensgruppen
ausgerichtet" (Kroß 1992, S. 129 f.). Anfang der 80er Jahre galt die
Séptima längst nicht mehr als die bedeutendste Straße in Bogotá (Mittendorff 1984, S. 34 ff.), sondern hatte die Funktion einer Einkaufs-
straße für Mittelschichtangehörige. In Salvador/Bahia schließlich war
schon Anfang der 30er Jahre die physische, soziale und damit auch
die funktionale Degradierung des historischen Zentrums weit fortge-
schritten (Augel 1991, S. 41); nach 1970 griff dieser Prozeß auf die
angrenzenden Altstadtteile über.

Eine andere Form, gewissermaßen das Gegenstück zur Dezentralisierung, stellt die „punktuelle" Konzentration von hochwertigen
Geschäfts- und anderen Dienstleistungsfunktionen in *shopping-
centers* (*centros/plazas comerciales*; Bähr/Mertins 1981, S. 20; Gorm-
sen/Klein-Lüpke 1991, S. 140) an wichtigen Verkehrsachsen dar,
besonders innerhalb oder am Rande von Oberschichtvierteln, auch
sogar weit vor dem jeweils bebauten Gebiet.

Damit wird eine Entwicklung nachvollzogen, wie sie in den USA bereits in den 30er Jahren mit der Gründung von *shopping-malls* und in den 50er Jahren mit der von *shopping-centers* einsetzte (Campbell 1974). Als Vorstufe der letzteren können Selbstbedienungs-Warenhäuser angesehen werden, die in den meisten lateinamerikanischen Metropolen seit den 50er Jahren außerhalb des eigentlichen Citybereiches entstanden und die oft als Keimzellen/Kristallisationspunkte bei der Herausbildung von Subzentren fungierten. Das erste *shopping-center* in Lateinamerika war das Ende 1966 eröffnete Iguatemí in São Paulo mit (heute) 43 000 m² Bruttoverkaufsfläche und 2100 Parkplätzen, dem bis Mitte der 70er Jahre zunächst nur wenige weitere Gründungen in São Paulo, Mexiko-Stadt, Caracas und Bogotá folgten (Pintaudi 1989, S. 19; Gormsen/Klein-Lüpke 1991, S. 140; Pintaudi/Frúgoli 1992, S. 17 ff.). Nach einer relativ langen Pause setzte dann in fast allen lateinamerikanischen Großstädten Mitte der 80er/Anfang der 90er Jahre eine gewisse Gründungshochzeit ein – und das in der weltweiten wirtschaftlichen Rezessionsphase. Die hohen Investitionskosten (z. B. 86 Mio. US-$ für die Anlage des 10,3 ha Grundfläche umfassenden Praia de Belas in Porto Alegre, 1992) können nur vor dem Hintergrund einer ungebrochenen, ja z. T. zunehmenden Kaufkraft der entsprechenden Klientel erklärt werden, was insgesamt als Indiz für die wachsenden sozioökonomischen Disparitäten gerade in den Großstädten, für die sich verschärfende „soziale Apartheid" gesehen werden muß.

Bei einem „klassischen", selten höher als zweigeschossigen *shopping-center* finden sich unter einem Dach eine Vielzahl (oft über 200) von Spezialgeschäften und anderen Dienstleistungsbetrieben, die sich um bzw. zwischen meistens zwei größeren Warenhäusern anordnen (vgl. Abb. 23). Umgeben wird ein solches *shopping-center* von einer immensen Parkplatzfläche mit bis zu 18 000 Stellplätzen (z. B. Praia de Belas/Porto Alegre, Agua Branca/São Paulo; Pintaudi 1989, S. 91), deren Ein- und Ausfahrten ständig kontrolliert werden. Von derartigen luxuriösen „Konsumkathedralen" (*catedrales del consumo*; Lemos 1991) gehen, wenn sie am Rande bzw. vor den jeweiligen Oberschichtvierteln angelegt werden, wichtige Impulse für eine rasche Ausdehnung derselben in die angezeigte Richtung aus, z. B. in Mexiko-Stadt (Gormsen/Klein-Lüpke 1991, S. 142), aber auch in Bogotá, Rio de Janeiro, Belo Horizonte oder Salvador/Bahia. Fast gleichzeitig entstehen in unmittelbarer Nähe Subzentren für gehobene und höchste Ansprüche mit Hotels, Restaurants, Spezialgeschäften, Boutiquen, Agenturen etc. (Bähr/Mertins 1992a, S. 73).

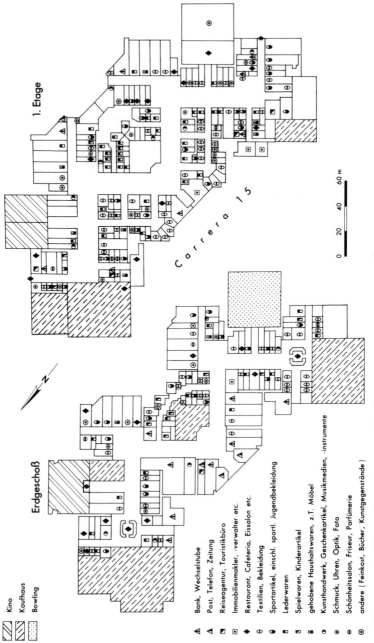

1. Etage

Erdgeschoß

Carrera 15

N

0   20   40   60 m

Kino
Kaufhaus
Bowling

◁ Bank, Wechselstube
▲ Post, Telefon, Zeitung
▣ Reiseagentur, Touristikbüro
▣ Immobilienmakler, -verwalter etc.
◆ Restaurant, Cafeteria, Eissalon etc.
① Textilien, Bekleidung
① Sportartikel, einschl. sportl. Jugendbekleidung
⬟ Lederwaren
■ Spielwaren, Kinderartikel
▨ gehobene Haushaltswaren, z.T. Möbel
▣ Kunsthandwerk, Geschenkartikel, Musikmedien, -instrumente
◉ Schmuck, Uhren, Optik, Foto
① Schönheitssalon, Friseur, Parfümerie
⊛ andere (Feinkost, Bücher, Kunstgegenstände)

Abb. 23: Geschäftsbesatz im Unicentro-Einkaufszentrum in Bogotá 1994 (Quelle: eigener Entwurf nach Unterlagen des Unicentro).

Bei kompakten, d. h. von der Grundfläche her kleineren, meistens dreigeschossigen *shopping-centers*, die auf noch freien bzw. (durch Abriß) freigewordenen Flächen innerhalb des bebauten Stadtgebietes errichtet werden, gibt es unterirdische Parkdecks, ist oft nur ein Warenhaus vorhanden oder wird ganz darauf verzichtet, z. B. Bulevar Niza (Gormsen/Klein-Lüpke 1991, S. 147) und Centro Andino in Bogotá. Die Anlage derartiger Einkaufszentren bewirkt auch hier einen erheblichen Bodenpreisanstieg mit der nachfolgenden teilweisen Verdrängung der Wohnfunktion in unmittelbarer Umgebung durch Geschäfte, Agenturen, Restaurants etc.

Shopping-centers sind aber nicht nur luxuriöse Einkaufs-, sondern auch elegante Freizeitzentren mit der entsprechend architektonisch-dekorativen Ausgestaltung, die bis spätabends und auch an Wochenenden geöffnet haben. Neben Spezialgeschäften, Modeboutiquen, Bankfilialen, Wechselstuben, Poststellen, Reiseagenturen u. a. gibt es Cafés, Schnellimbisse, elegante Restaurants und Bars, Kinos, Friseur-, Schönheitssalons, Fitness-Studios, Kunstgalerien, Kinderhorte, Wikkelstuben etc., wobei Sicherheitsdienste einen ungestörten Aufenthalt fast garantieren. Gleichzeitig sind diese „Konsumtempel" touristische Attraktionen *(sightseeing* und *shopping)*, aber auch Ziele des Familienausflugs der Mittel-/unteren Mittelschicht an Wochenenden. Dagegen sind die in den Mittel- und Unterschichtvierteln vorhandenen Einkaufszentren kleiner und haben kaum Auswirkungen auf die Entwicklung des Geschäfts- und Dienstleistungsbesatzes in ihrer Nachbarschaft (vgl. z. B. Gormsen/Klein-Lüpke 1991, Fig. 3 für Mexiko-Stadt; Heineberg/Schäfers 1989 für Guadalajara; Pintaudi 1989; Pintaudi/Frúgoli 1992 für São Paulo).

Dem augenfälligen Abstieg der „alten" Zentren, wie er in den meisten Metropolen zu beobachten ist (s. o.), stehen einzelne Beispiele gegenüber, in denen diese ihre Attraktivität erhalten bzw. sogar noch steigern konnten, was überwiegend auf die jeweilige stadtplanerische und städtebauliche Politik zurückzuführen ist, aber auch auf Maßnahmen der Altstadtsanierung bzw. -erneuerung. So ist in Montevideo die Avenida 18 de Julio noch immer das überragende Zentrum (Mertins 1987 c, S. 49; Gans 1990, S. 72), und auch in Santiago de Chile ist eine Abwertung der *plaza*-nahen Einkaufsstraßen allenfalls in den Anfängen festzustellen. Die größte Lage- und Funktionskonstanz weist jedoch die City von Buenos Aires auf (Gans 1990, S. 47 ff.). Zur Attraktivitätserhaltung bzw. -steigerung des Stadtzentrums, vor allem für luxuriöse Einzelhandelsgeschäfte, haben sicherlich nicht unwesentlich die Einkaufspassagen *(galerías)* beigetragen, deren älteste, die

Galerías Pacífico, bereits 1871 entstand. Die Zahl solcher Passagen hat seit Mitte der 50er Jahre schnell zugenommen, und sie haben – bei Neubauten oder nach durchgreifenden Renovierungen – oft den Charakter von Einkaufszentren angenommen (auch die Galerías Pacífico; Lemos 1991, S. 122), in denen bis zu 500 (!) Boutiquen, Cafés und Restaurants anzutreffen sind. Zwar ging die Wohnfunktion in Teilen der City, insbesondere im Umkreis des Finanzzentrums, zwischen 1964 und 1982 weiter zurück, auf das gesamte Stadtzentrum bezogen erhöhte sich jedoch die Zahl der Gebäude, die zumindest teilweise Wohnzwecken dienen, im selben Zeitraum um 29,2 %. Das erklärt Gans (1990, S. 100) mit der steigenden Tendenz zu Apartmentwohnungen, wobei die Wohnnutzung in 1982 – im Gegensatz zu 20 Jahren vorher – sich hauptsächlich in Gebäuden mit mindestens sechs Geschossen fand.

Der innerstädtische Modernisierungsprozeß ist jedoch am signifikantesten in den beiden größten Metropolen und gleichzeitig wiederum das treffendste Indiz für die immensen sozioökonomischen Disparitäten. In Mexiko-Stadt läßt sich spätestens seit Anfang der 70er Jahre „ein umfassender Verdrängungsprozeß beobachten, in dessen Verlauf immer mehr alte Wohn-, Gewerbe- und Industriequartiere einer Neubebauung durch Behörden, Banken, Firmensitze, Einkaufszentren und Hotelkomplexen Platz machen" (Feldbauer/Mar Velasco 1993, S. 258). Dabei führt die Tertiärisierung von immer mehr Teilen der Kernzone zur Vernichtung von Wohnraum durch kommerzielle und öffentliche Nutzung unter gleichzeitiger Verdrängung der dort wohnenden Mittel- und Unterschicht.

Die größten Transformationen dürften seit Anfang der 80er Jahre in São Paulo stattfinden (Lemos 1990 b, S. 39 ff.). In der Nähe der „Bankenstraße", der Avenida Paulista (Bodenpreis in 1988: 7000 US-$/m²), verwandelten sich – im Zuge der weiteren Ausdehnung des größten Banken-/Finanzzentrums Südamerikas – Oberschichtviertel der 50er/60er Jahre, z. B. beiderseits der Avenida Brasil, in höchstrangige Dienstleistungsstandorte: Fünf-Sterne-Hotels (ausgerichtet in der Woche auf Geschäftsleute, am Wochenende auf Familien *de alto standing*), internationale Restaurants, Theater, Nachtclubs, Spezialgeschäfte, Kinderattraktionen etc. Eine Neuentwicklung stellen die zahlreichen *flat*-Häuser dar: Apartmenthotels mit Besprechungs-, Versammlungs-, kleinen Ausstellungs- und Repräsentationsräumen für Geschäftsleute, die hier auch über alle anderen Infrastruktureinrichtungen verfügen (Lemos 1990 a, S. 104). Gleichzeitig entstehen westlich des alten Zentrums in der Nähe der Avenida Paulista

(z. B. Jardins, Consolação, Higienopolis) – in unmittelbarer Nähe zu allen Versorgungseinrichtungen – Luxusapartmenthäuser für die Dritte Generation, in denen Kinder nicht wohnen dürfen und die mit dem Tod wieder an die Betreiber zurückfallen (Lemos 1990 b, S. 42). Dieses ist in Verbindung zu sehen mit einer beachtlichen Rückwanderung von Zwei- und Einpersonenhaushalten der Oberschicht in zentral gelegene, höchsten Ansprüchen genügende, ständig bewachte Wohnquartiere *(gentrification)*, was den sozialräumlichen Segregationsprozeß in der Innenstadt deutlich dokumentiert.

6.4 Verlagerung und Typen von Oberschichtvierteln

Zu den Grundprinzipien der inneren Gliederung lateinamerikanischer Großstädte gehört ein stark sektoral geprägtes Ordnungsmuster im Sinne von Hoyt (1939), d. h. siedlungsmäßige und industrielle Erweiterungen entlang von Wachstumsachsen, die sich in ihrer heutigen Ausrichtung seit den 30er Jahren (in Einzelfällen auch früher) herausgebildet haben.

Dabei wird das eine sektorale Element von Industriekomplexen und daran angelagerten Unterschichtvierteln gebildet, die entlang und in unmittelbarer Nähe von Eisenbahnlinien, Ausfallstraßen und z. T. auch Flußläufen entstanden (vgl. Kap. 6.9). Für das andere sektorale Element sind ehemalige und jetzige hochrangige Wohnviertel bestimmend: Dies ist eine Folge der sukzessiven Abwanderung der Ober-, später auch der oberen Mittel- und Mittelschicht aus den einst hoch bewerteten Stadtteilen um die zentrale *plaza* in neue, statusadäquate Viertel sowie deren späterer etappenartigen Verlegung – meistens der einmal eingeschlagenen Richtung folgend – in immer zentrumsfernere Stadtbereiche (Bähr/Mertins 1992 a, S. 66 f.; vgl. Abb. 18). In ihrem recht einfachen „Modell der lateinamerikanischen Stadtstruktur" sehen, sicherlich übertrieben, Griffin/Ford (1980, S. 407) in dem „commercial spine surrounded by an elite residential sector" sogar das „dominant element of Latin American city structure". In abgeschwächtem Maße lassen sich jene Prozesse heute auch in Mittelstädten beobachten, z. B. in Manizales/Kolumbien (Bischoff 1995), Santa Cruz/Bolivien (Köster 1978) oder Tucumán/Argentinien (Müller 1994).

Die Abwanderung der Oberschicht setzte in einigen Altstädten bereits in den 50er/60er Jahren des 19. Jh. ein, z. B. in Montevideo (Mertins 1987 c, S. 51), Havanna oder Salvador/Bahia (Thomae 1988,

S. 128; Augel 1991, S. 40). Auslösender Faktor waren zunächst fast immer Epidemien, vor allem Gelbfieber, die häufig in den dichtbebauten, infrastrukturell unzureichend ausgestatteten Altstadtvierteln grassierten. Die erste „Etappenstation" der neuen hochrangigen Wohnviertel etablierte sich bis zur Jahrhundertwende in der Regel in landschaftlich und lokalklimatisch begünstigten Berglagen, worauf entsprechende *barrio*-Namen hinweisen, z. B. Cerro in Montevideo und Havanna. Ansatzpunkte waren fast ausschließlich bereits bestehende Wochenend- und Ferienhäuser der Oberschicht, die kontinuierlich zu Villenvierteln mit großen Gärten umgewandelt bzw. erweitert wurden (*quintas* im spanisch-, *chácaras* im portugiesischsprachigen Bereich). Die langsame Verlegung bzw. Ausdehnung der Oberschichtviertel in benachbarte Innenstadtbereiche begann dann in den letzten Jahrzehnten des 19. Jh., z. B. in Montevideo (Mertins 1987 c, S. 51), Santiago de Chile (Bähr 1978 a, S. 27) oder – durch die innerstädtische Verlagerung der Königsresidenz bereits einige Jahrzehnte früher – in Rio de Janeiro (Achilles 1989, S. 73 ff.).

Ab den 70er/80er Jahren des 19. Jh. sorgten die ersten Pferdeeisenbahnen für eine relativ rasche Anbindung dieser *barrios aristocráticos* an das jeweilige Geschäftszentrum. Erst seit der Jahrhundertwende, stärker dann seit 1920/30, wurden in den Küsten-Großstädten die Strandebenen zum Standort privilegierter Wohnviertel.

Die „geschlossene" Abwanderung der Oberschicht aus dem Altstadtbereich setzte frühestens in den 20er, verstärkt in den 30er Jahren dieses Jahrhunderts ein, in den zentralamerikanischen Großstädten z. T. sogar erst nach dem Zweiten Weltkrieg. Zunehmende Umweltbelastungen mannigfacher Art und die einen höheren Ertrag abwerfende Grundstücksnutzung durch Geschäfts- und Büro(hoch)häuser stimulierten die Abwanderung. Außerdem gab und gibt es aber auch die Möglichkeit, jeweils modernen Wohn- und (in jüngerer Zeit) Sicherheitsansprüchen gerecht werdende Villen, Bungalows, Chalets oder Luxusapartments in infrastrukturell sehr gut erschlossenen Vierteln zu beziehen. Die Realisierbarkeit der gewünschten Abschottung und eine relative Sicherheit (gegen Einbrüche, Überfälle, Entführungen etc.) spielen bei der Auswahl neuer *barrios altos* eine entscheidende Rolle, d. h. also der schichtenspezifische, eine „Ghettobildung" ermöglichende Lagewert (Sandner 1969, S. 177 f.). Den Extremfall stellen sicherlich ausschließlich einem Berufsstand vorbehaltene Viertel dar, z. B. Irpavi in La Paz für hohe Militärs (Schoop 1980, S. 66). Einige der neuen Villen-/Bungalowviertel weichen in ihrer Grundrißgestaltung bereits vom Schachbrettmuster ab und passen sich gerade in stärker reliefiertem Gelände diesem an, wie Borcherdt (1979, S. 291) es für Caracas herausstellte.

Die etappenartige Verlagerung der *barrios altos* erfolgt meist in eine Richtung, wobei sich jedes Viertel durch einen dem jeweiligen Zeitgeschmack entsprechenden Baustil auszeichnet. Standortbestimmend für die erste Etappe – und damit meistens die Richtung für spätere festlegend – waren, wie auch bei den früheren Verlagerungen, oft kleinere Wochenend- und Sommerhaussiedlungen (Gormsen 1981, S. 292), die durch die neueren Verkehrsmittel besser an die City angebunden wurden. Beispiele dafür sind Chapinero/Bogotá (Arango 1990, S. 146 f.; Bähr/Mertins 1981, S. 11), Chorillos, Barranco und Miraflores in Lima (Cordova Aguilar 1989, S. 243) oder Tacubaya, Mixcoac und Coyoacan in Mexiko-Stadt (Ward 1990, S. 37). Aber auch Tennis-, Golf- und Poloanlagen wirken als Attraktionspunkte für die Entstehung von Oberschichtvierteln bzw. für deren Ausdehnungsrichtung, z. B. in Lima (Kroß 1992, S. 117, 139) oder Caracas (Borcherdt 1979, S. 291).

Eine raum-zeitliche Sequenz für die intraurbanen Wanderungen der Oberschicht haben erstmals Amato (1970) für Bogotá (vgl. Abb. 24), Lima, Quito und Santiago de Chile sowie Sandner (1969) für die Hauptstädte Zentralamerikas untersucht, später dann u. a. Schoop (1981) und Köster (1987) für La Paz, Mertins (1987c) für Montevideo und – mustergültig – Achilles (1989) für Rio de Janeiro. Eine vergleichbare Entwicklung ist jüngst für die karibischen Großstädte durch Potter (1993, S. 11 ff.) dokumentiert worden. Beispiele für eine extreme Richtungsänderung der Hauptwachstumsachse der *barrios altos* als Folge natürlicher Hindernisse (Lima, z. T. auch Caracas) sind ebenso selten wie aus Statusgründen (sich abzeichnende Nachbarschaft zu Hüttenvierteln; z. B. Panamá-Stadt, Cali) bzw. beruhen auf unterschiedlichen Interpretationen, z. B. bei Guatemala-Stadt (Caplow 1949, S. 125; Sandner 1969, S. 136; Gellert 1990, S. 29).

Intraurbane bzw. intrametropolitane Wanderungen der Ober-/oberen Mittelschicht sind für lateinamerikanische Großstädte in vertiefender Form erstmals von Köster (1988) am Beispiel von La Paz untersucht worden (vgl. Kap. 6.2). Dabei hat sich im wesentlichen das sektorale Strukturelement als dominant sowohl für die Lage der Zuzugsstandorte wie auch für die Richtung der intrametropolitanen Etappenwanderung dieser Schichten erwiesen: Der Stadtbereich, in dem die zuwandernden Haushalte sich zuerst niederlassen, verlagert sich in La Paz erst nach 1955 zunehmend nach außen. In ca. 40–45 %

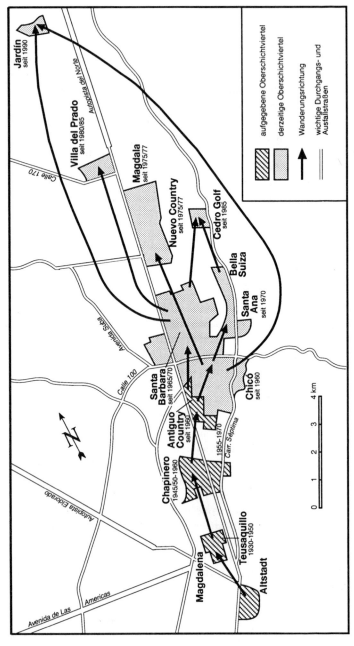

Abb. 24: Verlagerung und Ausweitung der Oberschichtviertel in Bogotá (Quellen: Bähr/Mertins 1981, eigene Erhebungen [Jan. 1995]).

der Fälle geht der endgültigen Ansiedlung eine Orientierungsphase in der Nähe des späteren Wohnstandortes voraus, in der ca. 50 % als Mieter und ca. 25 % bei Freunden leben, oft in Vierteln mit niedrigerem Sozialstatus. Am letzten Wohnstandort steigt dann die Zahl der Hauseigentümer auf ca. 50 %. Dieser Anteil trifft auch für die Direktmigranten nach La Paz zu, die sich also vor dem Umzug genau informiert und Wohneigentum gekauft haben. Unter den Haushalten der oberen Mittelschicht ist allerdings auch eine Migration von der Peripherie in die zentrumsnahe Hochhauszone feststellbar, wobei es sich oft um die Rückwanderung älterer Haushalte handelt, die eine Aufwertung dieser Viertel *(gentrification)* zur Folge hat (Köster 1988, S. 73 f.; vgl. auch die ähnlichen Beobachtungen von Lemos 1990 b in São Paulo). Insgesamt stellt sich jedoch die Frage, ob die Ergebnisse aus einer relativ kleinen Großstadt gewissermaßen als modellhaft für die lateinamerikanischen Großstädte angesehen werden können (Köster 1988, S. 76).

Verlauf und Richtung der intraurbanen Migrationen, die eng damit zusammenhängende bauliche und soziale Degradierung zentrumsnaher Wohnbereiche und die immer zentrumsferner entstehenden neuen Oberschichtviertel trugen ganz erheblich dazu bei, daß das „zentral- periphere Gefälle nach Wohlstand und Ansehen" (Sandner/Steger 1973, S. 72), wie es für die Kolonialstadt charakteristisch war, gewissermaßen „umgedreht" wurde.

Mit zunehmender Entfernung der neuen hochrangigen Wohnviertel zur Altstadt wandern auch die entsprechenden Dienstleistungen, die bisher auf das Zentrum konzentriert waren, gleichsam der Ober-/ oberen Mittelschicht nach, und es bilden sich auf deren Bedarf ausgerichtete Subzentren (vgl. Abb. 18). Dabei handelt es sich zunächst um Geschäfte (oft um Filialen der in dieser Phase noch im Zentrum verbleibenden Hauptsitze), aber auch um Arzt-, Rechtsanwaltspraxen etc. Erst seit ca. 25 Jahren kommt es dann zur Anlage von Einkaufs- und Freizeitzentren (vgl. Kap. 6.3), die z. T. „vor" den jeweiligen Oberschichtvierteln entstehen und einen erheblichen Anstieg der Bodenpreise in ihrer Umgebung nach sich ziehen. Richtung und Intensität der Oberschichtviertel-Ausdehnung werden so nachhaltig bestimmt, verstärkt noch durch die sukzessive Anlage von entsprechenden Hotels, Restaurants, Agenturen, Boutiquen etc. (Bähr/Mertins 1992 a, S. 73).

Die älteren, bis nach dem Zweiten Weltkrieg entstandenen Oberschichtviertel sind meist stark durch die Nachahmung europäischer Baustile gekennzeichnet und können so nach ihren Entstehungsphasen deutlich unterschieden werden, z. B. Elemente des kolonialzeitlichen Baustils, der Neogotik, des Neobarocks, des Art Nouveau, des Tudorstils u. a. Seit den 50er/60er Jahren prägen aber die jeweils international dominanten Architekturrichtungen das „Bild" der Oberschichtviertel, so daß Unterscheidungen nach der Physiognomie schwieriger werden und Siedlungsform bzw. -lage heute die entscheidenden Kriterien zur typologischen Differenzierung darstellen.

Fast als klassisch kann man den ersten Oberschichtviertelstyp bezeichnen, charakterisiert durch das großzügig dimensionierte Einfamilienhaus (Villa, Bungalow oder Chalet) mit einer entsprechenden Garten- bzw. Zierrasenfläche. Derartige Viertel entstehen oft in einer gewissen Streulage vor der geschlossenen Siedlungsfront des Oberschichtsektors, d. h. im suburbanen Bereich, und tragen so zur zellenförmigen Gliederung am bzw. vor dem jeweiligen Stadtrand bei (Bähr/Mertins 1992 a, S. 68). Einen weiteren Ansatzpunkt für exklusive Villenviertel bilden Dörfer, Kleinstädte oder Klosteranlagen vor dem Großstadtrand, worauf Gormsen (1981, S. 92) am Beispiel von Mexiko-Stadt hingewiesen hat. Fast alle diese Viertel haben seit Mitte/Ende der 60er Jahre ihren „offenen" Charakter verloren: Die Grundstücke sind eingezäunt oder mit Mauern umgeben; Wachhäuschen von z. T. paramilitärischen Sicherheitsdiensten an Straßenecken oder auch direkt vor den Villen werden zu selbstverständlichen Elementen dieser Viertel und sind gleichzeitig Ausdruck der zunehmenden Unsicherheit.

Der zweite Typ ist eine Übergangsform und umfaßt die seit Ende der 70er/Anfang der 80er Jahre sich in baulicher Umgestaltung befindlichen Oberschichtviertel: An die Stelle der Einfamilienhäuser treten – meistens zwei ehemalige Villengrundstücke umfassend – Hoch- oder auch zwei- bis dreigeschossige Häuser mit Luxusapartments (*verticalización residencial*), z. B. in Santiago de Chile (Bähr/Riesco 1981, S. 37 ff.; Bähr/Mertins 1985, S. 227), Caracas (Pachner 1982, S. 276), São Paulo (Kohn Cordeiro 1989, S. 202), Bogotá, Buenos Aires etc. Die Häuser verfügen über Tiefgarage, Wasserreservetank, Notstromaggregat, oft auch über Fitneßräume und ähnliche Einrichtungen sowie über ständig besetzte Rezeptionen und in zunehmendem Maße über Videosysteme zur Überwachung. Apartmentgrößen von 200–300 m² kommen häufig vor; mehr als 500 m² (z. B. in Bogotá, Panamá-Stadt) gelten noch als Ausnahmen. Gleichzeitig setzt auch eine funktionale Umwidmung ein: Sowohl Einfamilienhäuser/Villen wie auch die Untergeschosse von mehrstöckigen Neubauten werden – vor allem an Durchgangsstraßen oder Kreuzungen – zu Standorten von Dienstleistungseinrichtungen, die auf den schichtenspezifischen Bedarf ausgerichtet sind (vgl. Kap. 6.3).

Bei der Entstehung, Ausweitung und Umformung derartiger Oberschichtviertel treten an die Stelle einzelner Bauherren seit den 60er Jahren vermehrt Immobilien- und/oder Grundstückserschließungsgesellschaften *(empresas/compañías urbanizadoras)*. Diese verfügen entweder selbst über die entsprechenden Flächen oder handeln im Auftrage von Grundeigentümern, parzellieren das für den Bau vorgesehene Areal *(fraccionamientos/urbanizaciones residenciales)*, statten es mit hochrangiger technischer Infrastruktur aus und verkaufen die Parzellen dann an die entsprechende Klientel, die nun ihre Häuser errichten läßt. Popp (1987) und Jones (1991) haben diesen Prozeß am Beispiel von Puebla/Mexiko detailliert beschrieben. Bei der Errichtung von Hochhäusern ist die *compañía urbanizadora* nicht nur Immobilienmakler, sondern auch Bauträger bis zur Übergabe der (gekauften) Apartments. Das rapide Wachstum der Oberschichtviertel hat spätestens seit den 60er Jahren zu einer Baulandbevorratungspolitik durch private Grundeigentümer und Immobiliengesellschaften geführt sowie – in Verbindung mit den gestiegenen Sicherheitsrisiken – den Trend zum mehrstöckigen Luxusapartmenthaus forciert. Dieser *processo de verticalização* (Santos 1993, S. 113) stellt heute ein charakteristisches Merkmal der Oberschicht-Suburbanisierung dar und ist – mit den genannten Sicherheitsvorkehrungen – Ausdruck einer sich verschärfenden Segregation.

Den dritten Oberschichtviertelstyp moderner Prägung bilden geschlossene Wohnanlagen *(conjuntos* oder *urbanizaciones, condominios cerrados)*, die meistens von einer Immobilien- und/oder Urbanisationsgesellschaft errichtet werden. Oft bestimmt und kontrolliert noch immer eine sehr kleine Elite den Boden- und Wohnungsmarkt, allerdings nicht nur für Oberschichtviertel. In Puebla/Mexiko gehörten 1987 nur 10 Familien 49 % des Bauerwartungslandes, 35 % der Parzellierungsobjekte und (in diesen) 63 % der Hausparzellen; für 26 Oberschichtfamilien lauteten die entsprechenden Werte: 68, 58 und 88 % (Jones 1991, S. 139).

Derartige Wohnanlagen bestehen entweder aus Hoch- bzw. zwei-/dreigeschossigen Häusern oder aus relativ uniformen Einfamilienhäusern (mit maximal zwei oder drei Größen- und Ausführungsstandards), seltener aus individuell gestalteten Villen, Chalets etc. Gepflegte Grünflächen sowie Spielanlagen für Kinder im Innenbereich gehören zur Ausstattung. Das entscheidende Kriterium ist aber die durch Zäune oder Mauern gegebene vollkommene Abschottung nach außen

mit einem oder zwei ständig bewachten Toren und z. T. auch im Innenbereich präsenten Wachpersonal. Für derartige Wohnanlagen, die
aus Sicherheitsgründen entstehen, wobei aber ebenfalls der Wunsch
nach ungestörtem, statusgemäßem Wohnen eine Rolle spielt, hat sich
in den Metropolen Brasiliens in jüngster Zeit der Begriff *bunqueriza-
ção* („Verbunkerung", d. h. totale Abschottung gegen alle als negativ
empfundenen Eingriffe und Einflüsse von außen) eingebürgert, die
fast vollständige räumlich-soziale Segregation pointiert charakterisie-
rend. Beispiele für derartige *condominios* gibt es in fast allen lateinamerikanischen Metropolen (vgl. u. a. Lemos 1990 a und Godfrey
1991 für São Paulo; Pachner 1982 für Caracas; Mertins 1987 c für
Montevideo; Gans 1990 für Buenos Aires).

Als exemplarisch für die privatwirtschaftlich gesteuerte Baulanderschließung, jedenfalls in den Großstädten Mexikos, kann – obgleich es
sich nicht um eine geschlossene Wohnanlage handelt – die von Popp
(1987) untersuchte Entwicklung des „höchstrangigen Siedlungsgebie-
tes" El Mirador in Puebla mit den personellen und kommerziellen
Verflechtungen zwischen Baulandeigentümern, Maklern, kreditgeben-
der Bank etc. gelten. Grundstücksverkäufe an bekannte Geschäftsleute,
engste Freunde und Verwandte garantierten gewissermaßen eine elitäre
Selektion, vor allem im inneren Bereich dieses Viertels. Der spätere
Verkauf der anderen Parzellen an Industrielle, Ärzte und Akademiker
komplettierte dann die sozialräumliche Segregation, wobei viele den
Grundstückskauf zunächst als inflationssichere Geldanlage auffassen
(Popp 1987, S. 335 ff.).

Der letzte Oberschichtviertelstyp wird ausschließlich durch seine
Lage an der Küste bestimmt: Die *beachfront residence* ist seit den
20er/30er Jahren zum Symbol des höchsten Wohn- und Lebensstan-
dards in den Küsten-Großstädten Lateinamerikas geworden. Vorbild,
zumindest für die Küstenstädte Brasiliens, war der jeweils modische
„beachfront style of apartment houses" von Rio de Janeiro (Godfrey
1991, S. 30). Gerade am Beispiel dieser Stadt hat Achilles (1989,
S. 203 ff.) die Ausbreitung und räumliche Verlagerung hochrangiger
Wohnviertel von Gloria/Flamengo (1920–60) über Copacabana
(1920–70), Leblon-Ipanema (ab 1960) nach São Conrado und Joá (ab
1970) nachgewiesen (vgl. Kap. 7.3). Dabei degradieren die älteren
Oberschichtviertel (Gloria/Flamengo, Copacabana) und werden zunehmend von der Mittelschicht okkupiert.

In Copacabana entstanden schon in den 40er Jahren die ersten 12-
bis 13geschossigen Luxusapartment-Hochhäuser, in Ipanema und
Leblon in den 50er/60er Jahren und verdrängten – aus Gründen der

höheren Bodenrendite – die vorher vorhandenen Villen der Ober-
bzw. die Einfamilienhäuser der oberen Mittel- und Mittelschicht. In
den absoluten Spitzenlagen von Ipanema und Leblon kosteten in der
zweiten Hälfte der 80er Jahre 650 m² große Luxusapartments in mittlerer Stockwerkhöhe 1,1 Mio. US-$, ein Penthouse etwa 3 Mio. US-$
(Achilles 1989, S. 228 f.). Von den bevorzugten Strandlagen zu den
landeinwärts folgenden Vierteln zeichnet sich deutlich eine sozialräumliche Abstufung ab. Vor allem entlang der verkehrsreichen
Hauptstraßen dominieren „Wohnburgen" mit sehr kleinen Apartments, die von aufstiegswilligen Haushalten der Mittel-, ja sogar der
unteren Mittelschicht (überteuert) gekauft werden.

Da derartige Strandviertel auch attraktive Ziele sowohl für den ausländischen Bade- als auch für den kurzfristigen Rundreisetourismus
darstellen, entsteht hier eine Massierung tourismusspezifischer Infrastruktur (Hotels, Gaststätten, Imbisse, Geschenk-, Andenkenläden,
Nachtbars). Unter Bezug auf die karibischen Hauptstädte, die vor
allem von US-amerikanischen Touristen aufgesucht werden, spricht
Potter (1993, S. 15) vom Prozeß der *miamization*, womit auf die später
erfolgte uniforme Ausrichtung dieser Viertel auf ein gewisses, vor
allem von Touristen geprägtes Konsumniveau hingewiesen werden
soll.

Insgesamt stellen die hochrangigen Wohnviertel in allen Küsten-
großstädten die deutlichste, vom Zentrum ausgehende Wachstums-
achse dar und bilden damit ein sehr dominantes Strukturelement.

6.5 Entstehung und Typen von Mittel- und Unterschichtvierteln

Im Gegensatz zu der reichhaltigen Literatur über Marginalviertel,
vor allem über die randstädtischen (Kap. 6.6, 6.7), und der schon geringeren Zahl von Untersuchungen über Oberschichtviertel (Kap. 6.4)
fehlen solche sowohl über Mittel- als auch über Unterschichtviertel.
Zwar werden derartige Wohnviertel in den „Modellen" ausgewiesen
(vgl. Bähr/Mertins 1981; Borsdorf 1982), sogar differenziert nach
Vierteln der Unter-, unteren Mittel-, Mittel- und oberen Mittelschicht, aber textliche Aussagen dazu sucht man fast vergebens. Gleiches gilt für die sozialräumlichen Gliederungen einiger Großstädte,
z. B. für Mexiko-Stadt (Buchhofer/Aguilar 1991), Guadalajara (Hei-
neberg/Schäfers 1989), Salvador/Bahia (Almeida Vasconcelos 1985),
Belo Horizonte (Carvalho 1989), Montevideo (Mertins 1987 c), La
Paz (Schoop 1980). Auch die Typisierung der Wohnviertel nach dem

durchschnittlichen Familieneinkommen/Monat für Mexiko-Stadt von
Ward (1990, S. 60) gliedert nur grob in *middle residential* und *popular*.
Lediglich Bähr (1978 a) und Bähr/Klückmann (1985) kommen aufgrund von faktoren- bzw. clusteranalytischen Untersuchungen in
Santiago de Chile und Lima zur genaueren flächenmäßigen Festlegung derartiger Viertel. Mittels derselben Methoden gelingt es Ruva-
calva/Schteingart (1985) sogar, die sozialräumliche Differenzierung
für die *área metropolitana* von Mexiko-Stadt über zwei Jahrzehnte
(1950–70) zu verfolgen und dabei vor allem die „Entwicklung" der
informell entstandenen Viertel unterer Einkommensschichten darzu-
stellen.

Fragt man nach den Gründen für die geringe Berücksichtigung dieser Wohngebiete, so kann es einmal daran liegen, daß sie nichts Spek-
takuläres aufzuweisen haben wie Marginal- oder Oberschichtviertel,
die Untersuchungen vieler Disziplinen gewissermaßen „anziehen".
Andererseits ist zu bedenken, daß im Vergleich mit Europa und
Nordamerika die mittleren Sozialschichten – mit Ausnahme von Argentinien, Chile und Uruguay – unterrepräsentiert sind, was besonders für die Großstädte der rückständigen Länder, wie Bolivien,
Paraguay und einige zentralamerikanische Kleinstaaten, gilt (vgl.
Kap. 5.3).

Ferner muß nachdrücklich darauf hingewiesen werden, daß der
Übergang zwischen Vierteln der unteren Mittel- und Unterschicht
fließend und eine genaue Unterscheidung bzw. Abgrenzung mangels
entsprechender Daten (z. B. für Faktorenanalysen) oder Kartierungen
sehr schwierig ist. Eine sozioökonomische Gliederung Bogotás
(1973), u. a. auf der Basis des durchschnittlichen monatlichen Haus-
haltseinkommens, zeigt die enge Verzahnung bzw. das *crowding* speziell von Wohnsiedlungen der Unter-, unteren Mittel- und Mittelschicht innerhalb derselben Stadtquartiere und -sektoren (Zaugg
1983). Weiterhin ist zu berücksichtigen, daß bei diesen Vierteln per-
manent ein nicht unerheblicher „Auf- und Abstieg" stattfindet. Gerade für alle informell entstehenden Marginalviertel ist ein überwiegend in Selbsthilfe durchgeführter baulicher und infrastruktureller
Konsolidierungsprozeß höchst signifikant (vgl. u. a. Mertins 1984,
S. 438 ff.; Bähr/Mertins 1992 a, S. 74; Gilbert 1994, S. 88 ff. sowie
Kap. 5.4, 6.7). Damit verbunden – und in jüngster Zeit begünstigt
durch den raschen wie umfangreichen Verdrängungsprozeß der Erstbewohner (vgl. Kap. 6.2, 6.7) – ist auch ein sozioökonomisches *upgrading* dieser Viertel, die nach ca. zehn Jahren heute als solche der
unteren Mittel-, z. T. sogar der Mittelschicht anzusprechen sind. Ne-

ben dem baulich-infrastrukturellen und sozioökonomischen *upgrading* tritt natürlich – wenn auch in geringerem Umfang – der *downgrading*-Prozeß von Mittelschichtvierteln auf. Dabei handelt es sich um das Vermieten (evtl. mit Unterteilungen) ehemaliger Mittelschichtwohnungen an Unterschichthaushalte, ein Prozeß, der bei Vernachlässigung von Bausubstanz und Infrastruktureinrichtungen oft zur Slumbildung führt (vgl. Kap. 6.4, 6.6) und vor allem auch in älteren Vierteln des „sozialen" Wohnungsbaus zu beobachten ist.

Vor dem Hintergrund dieser Vorbemerkungen können generell nach Siedlungsform und Lage fünf Typen von Mittelschichtvierteln unterschieden werden, die allerdings nicht mit gleicher Gewichtung in allen Großstädten Lateinamerikas auftreten.

Der erste Typ umfaßt die von der Oberschicht aufgegebenen, heute z. T. bereits cityferner liegenden Viertel (vgl. u. a. Bähr/Mertins 1981, S. 11 für Bogotá; Achilles 1989, S. 203 f. für Rio de Janeiro; Ward 1990, S. 60 f. für Mexiko-Stadt; Fernández de Castro 1989, S. 139 für Quito; Schoop 1980, S. 66 für La Paz). Es handelt sich um die klassische soziale Sukzession mit dem Bestreben der hier einziehenden Mittelschichthaushalte, Wohn- und Wohnumfeldsituation der Oberschicht zu kopieren und möglichst lange und statusdemonstrierend zu erhalten. In den citynahen Vierteln der oberen Mittel-/Mittelschicht erfolgt seit den 80er Jahren in immer stärkerem Maße ein Nutzungswandel, indem die Villen und Einfamilienhäuser zum Standort hochrangiger Dienstleistungsfunktionen werden oder abgerissen und durch Geschäfts- und Büro(hoch)häuser mit Wohnungen in den oberen Stockwerken ersetzt werden. Dadurch findet hier eine weitere Sukzession *hacia abajo* mit der Slumbildung als letzter Stufe nicht mehr statt (vgl. Kap. 6.3).

Der zweite Typ der Mittel-, zumindest der oberen Mittelschichtviertel weist eine enge Nachbarschaft zu den Oberschichtvierteln auf (Lemos 1990 a, S. 107). In Anlehnung bzw. räumlich parallel zu den immer weiter nach außen wachsenden Oberschichtsektoren entstehen Mittelschichtviertel unterschiedlicher Art. Meist handelt es sich um mehrstöckige Häuser mit Eigentumswohnungen. Diese werden von aufstiegswilligen Haushalten der Mittel-, ja sogar der unteren Mittelschicht oft überteuert gekauft (vgl. Kap. 6.4). Jedoch scheint die räumliche Mobilität hier geringer zu sein, als allgemein erwartet, was mit den Kaufraten für die Eigentumswohnung, den Kosten für die Kinderausbildung und vor allem dem nur langsam steigenden, oft stagnierenden Realeinkommen zusammenhängen mag. Jedenfalls hat Hubrich (1994) für 1950/60 entstandene Mittelschichtviertel im Chapinero-Bereich von Bogotá nachgewiesen, daß dort 1985 Ein- und Zweipersonenhaushalte, über 65jährige und weibliche Haushaltsvorstände überproportional vertreten sind, andererseits der Kinder-, besonders der Kleinkinderanteil sehr niedrig ist. Das weist insgesamt auf einen doch recht hohen Beharrungsfaktor hin, wobei es bei langer Wohndauer dann zu baulichen Degradationserscheinungen, gerade an der Fassade, kommen kann.

Wohnviertel der Mittel-, vor allem der unteren Mittelschicht – und damit der dritte Typ –, finden sich bevorzugt auch in den durch Industriekomplexe geprägten Großstadtsektoren, meistens in unmittelbarer Nachbarschaft zu Unterschichtvierteln. Von Buenos Aires, Montevideo, São Paulo und Rio de Janeiro abgesehen, wo derartige Viertel bereits kurz nach der Jahrhundertwende, dann ab den 20er Jahren vorkommen, entstehen sie in allen anderen lateinamerikanischen Großstädten in größerem Umfang erst seit den 50er Jahren, parallel zum Auf- und Ausbau der Industrie. Oft setzen sich derartige *poblaciones* aus Doppel- und Reihenhäusern zusammen, wobei sich die für die untere Mittelschicht und die für die Unterschicht nach Hausgröße und -qualität unterscheiden (Wilhelmy/Borsdorf 1984, S. 146).

In diese Kategorie lassen sich auch die z. T. bereits seit Ende der 30er Jahre bis in die 60er Jahre hinein von öffentlichen Wohnungsbauinstitutionen errichteten Siedlungen für staatliche und kommunale Bedienstete (mittlere Verwaltungsangestellte, Lehrer etc.) sowie für mittlere Angestellte von Banken oder größeren Firmen einordnen. Dabei handelt es sich sowohl um mehrstöckige Wohnhäuser mit Eigentumswohnungen als auch um Reiheneigentumshäuser; Beispiele sind u. a. aus Bogotá (Brücher/Mertins 1978, S. 66 ff.), Santiago de Chile (Bähr 1978 a, S. 50 f.), Montevideo (Mertins 1987 c, S. 78 ff.) oder Lima (Klückmann 1988, S. 164 ff.) beschrieben.

Ein weiterer, quantitativ recht umfangreicher Typ umfaßt sehr große Teile von Wohnvierteln, die vom Ansatz her nicht für Mittelschichthaushalte bestimmt waren bzw. von diesen nicht errichtet worden sind. Dazu zählen zum einen Viertel des sog. sozialen Wohnungsbaus *(vivienda de interés social, vivienda popular, vivienda económica)*; zum anderen ehemalige Viertel des Niedrigkostenwohnungsbaus *(low-cost housing)* in Form von einfachen, oft gegeneinander versetzten Einfamilienreihenhäusern, *sites and services-* oder *core housing-*Projekten (vgl. Kap. 6.8).

Seit Jahren ist bekannt, daß in Lateinamerika die Siedlungen des sozialen Wohnungsbaus überwiegend von Haushalten der unteren Mittel- und der Mittelschicht, z. T. sogar von noch einkommensstärkeren Schichten bewohnt werden. Das haben bereits Brücher/Mertins (1978, S. 70 ff.) für Bogotá eindeutig nachgewiesen. In Montevideo war von 1969–83 der hauptsächliche Teil der öffentlichen Kredite für den sozialen Wohnungsbau zur Schaffung von Wohneigentum für Haushalte der oberen Schichten bestimmt, d. h. für nur knapp 16 % aller Haushalte (Mertins 1987 c, S. 97). Für São Paulo berichtet Wehrhahn (1988, S. 229 ff.), daß mindestens 43/44 % der Wohnungsbesitzer in Vierteln des sozialen Wohnungsbaus *(conjuntos habitacionais)* über Familieneinkommen oberhalb der dafür zulässigen Grenze verfügen. Dabei handelt es sich um Haushalte, die bei der Bewerbung um eine solche Wohneinheit falsche Angaben über ihre Einkünfte gemacht haben, aber in zunehmendem Maße auch um solche, die die Wohnung von den Erstbesitzern übernahmen, meistens weil diese in finanzielle Schwierigkeiten gerieten. Eine derartige *ocupação irregular* ist zwar nicht erlaubt, wird aber von der Wohnungsbaugesellschaft toleriert, weil dadurch die Zahlung der noch ausstehenden Kaufraten sichergestellt werden kann. Beim staatlichen Wohnungsbauprogramm Subsidio Habitacional in Santiago de Chile, das zur Minderung des Wohnraumdefizits für untere Sozialschichten aufgelegt wurde, lag 1978–80 der „Anteil der Begünstigten mit einem höheren Einkommen weit über dem unterer Einkommensgruppen" (Nickel 1988, S. 244 ff.); und für Lima konstatiert Klückmann (1988, S. 164 f.), daß die „soziale Reichweite" bei den staatlichen Wohnungsbauprogrammen schon 1963–85 eine „allmähliche Hinwendung zu den Mittelschichtvierteln" erfuhr, d. h., in den Genuß der *conjuntos residenciales* und der *viviendas de interés social* kamen überwiegend Angehörige der gehobeneren Mittelschicht, entweder freiberuflich Tätige oder öffentliche Verwaltungsangestellte.

Ein ähnlicher Trend ist auch bei den z. T. mehrere tausend Wohneinheiten umfassenden Einfachhaus-Siedlungen in brasilianischen Großstädten zu beobachten. Sind sie einmal schon vom Kaufpreis eher auf untere Mittel-/Mittelschichthaushalte ausgerichtet, so verstärkt sich die Dominanz mittlerer Sozialschichten innerhalb von nur vier bis fünf Jahren nach Erstbezug – wie bei den *conjuntos habitacionais* – durch Hausbesitzwechsel erheblich (vgl. Maranhão 1982; Bähr/Mertins 1988 für Einfachhaus-Wohnsiedlungen in Groß-Recife). Zehn Jahre nach der Entstehung hatten in einer Siedlung sogar 41 % der Häuser ihren Besitzer gewechselt, wodurch hier die *middle class structure* erheblich gestärkt wurde (Bähr/Mertins 1991, S. 281).

Der letzte und flächenmäßig bei weitem größte Typ besteht aus den konsolidierten Hüttenvierteln, wobei gerade hier – wie einleitend hervorgehoben – die Unterscheidung zwischen Siedlungen der unteren Mittel- und der Unterschicht sehr schwierig ist. Den Prozeß der *urban consolidation* und deren seit den 70er Jahren wachsende Bedeutung für die Zunahme der Mittel- auf Kosten der Unterschichtviertel haben Schteingart (1988, S. 276) und Ward (1990, S. 62) am Beispiel von Mexiko-Stadt nachdrücklich herausgestellt. Ähnliches gilt für die *favelas* in allen brasilianischen Großstädten, die überhaupt nicht homogen sind und wo nach wenigen Jahren immer „untere Mittelschicht zu finden ist, wenn auch in der Minderheit" (Souza 1993, S. 221 f. für Rio de Janeiro). Verstärkt bzw. beschleunigt wird dieser Konsolidierungsprozeß durch ein sozioökonomisches *upgrading*, das weitaus häufiger auftritt als bislang allgemein angenommen. Der Hauptgrund dafür ist, daß sich dort – parallel zum Konsolidierungsprozeß – ein Bodenmarkt entwickelt, dessen Beginn und Intensität von Standort/Lage und Verkehrsanbindung des Viertels abhängen (vgl. Eckstein 1977, S. 61 für Mexiko-Stadt; Bonduki/Bonduki 1982, S. 143 für São Paulo; Moser 1982, S. 176 f. für Rio de Janeiro und Guayaquil; Gilbert/Ward 1985, S. 67 ff. für Mexiko-Stadt, Bogotá und Valencia).

Die informellen Besitzer verkaufen Parzellen mit den Hütten bzw. den bereits erstellten einfachen Häusern illegal an Dritte; sei es, daß eine persönliche Notsituation sie zum Verkauf zwingt, sei es, daß sie die Kosten, die mit der von der öffentlichen Hand durchgeführten infrastrukturellen Verbesserungen verbunden sind, nicht tragen können, sei es, daß sie als *professional squatters* oder *squatter speculants* Land besetzen oder kaufen, eine Wertsteigerung abwarten und dann das Grundstück mit Gewinn verkaufen (Engelhardt 1991, S. 192). Ersetzt werden die Abwanderer, wie es Engelhardt (1989) und Mertins/Thomae (1995) für *favelas* im Miolo-Bereich von Salvador/Bahia nachgewiesen haben, durch einkommensstärkere Haushalte, die finanziell in der Lage sind, in relativ kurzer Zeit an der Stelle der gekauften Hütte ein festes Haus zu erbauen oder das Haus qualitativ zu verbessern, also den Konsolidierungsprozeß des Viertels zu beschleunigen. Wenn nur drei Jahre nach Entstehung einer *favela* 80 % der Familien eine Parzelle (mit Hütte oder Haus) von den Erstbesitzern gekauft hatten (Engelhardt 1991, S. 188 f.), so dokumentiert das nicht nur eindrucksvoll die hohe Bevölkerungsfluktuation, sondern ebenso die rasche Verschiebung der Sozialstruktur „nach oben", hier in Richtung auf die untere Mittelschicht.

Dieser Prozeß verstärkt sich durch das infolge der Wirtschaftskrise der 80er Jahre akuter gewordene Phänomen der „Favelisierung" von großen Teilen der unteren Mittelschicht nicht nur in brasilianischen

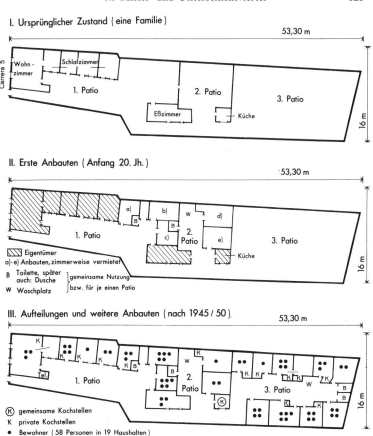

Abb. 25: Phasen der Hinterhofbebauung und Wohnverdichtung im innerstädtischen Unterschichtviertel Santa Bárbara/Bogotá (Quelle: Mertins 1984).

(Souza 1993, S.216ff.), sondern in allen lateinamerikanischen Metropolen. Viele Mittelschicht-Haushalte können bei stagnierenden oder sinkenden Realeinkommen die Mieten bzw. Ratenzahlungen für ihre Wohnungen in den bairros (des sozialen Wohnungsbaus) nicht mehr aufbringen. Die Folge ist ein „massiver Wohnungswechsel" in eine favela (Pfeiffer 1987, S.214), wobei die neuen favela-Bewohner dann jedoch zu einer schnelleren Konsolidierung dieser Viertel beitragen.

Unterschichtviertel finden sich – mit Ausnahme der in den Kapiteln

6.6–6.8 vorgestellten Typen – vor allem in direkter Nachbarschaft zu solchen der unteren Mittelschicht bzw. in Mischlage mit diesen (vgl. Abb. 18). Ferner stellen sie vielfach auch ein zeitlich nicht zu fixierendes Durchgangsstadium im „Modernisierungsprozeß" vom Hüttenviertel zu Wohnquartieren der unteren Mittel-/Mittelschicht dar, worauf bereits mehrfach hingewiesen wurde. Als besonderer Typ sind die sog. traditionellen Unterschichtviertel anzusprechen, die fast ausschließlich in der innerstädtischen Wohn-Geschäfts-Industrie-Mischzone liegen (vgl. Abb. 18). Die Bausubstanz stammt überwiegend aus der zweiten Hälfte des 19. Jh. und zeichnet sich durch ein Vorherrschen traditioneller Baumaterialien aus, vor allem von Lehmziegeln. Als Haustyp dominiert das ein- bis zweistöckige *patio*-Haus; oft sind noch ein bis zwei weitere Innenhöfe vorhanden. Entlang von Hauptstraßen konzentrieren sich kleine Läden, Restaurants, Handwerksbetriebe und Reparaturwerkstätten, wobei die Besitzer oft im selben Haus leben. Weite Bereiche dieser Viertel sind jedoch aufgrund der zimmerweisen Aufteilung der Wohnungen und der größtenteils nachträglich erstellten engen Hinterhofbauten, der gemeinsam genutzten sanitär-hygienischen Einrichtungen, Kochstellen etc. sowie vor allem der degradierten Bausubstanz zu Slums abgesunken (vgl. Kap. 6.6; Abb. 25). Sie werden zunehmend in Stadterneuerungsprogramme einbezogen, wobei hier eher die Flächensanierung mit totalem Abriß und Neubau vorherrscht, wie es Gormsen (1990) für einige Großstädte Lateinamerikas aufgezeigt hat.

6.6 Typen innerstädtischer Marginalviertel und Sanierungsmaßnahmen

Die im Modell vorgenommene Untergliederung der innerstädtischen Marginalviertel basiert auf ihrer unterschiedlichen Genese. Die drei ausgewiesenen Gruppen sind im einzelnen noch weiter zu differenzieren, weil es eine Vielzahl von lokalen Varianten gibt, die jeweils auch andere Bezeichnungen tragen. Eine erste Unterscheidungslinie ist zu ziehen zwischen den verschiedenen Typen von Hüttenvierteln, die nicht nur an der jeweiligen Peripherie entstehen, sondern unter bestimmten Bedingungen auch in zentrumsnaher Lage vorkommen, und jenen Wohnquartieren, die von Anfang an aus stabileren Materialien (meist Ziegelstein) errichtet worden sind, im Laufe der Zeit aber einen mehr oder weniger starken Degradierungsprozeß durchlaufen haben.

Im Falle der Hüttenviertel tritt der legale Typ praktisch nicht auf, weil genügend große Flächen für *sites and services*-Projekte fehlen, zu teuer sind oder sich für eine dauerhafte Bebauung nicht eignen (z. B. stark reliefiertes oder überschwemmungsgefährdetes Gelände). Die zuletzt genannten Areale werden aber gleichwohl vielfach von illegalen Hüttenvierteln eingenommen. Beispiele sind die *favelas* am Hang der *morros* von Rio de Janeiro, die *barriadas* an den zentrumsnahen *cerros* in Lima, die behelfsmäßigen Behausungen in den *barrancos* (Schluchten) von Guatemala-Stadt oder die *alagados* in der periodisch überfluteten Küstenzone von Salvador/Bahia. In solchen „Nischen" werden die Besetzer gewöhnlich geduldet, so daß sich teilweise trotz des schwierigen Baugrundes ein erstaunlicher Konsolidierungsprozeß vollzogen hat (z. B. Rio de Janeiro, Caracas). Ansonsten nehmen *squatter settlements* meist keine größeren Flächen ein, bzw. es treten nur punkthaft einzelne Hütten auf, weil die Gefahr einer gewaltsamen Vertreibung nahe der „Schauseite" der Stadt sehr viel größer als an der Peripherie ist.

Als Beispiel für eine radikale Beseitigung von Hüttensiedlungen aus jüngerer Zeit kann Buenos Aires gelten. Während der Militärherrschaft Ende der 70er/Anfang der 80er Jahre wurden die bestehenden Viertel dieser Art innerhalb der Capital Federal (vorwiegend im überschwemmungsgefährdeten Bereich entlang des Riachuelo) fast vollständig abgerissen und mehr als 200 000 Menschen größtenteils an die extreme Peripherie vertrieben (Pajoni 1983, S. 49 f.). Ebenso verfuhr man in Santo Domingo überall dort, wo die Hüttenquartiere das angestrebte „positive" Stadtbild beeinträchtigen würden (Sagawe 1992, S. 57). Auch in Rio de Janeiro hat es zu Beginn der Militärherrschaft entsprechende Versuche gegeben. Zwischen 1963 und 1975 waren vom Niederreißen von *favelas*, vor allem in Zentrumsnähe und in der privilegierten Südzone, über 130 000 Menschen betroffen (Souza 1993, S. 203 ff.). Längerfristig hatte diese Politik jedoch keinen Erfolg.

Verbreiteter sind zentrumsnahe Hüttenviertel, die entweder gar nicht oder nur zum Teil auf Landbesetzungen zurückgehen, bei denen sich vielmehr illegale und semilegale Formen mischen. Als Beispiel seien die punktförmig in einem breiten Gürtel um die Altstadt auftretenden *ciudades pérdidas* in Mexiko-Stadt genannt, in denen nach Angaben von Ward (1976 a, S. 340 ff.) Mitte der 70er Jahre ca. 110–120 000 Menschen (vorwiegend mit sehr geringem Einkommen) lebten. Dabei handelt es sich um einfache, sehr dicht stehende Bretterbuden, die der oberflächliche Betrachter kaum wahrnimmt, weil sie hinter hohen Mauern verborgen sind. In ihrer Mehrzahl liegen sie auf privatem Gelände, und die Hütten sind entweder vom Grundeigentümer unmittelbar zum Zwecke der Vermietung errichtet worden, oder sie stammen von den Bewohnern, und für das Kleinstgrundstück wird eine Art Miete bezahlt. Die große Nachfrage nach billigen Mietwohnungen bei schnell steigenden Landpreisen führte dazu, daß viele Eigentümer günstig gelegener, noch unbebauter Areale aus spekulativen Gründen eine solche nicht auf Dauer angelegte Nutzungsform bevorzugten, da sich auf diese Weise ohne größere Investitionen hohe Gewinne erzielen lassen und man das Grundstück jederzeit verkaufen oder anderweitig nutzen kann. Aufgrund der dichten Bebauung und der völlig unzureichenden sanitären Bedingungen ist von staatlicher Seite versucht worden, die *ciudades pérdidas* zu sanieren und die Bewohner umzusiedeln. Größere Auswirkungen hatten diese Bestrebungen aber nicht (Ward/Melligan 1985). Vergleichbar damit sind die *corralones* von Lima, die Kroß (1992, S. 121) als Ansammlung von kleinen, dürftigen Hütten beschreibt, die dicht und unregelmäßig auf einem eingefriedeten Gelände liegen und vorwiegend eine Zwischennutzung auf Bauerwartungsland darstellen, z. T. haben sie sich aus einfachsten Sklavenunterkünften entwickelt (Wilhelmy/Borsdorf 1985, S. 79). Kennzeichnend dafür sind extrem hohe Bevölkerungsdichten, die vielfach 50 000 Ew./km² übersteigen.

In vielen Städten der karibischen Inselwelt ist ebenfalls die Vermietung – und nicht der Verkauf – kleiner Grundstücke weit verbreitet, die dann anschließend mit einfachen Hütten bebaut werden (Clarke 1974, S. 227). Zum gleichen Typ zählen auch die *barriadas aéreas* von Lima (Kroß 1992, S. 93) und anderen Städten (vgl. Sagawe 1992, S. 53 für Santo Domingo), bei denen primitive Bretterverschläge auf den Flachdächern bestehender Gebäude vermietet werden. Ähnliche Dachauf- und -ausbauten *(azoteas)* gibt es auch in Havanna (Bähr/Mertins 1989, S. 10; Nickel 1989, S. 18).

Wesentlich bedeutsamer als die beschriebenen Typen der Hüttensiedlungen sind die beiden anderen im Schema ausgewiesenen Formen innerstädtischer Marginalviertel, die in Peru zusammenfassend als *tugurios*, in Mexiko als *vecindades* bezeichnet werden. Dabei ist eine weitere Unterteilung in *tugurios por proceso* und *tugurios por origen* sinnvoll (Padrón/Calderón 1984; Carillo 1993, S. 163). Im ersteren Fall handelt es sich um ehemalige Wohnviertel der Ober- und Mittelschicht, deren Unterteilung und Überbelegung zu einer starken baulichen Degradierung führte, im zweiten um ältere, z. T. schon aus dem vorigen Jahrhundert stammende Massenquartiere für Arbeiter, deren Entstehen auf Spekulation beruhte, so daß hohe Belegungsdichten

und unzureichende Infrastruktur von vornherein gegeben waren und
sich auch der bauliche Verfall bereits absehen ließ.

Der Verlust der Altstadt an Wohnwert (Cityausdehnung und
Hochhausüberbauung, Ansiedlung von Industriebetrieben, wachsen-
des Verkehrsaufkommen) hatte die Abwanderung oberer und z. T.
auch mittlerer Sozialschichten zur Folge. Für einzelne Städte
(z. B. Buenos Aires, Montevideo, Santiago de Chile) wird schon aus
der Zeit vor der Jahrhundertwende von ersten Verlagerungen berichtet (vgl. im einzelnen Kap. 6.4). Sofern die verlassenen Wohngebäude
nicht abgerissen oder einer anderen Funktion (Geschäfts- oder Büro-
nutzung) zugeführt wurden, sind sie im allgemeinen aufgeteilt und an
untere Einkommensgruppen vermietet worden. Da man in den Erhalt
der Bausubstanz kaum noch investierte, war eine bauliche Degradierung vorbestimmt. Mieterschutzbestimmungen haben diesen Prozeß
noch beschleunigt; so liegt die Wohnungsmiete als Folge des Decreto
de Congelación de Rentas (Einfrieren der Mieten) aus dem Jahre 1942
in weiten Teilen des historischen Zentrums von Mexiko-Stadt heute
weit unter 1 US-$ pro Monat (Revah Lacouture 1992, S. 91). Auch in
Lima, Montevideo, Buenos Aires oder Rio de Janeiro waren die Mieten zeitweilig „eingefroren" (vgl. Kap. 6.1). Investitionen können unter solchen Bedingungen naturgemäß nicht erwartet werden.

Zu den *tugurios por proceso* zählen zum einen ehemalige, z. T. sehr
prachtvolle Einfamilienhäuser der Oberschicht, aus denen eine Vielzahl von Ein- oder Zweizimmerunterkünften wurden, wobei die
Wohninfrastruktur teilweise gemeinsam genutzt wird. Meist werden
sie als *casas subdivididas* oder *casas decadentes*, in Brasilien als *casas
de cômodos* bezeichnet. Zum anderen fallen auch ältere, überwiegend
zweistöckige Mietshäuser mit seinerzeit repräsentativen Fassaden in
diese Gruppe, wie man sie in den Anfangsjahren unseres Jahrhunderts
bevorzugt für mittlere Sozialgruppen erbaute (z. B. die *solares* in
Peru, die *caserones* in Kolumbien).

Die Übernahme ehemals höherwertiger Wohnviertel durch sozial
niedrigere Bevölkerungsgruppen (Sukzession) reichte jedoch längst
nicht aus, um den wachsenden Wohnungsbedarf dieser Schichten zu
decken. Deshalb sind schon in der zweiten Hälfte des vorigen Jahrhunderts, aber auch noch bis in die 40er Jahre unseres Jahrhunderts
– parallel zur allmählichen Bebauung der hinteren Innenhöfe mit
meist eingeschossigen „Zimmerzeilen" sowohl in Ober- und Mittel-
als auch traditionellen Unterschichtvierteln (vgl. Mertins 1980,
S. 274 ff.) – spekulative Bauprojekte durchgeführt worden, wobei die
zur Verfügung stehende Fläche von vornherein durch dichte Bebau-

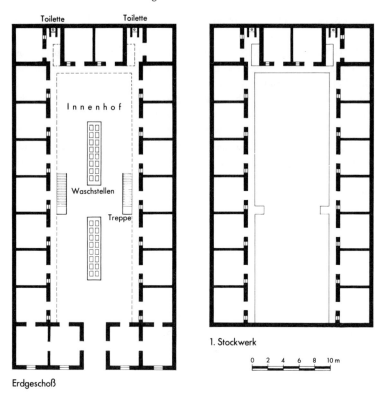

Erdgeschoß

Abb. 26: Grundriß des *conventillo* „Medio Mundo" in Montevideo 1885
(Quelle: Mertins 1987 c).

ung und hohe Belegung maximal genutzt wurde, so daß sich auch bei
vergleichsweise niedrigen Mieten noch ein hoher Ertrag errechnete.
Häufig erfolgte dabei die Bebauung entlang von schmalen, sackgas-
senähnlichen Gängen, oder die einfachen, nicht selten fensterlosen
Einzimmerwohnungen gruppierten sich um einen oder mehrere Höfe.
Typische Beispiele für diese Bauweise sind die *conventillos* (Klöster-
chen) in Buenos Aires, Montevideo und Santiago de Chile, die *callejones* von Lima, die älteren *vecindades* in Mexiko-Stadt und die *cortiços* in Rio de Janeiro und São Paulo. Abb. 26 zeigt einen der für
Montevideo typischen zweigeschossigen *conventillos* aus dem Jahre
1885, bei dem die Einzimmerwohnungen im Erdgeschoß über einen
Innenhof erreichbar sind und diejenigen im Obergeschoß den Zugang
von einem innen verlaufenden Rundgang haben. Die einzelnen, meist

überbelegten Zimmer sind nur 15–20 m² groß; es gibt nur wenige
Gemeinschaftstoiletten, Wasserzapf- und Kochstellen. Die *conventillos* waren deshalb sehr häufig Ausgangspunkt epidemischer Krankheiten bzw. trugen zu deren rascher Ausbreitung bei (Mertins 1987 c,
S. 54 ff.). Ganz ähnlichen Zwecken dienten auch einzeln stehende,
meist zweigeschossige Mietshäuser mit Ein- bis Zweizimmerunterkünften, die von der Straße aus bzw. im Obergeschoß von einem
umlaufenden Gang zugänglich sind (z. B. die *casas de vecindad* in
Panamá, die *vecindades (nuevas)* in Mexiko-Stadt oder die *quintas
decadentes* in Peru). Die in jüngerer Zeit entstandenen Mietskasernen
sind im allgemeinen mehrstöckig, teilweise werden auch ältere Bauten
auf primitive Weise aufgestockt, um zusätzlichen Raum zu gewinnen.
In solchen *tugurios modernos* sind die Wohnungen ebenfalls meist
winzig klein, die Belüftung und Beleuchtung ist schlecht (z. T. keine
Außenfenster), und die sanitären Einrichtungen reichen nicht aus.

Die beschriebenen innerstädtischen Marginalviertel hatten vor allem zu Beginn unseres Jahrhunderts und z. T. auch noch darüber hinaus eine erhebliche quantitative Bedeutung als Wohnquartiere für untere Sozialschichten. Namentlich gilt das für solche Metropolen, die
schon sehr früh gewachsen sind. So lebten 1892 in Buenos Aires 22 %
der Bevölkerung, überwiegend Neuimmigranten, in ca. 2000 *conventillos* mit fast 40 000 Zimmern vor allem in den hafennahen Distrikten
San Telmo und La Boca (Scobie 1974, S. 268; Gans 1990, S. 177), und
in Montevideo gab es 1908 mehr als 1100 *conventillos* mit über 13 000
Zimmern für ca. 34 000 Menschen, was gut 11 % der Stadtbevölkerung entsprach (Mertins 1987 c, S. 54 f.). In diesen Zahlen sind allerdings die sog. *conventillos adaptados*, d. h. ehemalige Ober- und Mit-
telschichthäuser mit meist zimmerweiser Vermietung, eingeschlossen.

Noch höhere Werte erreichte teilweise der Anteil der *conventillo*-
Bewohner in Santiago de Chile. Wilhelmy (1952, S. 197) und Wil-
helmy/Borsdorf (1984, S. 128) berichten, daß hier vor dem Ersten
Weltkrieg 1574 *conventillos* mit 27 000 Zellen für 75 000 Bewohner
bestanden und noch zu Beginn der 40er Jahre mehr als ¼ der haupt-
städtischen Bevölkerung (ca. 250 000 Personen) in ca. 3000 *conventillos* untergebracht waren. 1941, dem Jahr des 400. Geburtstages von
Santiago, wurde dann ein großes Sanierungsprogramm verkündet,
aber erst in den 60er und 70er Jahren ging die Zahl der *conventillo*-
Bewohner merklich von 300 000 auf weniger als 50 000 zurück (Borsdorf 1978, S. 53; Ramón 1990, S. 9). Nach einer Bestandsaufnahme aus
dem Jahre 1983 gibt es heute in den zentralen Stadtteilen noch ca.
1300 *conventillo*-ähnliche *viviendas colectivas* mit ca. 12 000 Zimmern

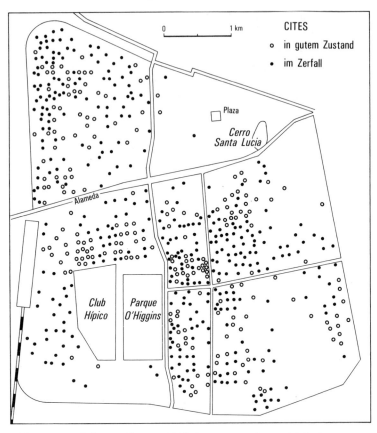

Abb. 27: Räumliche Verteilung und Erhaltungszustand von *cités* in der *comuna* Santiago (Quelle: Gross/Acosta 1992).

für 42 000 Bewohner, überwiegend sog. *cités* aus den ersten Jahrzehnten unseres Jahrhunderts (einfachste Bebauung, z. T. in *adobe*, von Blockinnenflächen mit nur schmalem Zugang von der Straße). Deren räumliche Anordnung zeigt eine deutliche Konzentration auf die citynahe Mischzone und daran angrenzende Wohngebiete (Abb. 27).

Eine große Bedeutung hatten Mietwohnungen in Form von *cortiços* und *casas de cômodos* auch in Rio de Janeiro. Es wird berichtet, daß 1890 ca. ¹/₄ aller Familien in insgesamt 1449 Wohnungen dieses Typs lebten (Füchtner 1991, S. 11 f.; Pfeiffer/Fessler Vaz 1993, S. 177). Teilweise fielen sie schon 1904 der Anlage der Avenida Central (heute Avenida Rio Branco) zum Opfer, als ungefähr 2000 Gebäude abge-

rissen und 20 000 Menschen obdachlos wurden. Ungefähr zur gleichen Zeit entstanden als eine Art Ersatz die ersten *favelas* (Achilles
1989, S. 113; Souza 1993, S. 190; Pfeiffer/Fessler Vaz 1993, S. 177).
   In einigen Städten haben außergewöhnliche Ereignisse diesen Verdrängungsprozeß stark beschleunigt. So verwüstete 1930 ein Wirbel-
sturm fast das gesamte Stadtgebiet von Santo Domingo. Der Diktator
Trujillo nutzte dies, um die Stadt nach seinen Vorstellungen umzuge-
stalten, wobei er viele alte Gebäude aus der Kolonialzeit durch moderne, mehrstöckige Bauten ersetzen ließ. Ein großer Teil der ehemaligen Bewohner wurde nördlich der Stadtgrenze angesiedelt oder auch
nur vertrieben (Sagawe 1992, S. 52). Ebenso hatte das Erdbeben von
1972 in Managua eine völlige Zerstörung der dichtbevölkerten innerstädtischen Massenquartiere zur Folge (Bähr 1980). Im Gegensatz zu
Managua hat man in Mexiko-Stadt nach dem Erdbeben von 1985,
durch das ca. 50 000 Wohnungen vor allem in den innerstädtischen
Distrikten beschädigt oder vollständig zerstört worden waren, den
Wiederaufbau an gleicher Stelle eingeleitet. Durch Enteignung aller
betroffenen Gebäude sollte eine Vertreibung der ursprünglichen Bewohner verhindert werden (Ebrard/Gamboa 1991; Carillo 1993,
S. 164). In Kingston (Jamaica) waren es nicht Naturkatastrophen, sondern der politische Terrorismus, der zwischen 1979 und 1982 zum
Exodus von mehr als 60 000 Personen aus den innerstädtischen Marginalvierteln führte (Eyre 1986).
   Weniger spektakuläre Bevölkerungsverschiebungen gehen auf Sa-
nierungsprojekte zurück, wobei meist kaum Rücksicht auf die ansässigen Bewohner genommen wird. Im Zuge der Cityausdehnung wurden seit den 50er Jahren weite Altstadtbereiche „saniert", d. h. die
überkommene Bausubstanz abgerissen und durch moderne Ge-
schäfts-/Büro(hoch)häuser ersetzt. Nur wenige Gebäude oder En-
sembles von kulturhistorischem Wert oder nationaler Bedeutung blieben erhalten. Die extremsten Beispiele für die fast totale bauliche Umgestaltung der Altstadt stellen sicherlich Caracas, Rio de Janeiro,
Santiago de Chile und São Paulo dar, wo jeweils nur einzelne Bauten
oder ein kleiner Bereich, z. B. in Caracas um die Plaza Bolívar, aus
dem 19. Jh. bestehenblieben (Gormsen/Klein/Wöll 1988; Gormsen
1990).
   Je mehr Altbausubstanz abgerissen wurde und je mehr historische
Stadtzentren verschwanden, desto eindringlicher erhoben sich – aus
unterschiedlichsten Interessenlagen – Stimmen, die eine Erhaltung der
Altstädte mit architekturhistorisch wertvollen, zumeist in ehemaligen
Oberschichtvierteln liegenden Gebäuden forderten. Jedoch vollzog

sich erst seit Ende der 60er Jahre eine grundlegende Einstellungsänderung und Rückbesinnung auf das kulturelle Erbe. Unterstützung erhielten diese Bestrebungen durch internationale Organisationen, vor allem durch die UNESCO, die entsprechende Altstädte, nicht nur in Lateinamerika, in ihre Cultural Heritage List aufnahm mit dem Ziel, den Erhalt der vom Verfall bedrohten Altstädte einzuleiten. Während es in vielen Fällen bei der Aufnahme in diese Liste blieb, sind in anderen Altstädten umfangreiche Bestandsaufnahmen erfolgt, die die Basis für Erneuerungsmaßnahmen bilden, z. B. in Puebla (Bühler 1990), Havanna (Nickel 1989) oder Santo Domingo (Sagawe 1992).

Die rechtlichen Grundlagen der Altstadterneuerung gehen z. T. auf bereits in der zweiten Hälfte des 19. Jh. erlassene Gesetze und Verordnungen zum Schutz historischer Denkmäler zurück *(monumentos históricos,* Objektschutz). Von Einzelfällen abgesehen (z. B. in Puerto Rico, Guatemala, Mexiko), wurden Gesetze zur Altstadterhaltung und -erneuerung jedoch überwiegend erst seit den 70er Jahren verabschiedet und parallel dazu Dekrete zum Schutz ganzer Altstädte (z. B. Mexiko-Stadt, Puebla, Quito, Havanna) oder einzelner Altstadtbereiche (z. B. Bogotá, Lima) erlassen (Flächen- bzw. Ensembleschutz). Dabei gilt insgesamt die Gesetzgebung Mexikos, auch im internationalen Vergleich, als vorbildlich und richtungsweisend (Gormsen 1990, S. 337).

Leider muß eine z. T. erhebliche Diskrepanz zwischen den legislativen Grundlagen auf der einen Seite und der administrativ-planungsmäßigen Bearbeitung, den Finanzierungsmöglichkeiten (u. a. verbilligte Kredite) sowie vor allem den tatsächlich erfolgten Erneuerungsmaßnahmen auf der anderen Seite konstatiert werden. Auf die „Interessenkonflikte bei der Stadterneuerung lateinamerikanischer Kolonialstädte" hat Gormsen (1986) deutlich hingewiesen: Da die unter Schutz gestellten Gebäude sich meistens in Privateigentum, überwiegend der Oberschicht, befinden und diese vor allem an einer Wertsteigerung ihrer im Zentrum gelegenen Objekte interessiert ist, folgt daraus fast immer die Kollision „Erhaltung/Erneuerung" versus „optimale, gewinnmaximierende Nutzung". So hat die Gebäude-/Grundstücksumwidmung zu gehobenen Büro-/Geschäfts- oder Tourismuszwecken oft deutlich Priorität vor der kostenaufwendigen, an Denkmalschutzauflagen gebundenen Gebäudesanierung/-erhaltung. Vielfach läßt man architekturhistorisch wertvolle Gebäude bewußt verfallen und führt selbst die notwendigen Mindestreparaturen nicht durch (vgl. z. B. Thomae 1988 für Salvador/Bahia), um sie zu *fincas ruinosas* erklären zu können: Das erlaubt die Kündigung bzw. Räumung von dort noch „hausenden" Personen und den anschließenden Abriß des Gebäudes (vgl. Gormsen 1970, S. 341 für Lima oder Gans 1987 a, S. 135 ff. für Montevideo). Gelegentlich unterbleibt aus spekulativen Gründen auch zunächst eine Neubebauung, und man nutzt die Flächen vorübergehend als Parkplätze, so in den Altstädten von Lima (Kroß 1992, S. 92) oder Montevideo (Gans 1987 a, S. 136).

Die Sanierungs- bzw. Erneuerungspolitik differiert nicht nur zwischen den lateinamerikanischen Staaten, sondern sogar innerhalb einzelner Länder (Gormsen 1990, S. 340). Generell kann fachlich zwischen Erhaltung *(conservación)* und Wiederherstellung *(restauración)* der Bausubstanz unterschieden werden sowie räumlich/flächenmäßig zwischen Objekt-, Ensemble- und Viertelerhaltung bzw. -wiederherstellung. Beide Maßnahmen sollen das Ziel einer „funktionalen und sozialen Instandsetzung" *(rehabilitación)* verfolgen, verbunden mit einer Stärkung der traditionellen Bevölkerungsmischstruktur (Gormsen/Klein/Wöll 1988, S. 55). Jedoch bleiben soziale Aspekte bei den Erhaltungs-/Wiederherstellungsmaßnahmen in der Regel weitgehend unberücksichtigt, d. h., den dort wohnenden Unterschichthaushalten wird gekündigt oder sie werden gegen Zahlung einer Abfindung zum unmittelbaren Auszug veranlaßt (vgl. Figuero/Larrain 1989 für Santiago; Klak 1992 für Guayaquil). Bei illegalen Hausbesetzungen kann auch die Räumung durch Polizei oder Militär erfolgen. Daß Haushalte nach der Renovierung wieder in ihre alten Wohnungen zurückkehren können, ist nur aus Havanna bekannt (Menéndez/Royo 1987).

Es dominiert ganz eindeutig die objekt-, z. T. auch die ensemblebezogene Wiederherstellung und Erhaltung, die aus den verschiedensten Gründen öffentlich finanziert oder stark bezuschußt wird. Das gilt für die bis 1989/90 äußerst aufwendig originalgetreu durchgeführte Wiederherstellung/Erhaltung historisch wichtiger Gebäude in der Altstadt Havannas überwiegend zu musealen und Tourismuszwecken (Nickel 1989) wie auch für die ensemblehaften Maßnahmen in Santo Domingo, die vor allem aus Anlaß der Feiern zum *quinto centenario* (1492–1992) forciert wurden (Sagawe 1992; vgl. Abb. 28). Zur funktionalen Aufwertung dieser Altstadtstraßen und -plätze, z. T. auch ganzer Viertel sollen neu entstehende, meistens boutiquenähnliche Geschäfte für den höheren Bedarf (Tourismus) beitragen, ferner Souvenirläden, Restaurants, Cafés etc. Ebenfalls der Attraktivitätssteigerung dient die Anlage von verkehrsberuhigten und/oder Fußgängerstraßen, seltener -zonen, z. B. in Santo Domingo, Bogotá, Recife,

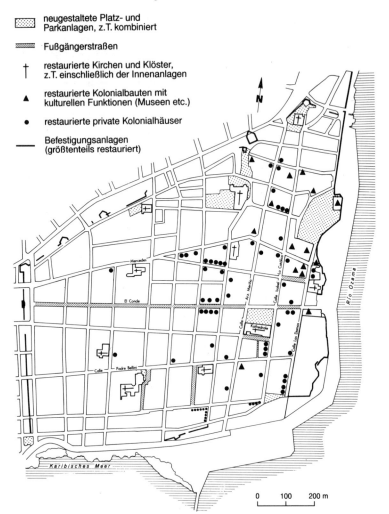

neugestaltete Platz- und
Parkanlagen, z.T. kombiniert

Fußgängerstraßen

† restaurierte Kirchen und Klöster,
z.T. einschließlich der Innenanlagen

▲ restaurierte Kolonialbauten mit
kulturellen Funktionen (Museen etc.)

● restaurierte private Kolonialhäuser

— Befestigungsanlagen
(größtenteils restauriert)

Abb. 28: Altstadterneuerung in Santo Domingo (Quelle: eigener Entwurf nach
Unterlagen der Oficina de Patrimonio Cultural und der Comisión de Monumentos, Sagawe 1992, eigenen Kartierungen 16./17. 8. 1993).

Salvador oder Quito. Die Erhaltung/Wiederherstellung ganzer Stadt-
teile ist noch seltener, da hierfür neben den gesetzlichen Grundlagen
auch ein umfassendes Finanzierungs- und Implementierungskonzept
vorhanden und konsequent durchgeführt werden muß. Beispiele

bieten der Barrio La Candelaria, östlich des Zentrums von Bogotá (Gormsen 1990, S. 340), in Ansätzen auch die Altstadt von Montevideo (Gans 1987a, S. 156 ff.).

Das wohl größte Sanierungsvorhaben fand 1993/94 im Maciel-Pelourinho-Viertel in der Altstadt von Salvador/Bahia statt, vormals einer der ausgedehntesten Slums in lateinamerikanischen Metropolen (Thomae 1988). Die straff organisierten, durchgreifenden Maßnahmen betrafen sämtliche Gebäude (z.T. auch Abriß oder Entkernungen). Kulturhistorisch-denkmalspflegerische Belange sind dabei allerdings nur wenig berücksichtigt worden, Hauptziel war die Schaffung eines „Kultur- und Tourismuszentrums" (Fernandes/Filgueiras Gomes 1993). Dementsprechend sind 60% der Geschoßflächen für Restaurants, Cafés, Boutiquen und andere Läden bestimmt und nur 40% für Wohnzwecke. Die meisten der ehemaligen Bewohner verließen das Viertel gegen eine Abfindung von 500 US-$/Haushalt.

Ein völlig anderes Sanierungskonzept verfolgte man hingegen in der Altstadt von Havanna, wo Ende der 80er Jahre 30–50% der Gebäude stark degradiert oder gar einsturzgefährdet waren und die Bevölkerungsdichte aufgrund einer sehr weitreichenden Aufteilung ehemals größerer Wohnungen (z.T. Einziehen von Zwischendecken in den relativ hohen Altbauten) extrem hohe Werte erreicht hatte (Nikkel 1989). Zwar sollten umweltbelastende Produktions- und Werkstätten umgesiedelt, die Bevölkerungsdichte jedoch erhalten werden, um eine Verdrängung der Bewohner zu vermeiden. Aufgrund der wirtschaftlichen Schwierigkeiten Kubas sind bislang aber nur einige wenige Projekte durchgeführt worden, so daß der größte Teil von La Habana Vieja mehr denn je vom Verfall bedroht ist.

Konzepte, die sich an den Wünschen und Bedürfnissen der Bewohner orientieren, sind nicht nur aus Kostengründen schwer zu realisieren, sondern auch deshalb, weil jede Verbesserung der Wohnsituation mit einer „Entdichtung" einhergehen muß. Um Ersatzwohnungen in ähnlich günstiger Lage zu schaffen, wie es die meisten sozial orientierten Vorschläge fordern (vgl. z.B. Necochea/Icaza 1990 für Santiago), müßten ausreichende Flächen vorzugsweise aus staatlichem oder kommunalem Grundbesitz bereitgestellt werden. Diese sind jedoch entweder überhaupt nicht vorhanden oder zu „wertvoll", so daß in der Regel auf Umsiedlungen an den Stadtrand ausgewichen wird. Als Beispiel kann das vielfach beschriebene Sanierungskonzept für den „Arbeitersilo" El Porvenir in Lima gelten (vgl. Padrón/Calderón 1984; Bähr/Klückmann 1985). Dieser *callejón vertical* aus 16 viergeschossigen Wohnblocks mit jeweils mehr als 50 Zimmern pro Stockwerk war erst in den 40er Jahren unter Umgehung vieler schon damals bestehender Bauvorschriften errichtet und 1960 auf primitivste Weise aufgestockt worden. In den 3131 Wohneinheiten (davon $^1/_3 < 25$ m^2) lebten in den 70er Jahren mehr als 15 000 Menschen. Im Rahmen einer vom Staat getragenen modellhaften Sanierung sollten durch Zusammenlegung mehrerer Einzimmerwohnungen größere Wohneinheiten geschaffen und damit auch die Überbeanspruchung der Infrastruktur abgebaut werden. Das bedeutete jedoch die Umsiedlung von ca. der Hälfte der Bewohner. Ihnen wurde vorwiegend im 15 km entfernten Villa El Salvador ein Grundstück als Ersatz angeboten. Diese Pläne stießen sehr bald auf erbitterten Widerstand. Die Bewohner befürchteten, nach der Renovierung die gestiegenen Mieten und andere Kosten nicht mehr aufbringen zu können bzw. bei einer Umsiedlung an die Peripherie ihre traditionellen Arbeitsbeziehungen zum Stadtzentrum zu verlieren. Das Projekt ist deshalb nach dem Umbau von 3 der 16 Blöcke abgebrochen worden. Die peruanische Regierung konzentrierte sich in der Folgezeit ganz auf *self-help housing*-Programme und einen Ausbau der Infrastruktur in bestehenden *barriadas*. Deshalb gibt es in Lima auch heute noch einen mehr oder weniger geschlossenen *tugurio*-Gürtel um die altstädtische City sowie weitere *tugurios* im alten Zentrum von Callao, zwischen Callao und Miraflores sowie entlang der Panamericana Sur, wobei es sich überwiegend um *callejones* handelt (vgl. Abb. 32).

Aber auch in Städten, in denen anders als in Lima keine geschlossene Zone innerstädtischer Marginalviertel (mehr) besteht und diese eher inselartig in die „Mischzone" am Rande der City oder andere Wohnviertel eingelagert sind, ist die Nachfrage nach günstig gelegenem, billigem Wohnraum nach wie vor groß. Teilweise wird der Bedarf durch neue Wohnformen gedeckt. So können in Mexiko-Stadt die schon erwähnten *ciudades pérdidas* als eine Art Ersatz für die der Cityerweiterung zum Opfer gefallenen *vecindades* gelten. In Buenos Aires sind vielfach einfache Hotels und Pensionen an die Stelle der *conventillos* getreten. Dabei handelt es sich einerseits um aufgeteilte ehemalige Wohnhäuser, andererseits um Neubauten zu *conventillo*-ähnlicher Nutzung. Die Lebensbedingungen (Belegungsdichte, mangelhafte Infrastruktur) sind hier oft ähnlich prekär wie beim „klassischen" Typ; als weitere Nachteile kommen der völlig fehlende Mieterschutz und die tägliche Kündigungsmöglichkeit hinzu, weil die Bewohner als „Reisende" gelten. Die entsprechende Gesetzesänderung aus dem Jahre 1959 hatte daher einen sprunghaften Anstieg dieser Art von Hotels und Pensionen zur Folge. Erst seit 1973 erfolgt wieder eine stärkere Kontrolle (Cuenya 1988, S. 61 ff.). Trotzdem lebten auch in den 80er Jahren noch mehr als 100 000 Menschen unter diesen Bedingungen. In Montevideo, wo aufgrund der ökonomischen Krise in den 70er Jahren viele Altstadt-Gebäude leerstanden, ist es in größerem Umfang zu Hausbesetzungen gekommen (Gans 1988). Die Wohnverhältnisse sind in diesen Fällen besonders miserabel, denn Küche und Bad sowie Wasser- und Lichtanschluß fehlen zumeist. Der einzige Vorteil besteht in der günstigen Lage, nicht zuletzt zu den Arbeitsplätzen im informellen Sektor.

6.7 Typen randstädtischer Marginalviertel

Randstädtische Marginalviertel sind durch ihre Lage und Genese sowie (in der Anfangsphase) durch ihre bausubstantiell-infrastrukturelle Ausstattung und die sozioökonomische Situation ihrer Bewohner charakterisiert. Wegen ihres für die meisten Betrachter, vor allem aus der sog. Ersten Welt, ebenso abschreckenden wie als exotisch empfundenen Äußeren gelten sie oft noch – pauschalierend-generalisierend – als das illustrative Sinnbild nicht nur des Wohnelends, sondern auch insgesamt der marginalen Situation eines sehr hohen Anteils der Großstadtbevölkerung: „Housing is a highly visible dimension of poverty" (Gilbert/Gugler 1992, S. 114). Erst seit den 70er Jahren haben Untersuchungen aus verschiedenen Disziplinen zu wesentlichen Differenzierungen und Präzisierungen hinsichtlich Genese, struktureller sowie sozioökonomischer Prozesse dieser Viertel geführt (vgl. Kap. 6.2).

„Marginal" ist zunächst einmal im räumlichen Sinne zu verstehen, d. h. von der Lage dieser Viertel am Stadtrand oder (z. T. weit) davor als zellenförmige Siedlungselemente im suburbanen Raum (Bähr/Mertins 1981, S. 25; 1992 a, S. 66 f.). Seit den 60er Jahren bestimmen sie das rapide, oft unkontrollierte Flächenwachstum der Großstädte oder sind sogar, wie es Kroß (1992, S. 206) für die *barriadas* von Lima formulierte, „zum dominanten Träger der Stadtentwicklung geworden".

„Marginal" bezeichnet dann die zunächst mangelhafte, sich nicht überall in gleichem Rhythmus verbessernde Bausubstanz: behelfsmäßige Behausungen/Hütten aus einfachen Baumaterialien (Holz-Bambus-Lehm-Bauweise), häufig auch nur aus Matten, Holz-, Blech-, Karton- und Plastikresten. Gleiches gilt für die technische und soziale Infrastruktur: Straßen, Ver- und Entsorgung (Elektrizität, Wasser,

Abwasser, Müll; vgl. Kap. 5.4), für Schulen, medizinisch-hygienische Einrichtungen etc. (Mertins 1984, S. 434 f.).

„Marginal" bezieht sich aber auch auf die ökonomische Situation der Bewohner: Ein großer Teil der Erwerbspersonen (und Kinder) ist im informellen Sektor tätig, was eine recht geringe Partizipation am Wirtschaftswachstum einschließt und auf einen hohen Anteil von in Armut lebender Bevölkerung hinweist (vgl. Kap. 5.3). Darüber hinaus ist der Begriff „marginal" ein Kennzeichen für Unterprivilegierung, allzu häufig auch für Diskriminierung im gesellschaftlichen und soziokulturellen Bereich.

„Marginal" sollte aber nicht ausschließlich zur Charakterisierung eines Zustandes dienen, sondern es muß betont werden, daß in allen randstädtischen Marginalvierteln zu den verschiedensten Zeitpunkten und mit unterschiedlicher Intensität „Modernisierungsprozesse" auf allen Gebieten einsetzen. In diese Richtung weist die hohe Beteiligung von *consolidators* (im Turnerschen Sinne) an der Entstehung dieser Marginalviertel mit der relativ schnell beginnenden sukzessiven Verbesserung des Wohnstandards (vgl. Kap. 6.2) oder die sicherlich bis in die frühen 80er Jahre zutreffende Bezeichnung der randstädtischen Marginalviertel als *slums of hope* (Stokes 1962), wobei der Weg der Hüttenviertel „von der Marginalität zur Urbanität" ein langer, mühsamer, oft diskontinuierlich verlaufender Entwicklungsprozeß ist (Pachner 1982).

Die im Modell vorgenommene Untergliederung der randstädtischen Marginalviertel geht von ihrer unterschiedlichen Genese und der damit jeweils untrennbar verbundenen boden-/besitzrechtlichen Situation aus (vgl. Abb. 18; auch: Schütz 1987, S. 94). Die drei Typen (illegal, semilegal, legal) können generell und typspezifisch nach Lage und Konsolidierungsgrad noch weiter differenziert werden. Physiognomisch, d. h. nach Bausubstanz und infrastruktureller (Nicht-)Ausstattung, unterscheiden sich alle diese Viertel in der Anfangsphase kaum. Das war wohl auch der Hauptgrund für die erst relativ spät, nämlich Anfang der 70er Jahre, erfolgte wissenschaftliche „Separierung" in die illegalen und semilegalen randstädtischen Marginalviertel (Brücher/Mertins 1978, S. 44). Vor allem am Beispiel der *barrios piratas (pirate settlements)* von Bogotá, in denen 1972 auf 31 % der Stadtfläche fast 54 % der Hauptstadtbevölkerung wohnten, wurde der Unterschied immer wieder deutlich gemacht (vgl. u. a. Vernez 1973; Brücher/Mertins 1978; Mertins 1980; Gilbert 1981). Allerdings werden auch in der wissenschaftlichen Literatur die randstädtischen Marginalviertel fälschlicherweise manchmal pauschal noch als *squatter set-*

tlements, shantytowns oder sogar als *slums* bezeichnet, so z. B. Ward (1976 a, S. 332 ff.), Griffin/Ford (1983, S. 218), Zaugg (1983, S. 93, 140 f.) oder Portes/Johns (1986, S. 382).

Für die illegalen und semilegalen Viertel wird hier als Oberbegriff „informelle randstädtische Marginalviertel" verwandt, da beide viele Kriterien informeller Tätigkeiten gemeinsam haben:

– Die Umwidmung vorher z. T. agrarisch oder auch gar nicht genutzter Bereiche in Siedlungsflächen und deren Parzellierung erfolgt ohne eine Genehmigung. Allerdings wird bei der vom jeweiligen Landeigentümer bzw. Makler geplanten Anlage semilegaler Wohnviertel immer die weitgehende Respektierung offizieller Flächennutzungsabsichten betont (vgl. u. a. Brücher/Mertins 1978, S. 54), so daß es hier kaum zu Konflikten mit den städtischen Behörden kommt.

– Der Hütten- bzw. Hausbau und die spätere Konsolidierung (einschließlich An-, Umbauten, Aufstockungen) geschieht ohne Baugenehmigung und ohne Beachtung der Baunormen.

– Die Anlage der zunächst noch sehr rudimentär-primitiven technischen Infrastruktur ist ebenfalls informeller Natur: Strom-, oft auch Wasserleitungen werden „angezapft"; eine geordnete Abwasser- und Müllentsorgung gibt es nicht (vgl. Kap. 5.4, 5.5).

– Alle baulichen Tätigkeiten geschehen zunächst in Selbsthilfe. Vor dem Hintergrund fehlender bzw. völlig unzureichender öffentlicher Maßnahmen stellt diese „Alternative für die städtischen Armen" die Norm dar (Portes/Johns 1986, S. 121). Erst in einem fortgeschritteneren Konsolidierungsstadium und/oder nach Besitzerwechsel werden für weitere Verbesserungen Arbeiter bzw. Kleinbetriebe (informell) kontraktiert.

Der gravierende Unterschied zwischen den beiden Typen liegt in der Landnahme und in der De-facto-Besitzstruktur. Illegale Hüttenviertel *(squatter settlements)* entstehen durch Besetzung öffentlicher oder privater Ländereien und dem gleichzeitigen Bau einfachster Hütten, um den Besitzanspruch zu demonstrieren. Es sind dies die *favelas* in Brasilien, *villas miseria* in Argentinien, *ranchos* in Venezuela, *barrios de invasión* in Kolumbien, *barriadas* in Peru, *callampas* in Chile, *colonias paracaidistas* in Mexiko usw. Bei den als semilegal bezeichneten Marginalvierteln wird eine bestimmte Fläche entweder vom Eigentümer selbst oder durch einen von ihm beauftragten Makler/Promoter parzelliert, und die Grundstücke werden dann verkauft. Vielfach kommt es aber auch zu illegalen Landaufteilungen und -verkäufen durch sog. *fraccionadores*, besonders von Flächen, die sich in Gemeineigentum *(ejido)* befinden, z. B. in der Agglomeration von Mexiko-Stadt, und die nachträglich legalisiert werden müssen (Buchhofer 1982, S. 9). Die lokalen Bezeichnungen spiegeln die nicht genehmigten Parzellierungen deutlich wider: *fraccionamientos clandestinos* (Mexiko-Stadt), *urbanizaciones clandestinas* (Quito), *loteos ilegales* (Buenos Aires), *loteamentos clandestinos* (São Paulo), *fraccionamientos piratas* (Guayaquil), weniger die *barrios piratas* von Bogotá.

Oft unterläßt der Verkäufer – auch nach der (ratenweisen) Bezahlung des Kaufpreises – die Übertragung der Eigentumsrechte im Grundbuch. Das gilt erst recht für spätere weitere Unterteilungen. Die Käufer fühlen sich jedoch als legale Eigentümer, können auch die Ratenquittungen vorweisen, sind aber – bis zu einer endgültigen Legalisierung durch die betreffende Gemeinde – nur De-facto-Eigentümer. Allerdings ist die Rechtssicherheit weitaus größer („quasi-legal": Schütz 1987, S. 94) als in den illegalen Hüttenvierteln, so daß Investitionen in die Konsolidierung der Hütten/Häuser eher erfolgen, was auch durch die normalerweise etwas bessere ökonomische Situation der Besitzer erleichtert wird (Bähr/Mertins 1981, S. 25 ff.).

Gegenüber der hier erfolgten Hervorhebung des unterschiedlichen Rechtsstatus bei den randstädtischen Hüttenvierteln und den sich daraus ergebenden Konsequenzen für das Einsetzen wie für die Intensität des Konsolidierungsprozesses spielt für Gilbert (1994, S. 80 ff.) bei allen diesen Vierteln der *self-help housing*-Aspekt die dominante Rolle: In Selbsthilfe lösen die betreffenden Unterschichthaushalte, oft über 50 % der jeweiligen Großstadtbevölkerung ausmachend, ihre Wohnraumversorgung selbst und ausgesprochen kostengünstig für die öffentliche Hand. Die lateinamerikanischen Staaten tolerieren seit Mitte der 70er Jahre in einer ausgesprochenen Laisser-faire-Haltung/-Politik (Mertins 1987 a, S. 169) nicht nur weitgehend die informellen Hüttenviertel, sondern stimulieren ihre Entstehung und Weiterentwicklung noch durch die allmähliche Versorgung mit technischer und sozialer Infrastruktur. Wenn Kroß (1992, S. 149) berichtet, daß in den 70er Jahren unter „maßgeblicher staatlicher Beteiligung" südlich Limas und weit entfernt vom damaligen Stadtrand „riesige Bauflächen für *barriadas* reserviert" wurden und Bähr/Klückmann (1984) im gleichen Zusammenhang von „staatlich geplanten *barriadas*" sprechen (eigentlich ein Widerspruch: staatlich geplante illegale Hüttenviertel!), so ist das nicht nur ein wichtiges Indiz für die Tolerierung, sondern gerade auch für die Flächennutzungspolitik der öffentlichen Hand im Hinblick auf randstädtische Marginalsiedlungen, wobei hier der Übergang zwischen illegalen und legalen Hüttenvierteln fließend ist.

Es bleibt jedoch die Frage, warum illegale und semilegale randstädtische Hüttenviertel in den lateinamerikanischen Großstädten von so unterschiedlicher flächen- und damit auch bevölkerungsmäßiger Bedeutung sind. Als Hauptgründe müssen die topographische und physiogeographische Situation, die Bodeneigentumsfrage und die (tolerierende) Stellung der öffentlichen Hand gegenüber nicht genehmigten Parzellierungen genannt werden. Illegale Hüttenviertel entstehen flächenmäßig dominant dort, wo sich das zu besetzende Gelände in öffentlichem Eigentum befindet und/oder relativ wertlos ist, z. B. auf wüsten- bis halbwüstenartigen Flächen (Lima, Santiago de Chile), an steilen, schwierig zu erschließenden und zu bebauenden Hügeln bzw. Hängen (Rio de Janeiro, Recife, Caracas), an tief eingeschnittenen Erosionsschluchten (Guatemala-Stadt) oder auf überschwemmungsgefährdetem bzw. im Tideeinzugsbereich liegenden Gelände (Rio de Janeiro, Recife, Salvador/Bahia, Guayaquil). Eine wichtige Rolle spielt auch das Vorhandensein von *ejido*-Land (Allmende), z. B. in Cali, vor allem aber in mexikanischen Großstädten.

Erste *favelas* sind in Rio de Janeiro ab 1895 belegt (Achilles 1989, S. 113; Füchtner 1991, S. 12), frühe *barriadas* in Lima seit den 30er Jahren (Kroß 1992, S. 121 ff.) und randstädtische *villas miseria clásicas* seit den frühen 40er Jahren in Buenos Aires (Torres 1993, S. 309). Von Rio de Janeiro abgesehen, erfolgte das enorme Wachstum der *squatter settlements* erst parallel zur massiven Land-Stadt-Wanderung unterer Bevölkerungsschichten seit Ende der 40er/Anfang der 50er Jahre (vgl. Kap. 4.4).

Zwar entstehen und wachsen illegale Hüttenviertel auch durch spontan-sukzessiven Zuzug, größtenteils gehen sie jedoch auf geplante Landbesetzungen zurück. So urteilt Riofrío (1991, S. 28 f.) für Lima ganz eindeutig: „Die *barriadas* entstehen nicht spontan", und die größten (z. B. Villa El Salvador) sind sogar im Ursprung das Ergebnis staatlicher Umsiedlungsaktionen, aber zweifellos dann doch durch illegale Zuwanderung enorm gewachsen.

Landbesetzungen sind oft von gewalttätigen Auseinandersetzungen mit Polizei- und/oder Militäreinheiten begleitet. So erfolgen derartige Besetzungen auch meistens nachts oder an Wochenenden bzw. vor Feiertagen (geringere Polizeipräsenz), aber fast immer nach längerer organisatorischer Vorbereitung: Transport der *squatter* und der ersten Baumaterialien zu dem jeweiligen Gelände, dessen vorherige Aufteilung, Zuweisung der entsprechenden Parzellen, um Unstimmigkeiten und Verzögerungen bei der Besetzung zu vermeiden. Häufig versichert man sich der Unterstützung von einflußreichen, meist linksoppositionellen Politikern und/oder Klerikern, wie es beispielsweise immer wieder aus Lima und Santiago de Chile berichtet wird. Hier bildeten sich zur Vorbereitung derartiger Landbesetzungen *(tomas)*, an denen oft mehrere tausend Personen teilnahmen, seit den 60er Jahren sog. *comités sin casa* (Ramón 1990, S. 13), d. h. Gruppen von Mietern/Untermietern aus Unterschichtvierteln, die mittels einer *toma* eine Hausparzelle erlangen wollten. Obwohl unter der Regierung Pinochet (1973–90) alle Landbesetzungen verboten waren bzw. gewaltsam im Keim erstickt wurden, gelangen – allerdings erst 1983 – einige größere *tomas*, zu deren Schutz man sich vorher der Solidarität hoher Würdenträger der katholischen Kirche versicherte (Bähr/Mertins 1985, S. 232).

Neben Tolerierung und gewaltsamer Unterbindung der Entstehung von Invasionsvierteln hat es vor allem unter autoritären Militärregierungen immer wieder Versuche gegeben, durch große Umsiedlungsaktionen derartige *barrios ilegales* zu beseitigen. Das früheste Beispiel für die gewaltsame, prestigebestimmte Räumung von Invasionsvierteln stammt aus Caracas (Pachner 1982, S. 114; vgl. Kap. 6.8). Weitere, ebenfalls gewaltsame Umsiedlungen bzw. Vertreibungen aus eher innenstadtnahen Hüttenvierteln sind u. a. aus Buenos Aires, Rio de Janeiro und Santo Domingo bekannt (vgl. Kap. 6.6). In Peru wurden Landbesetzungen 1961 verboten, jedoch leitete die Polizei in Lima von 1963–68 nur bei 22 % der *invasiones* die Vertreibung der Besetzer *(pobladores)* ein. Diese Quote stieg in den ersten Jahren der Militärregierung (1968–72) zwar auf 70 % an (Collier 1978, S. 62). Jedoch konnte dadurch die Entstehung von *barriadas* nicht verhindert werden, und man versuchte ohne großen Erfolg, aber mit einigen spektakulären Aktionen, das Problem durch Umsiedlungen zu lösen; so entstand z. B. Villa El Salvador aus einer Umsiedlung von 25 000– 30 000 *pobladores* (Bähr/Klückmann 1984, S. 454). Letztendlich gar nicht erst zugelassen, weil offiziell unerwünscht, bzw. rechtzeitig umgesiedelt wurden illegale Hüttenviertel bei der Gründung von Brasília. Die Betroffenen erhielten erschlossene Parzellen in 20–50 km entfernten Satellitenstädten zugewiesen (Paviani 1985, S. 86; Kaiser 1987, S. 181).

Gegenüber den illegalen bestehen bei den semilegalen randstädtischen Hüttenvierteln kaum Probleme mit der Obrigkeit. Die Gründe dafür liegen vor allem in der Parzellierung privater Ländereien unter weitgehender Beachtung der offiziellen Flächennutzungsabsichten

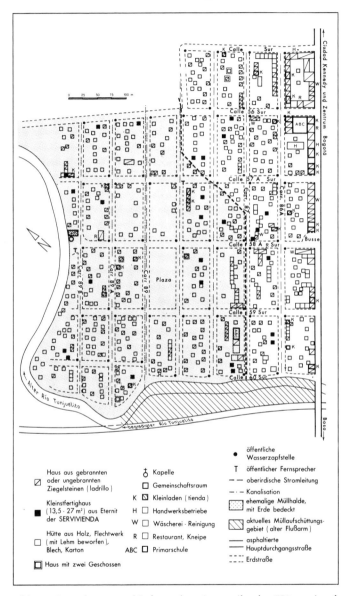

Abb. 29: Bausubstanz und Infrastruktur im semilegalen Hüttenviertel (*barrioio pirta*) Clas/Bogotá 1976 (Quelle: Brücher/Mertins 1978).

sowie in der zunehmenden Tolerierung derartiger Wohnviertel seitens der Staaten und Kommunen. Seit Mitte der 70er Jahre macht sich immer mehr die Einsicht breit, daß – will man nicht immense Mittel investieren – nur so, d. h. mit einer generösen Laisser-faire-Politik, die Wohnmisere unterer Sozialschichten zwar nicht gelöst, aber doch erheblich gemindert werden kann und daß sich einst stark befürchtete sozial-/innenpolitische Spannungen so zwar nicht ausschließen, aber bis zu einem gewissen Grade umgehen lassen (vgl. u. a. Mertins 1986 b, 1987 a). Dabei nehmen die *fraccionamientos/loteamentos clandestinos* in einigen Großstädten einen sehr beträchtlichen Umfang ein. Neben dem schon erwähnten Bogotá, wo die ersten *barrios piratas* spätestens Ende der 40er Jahre entstanden (Brücher/Mertins 1978, S. 48; Abb. 29), sind als Beispiele vor allem zu nennen:

– São Paulo, wo 23 % der Bevölkerung in derartigen Siedlungen leben und insgesamt ⅔ der Wohnviertel aus *loteamentos clandestinos* hervorgegangen sind (Kohn Cordeiro 1989, S. 205), wobei die Nähe zu Eisenbahnlinien oder Ausfallstraßen die bevorzugten Lagen darstellen.

– Mexiko-Stadt, wo *fraccionamientos clandestinos* seit Ende der 60er Jahre zur bedeutendsten Form des Grundstückserwerbs avancierten (Ward 1990, S. 145 f.). Mit Nezahualcóyotl entstand seit Ende der 50er Jahre eine semilegale Großstadt (1990: ca. 2 Mio. Ew.) innerhalb der Agglomeration von Mexiko-Stadt. Dabei ist bereits seit 1958 durch staatliche Festsetzung das rechteckige Straßenmuster für die illegalen Parzellierungen auf dem trockengefallenen Boden des Lago de Texcoco vorgeschrieben (Buchhofer 1982, S. 7 ff.).

– In La Paz, wo „*squatting* kaum existiert", nehmen die *barrios populares* an den Steilhängen zum und auf dem Altiplano selbst (über 4000 m) seit Anfang der 70er Jahre einen immer größeren Teil der Unterschichthaushalte auf, wobei die Landeigentümer das Gelände ohne Rücksprache mit der Stadtverwaltung parzellieren (van Lindert 1988, S. 80 ff.).

– In Guayaquil galten die periodisch überschwemmten, ufernahen Flächen lange Zeit als fast klassische Standorte für Invasionsviertel (Gilbert 1994, S. 83). Eine Inwertsetzung vor allem durch Straßenbaumaßnahmen und die steigende Nachfrage bewirkten, daß die Großgrundeigentümer in der zweiten Hälfte der 70er Jahre begannen, ihre Ländereien südlich des Río Guayas selbst oder über Promotoren zu parzellieren und zu verkaufen, wobei der Quadratmeterpreis von der Lage zur Straße bzw. vom Grad der Grundstücksauffüllung abhängt (Rojas u. a. 1989, S. 54 ff.; Klak 1992, S. 128 f.).

Fast allen semilegalen Hüttenvierteln ist gemeinsam, daß sie einen regelhaften Grundriß aufweisen (vgl. Brücher/Mertins 1978, S. 41 für Bogotá; Buchhofer 1982, S. 18 ff. für Nezahualcóyotl/Groß-Mexiko; Torres 1993, S. 315 für die *villas miseria al asentamiento* in Groß-Buenos Aires). Meistens bleibt sogar die Fläche für eine *plaza* ausgespart. Damit passen sich die Grundstücksverkäufer an das dominante Siedlungsmuster an, lassen oft noch die Straßentrassen „schieben" und erleichtern so die spätere infrastrukturelle Erschließung. Nachträgliche Grundstücksregulierungen bzw. Hausumsetzungen, wie sie bei der Legalisierung illegaler Hüttenviertel häufig notwendig werden (vgl. Kroß 1992, S. 306 ff. für Lima), entfallen so fast gänzlich. Die Verkaufspreise für die Parzellen orientieren sich sehr geschickt an dem jeweils für untere Einkommensschichten zumutbaren Maximum für die Anzahlung wie für die Abzahlungsraten (vgl. Füchtner 1991, S. 15 für brasilianische Metropolen). Die rasche Ausdehnung der *fraccionamientos clandestinos* spricht für die große Nachfrage nach derartigen *lotes*, aber auch für die „Kaufkraft" der neuen Grundstücksbesitzer. Das setzt einmal das Ansparen einer gewissen, wenn auch geringen Summe für die Anzahlung voraus, andererseits aber auch einigermaßen regelmäßige Haushaltseinkünfte, um die Ratenzahlungen leisten zu können.

Als dritter Typ der randstädtischen Marginalsiedlungen kommen in einigen Ländern auch legale Hüttenviertel vor. Dabei erfolgt nicht nur – fast ausschließlich durch die öffentliche Hand – eine rechtskräftige Vergabe der Grundstücke, sondern auch die Errichtung der zunächst recht behelfsmäßigen Behausungen ist von der jeweils zuständigen Behörde genehmigt. Die bekanntesten Beispiele sind die *lotes tizados* in Lima: mit Kreide abgegrenzte Grundstücke und Straßenvierecke ohne jedwede Infrastruktur (Klückmann 1988, S. 165; Riofrío 1991, S. 36). Dazu gehören auch die nach der Mustersiedlung Villa El Salvador (vgl. Kap. 6.8) von staatlicher Seite gegründeten *barriadas asistidas*, z. B. Cantogrande und Márquez. Gegenüber Villa El Salvador beträgt die Grundstücksgröße statt 140–160 m² hier nur noch 90 bzw. 72 m², und die Versorgung mit der Basisinfrastruktur *(servicios básicos)* erfolgte mit erheblicher Verzögerung (Bähr/Klückmann 1984, S. 478; Riofrío 1991, S. 38 ff.). Hingegen können die großflächigen Parzellierungen im Rahmen des *operación sitio*-Programms der christdemokratischen Regierung Frei (1964–70) in Santiago de Chile, bei denen die Grundstücke an ausgewählte, meist mittellose Haushalte übergeben wurden (Bähr 1978 b, S. 233 f.), bereits zu den *sites and services*-Projekten gerechnet werden, da vorher eine Basisinfrastruk-

tur angelegt wurde (Ramón 1990, S. 13). Gleiches gilt für die Ansied-
lungsflächen der *squatter* aus Brasília in den bis zu 50 km entfernten
Satellitenstädten (Kaiser 1987, S. 181). Legale Hüttenviertel ohne einfache infrastrukturelle, zunächst gemeinschaftlich genutzte Einrichtungen (Wasserzapfstellen, Dusch-/Waschhäuser) werden seit vielen
Jahren nicht mehr ausgewiesen. Sie sind von den normalerweise zu
den Niedrigkosten-Siedlungen gerechneten *sites and services*-Pro-
grammen abgelöst worden (vgl. Kap. 6.8); die Übergänge sind je nach
den bereitgestellten *services* allerdings recht fließend.

Die Hütten/Behausungen in allen randstädtischen Marginalvierteln
werden in Selbsthilfe erstellt *(autoconstrucción)*, z. T. auch unter Mit-
hilfe von Verwandten, Freunden, Nachbarn etc. *(ayuda mutua, muti-
rão)*, was als ein ganz entscheidender Aspekt gilt (vgl. u. a. Schütz
1987; Gilbert 1994). Dabei tolerieren Staat und Kommunen in einem
bemerkenswerten, bereits angesprochenen Laisser-faire-Verhalten den
Selbsthilfewohnungsbau *(self-help housing)* und leiten manchmal relativ schnell *upgrading*-Maßnahmen im infrastrukturellen Bereich ein.
Diese sind ebenfalls, z. B. bei der Anlage von Wasser- oder Abwas-
serleitungen, oft mit Selbsthilfebeiträgen der *barrio*-Haushalte in
Form von Arbeitsstunden verbunden.

Auch der Konsolidierungsprozeß vollzieht sich zunächst überwiegend in Selbsthilfe, wobei der unterschiedliche Rechtsstatus der Siedlungen von erheblicher Bedeutung für die Investitionsbereitschaft der
Besitzer ist (Brücher/Mertins 1978, S. 51 ff.; Gilbert/Gugler 1992,
S. 124 f.). Dieser Prozeß kann durch einen Besitzerwechsel und den
meistens dadurch steigenden Anteil einkommensstärkerer Haushalte
wesentlich beschleunigt werden (vgl. Kap. 6.5). Selbst wenn die Haushalte in den semilegalen Siedlungen keine Hypotheken auf ihre Im-
mobilie erhalten, so gelten sie doch de facto als Eigentümer, und die
Konsolidierung ist hier eher (durchschnittlich in 7–10, z. T. auch in
5–6 Jahren) abgeschlossen als in den illegalen Hüttenvierteln (Gilbert
1994, S. 93 ff.).

Im Zuge der Konsolidierung kommt es nicht nur zur erheblichen
Verbesserung der Bausubstanz (Ziegelsteinhaus statt Hütte) und der
Wohninfrastruktur, sondern auch zur Erweiterung der Wohnfläche
(Anbauten, Aufstockungen). Der neue Wohnraum wird größtenteils
vermietet, was zu einer beträchtlichen Verdichtung in diesen Vierteln
führt (vgl. u. a. Mertins 1986 a, S. 306 ff.; Schütz 1987, S. 115; Gil-
bert/Gugler 1992, S. 128 f.). Ebenfalls zur Verdichtung trägt der Bau
von zusätzlichen Hütten auf demselben Grundstück bei. Entweder
geschieht das durch den Besitzer selbst, der die Hütten dann vermietet

und ironisch oft als *new landlord* bezeichnet wird, z. B. in Mexiko-Stadt (Gilbert 1994, S. 95), oder der Erstbesitzer verkauft bzw. verpachtet Grundstücksteile, vor allem an Verwandte oder Freunde, die dann dort ihre Hütte(n) errichten. Beispiele dafür sind besonders aus denjenigen Großstädten bekannt geworden, wo die Entstehung informeller Siedlungen verboten war, z. B. während der Pinochet-Ära in Santiago de Chile (Bähr/Mertins 1985, S. 232 f.; Schütz 1987, S. 113), oder auch aus verkehrsgünstig und relativ innenstadtnah gelegenen Hüttenvierteln, wo aufgrund der gestiegenen Bodenpreise Grundstücksteilungen ausgesprochen lukrativ sind (vgl. Mertins/Thomae 1995 für Salvador/Bahia).

Eine entscheidende Beschleunigung erfährt die Konsolidierung durch die Legalisierung der Besitzverhältnisse, was zum einen die Eintragung der Grundstücktitel im Grundbuch beinhaltet, zum anderen die Legalisierung des gesamten *barrio*, d. h. seine offizielle Anerkennung als Teil der jeweiligen Stadt. Auch dieser Prozeß verläuft bei semilegalen Vierteln schneller als bei illegalen, wo oft noch im Zuge von Straßentrassierungen Regulierungen des unregelmäßigen Grundrisses vorgenommen und dabei auch Häuser/Hütten verlegt werden müssen. In Peru wurde der Status illegaler *barriadas* mehrfach gesetzlich „legalisiert" (z. B. nach dem bekannten *barriada*-Gesetz von 1961; Kroß 1992, S. 340 ff.), was letztlich einer „fast kostenlosen" Grundstücksübertragung gleichkommt (Riofrío 1991, S. 40), wodurch aber auch die Bodenpreise in den *barriadas* relativ niedrig bleiben. Die mit der Legalisierung verbundene (endgültige) Einbindung in die öffentliche Infrastruktur über entsprechende *upgrading*-Maßnahmen bringt nicht nur Vorteile, sondern auch die Verpflichtung, dafür – wenn auch geringe – Gebühren zu zahlen.

Da der Legalisierungsprozeß informeller Hüttenviertel meistens zu umständlich verläuft und damit zu lange dauert und außerdem die Bewohner mit derartigen Verwaltungsvorschriften verständlicherweise überfordert sind, gehen gerade in den letzten Jahren einige brasilianische Großstädte dazu über, sog. Nutzungslizenzen *(concessão real do uso)* zu vergeben, was einer Quasi-Genehmigung gleichkommt und normalerweise kostenlos geschieht. Bei besetzten öffentlichen Grundstücken ist das – eine grundsätzliche Entscheidung vorausgesetzt – schnell möglich. Bei illegalen Siedlungen auf Privateigentum wird dieses von der Gemeinde aufgekauft, wenn es im öffentlichen Interesse liegt. Handelt es sich bei den Grundstücken um relativ wertlose Flächen, so wird auch noch auf die Grundsteuer verzichtet. Hauptziele dieser Vorgehensweise sind zum einen die schnelle offizielle Zusicherung eines Rechtsanspruchs auf das besetzte Grundstück (Hypothekenfähigkeit gegenüber Kreditinstituten), zum anderen der dann mögliche, gewöhnlich kostenlose Anschluß an die öffentliche Infrastruktur. Ein derart entgegenkommendes, vor Jahren praktisch undenkbares Verhalten der Kommunen gegenüber den Bewohnern informeller Hüttenviertel ist nur aus der seit der Wirtschaftskrise der 80er Jahre wieder gewachsenen politischen Brisanz dieses Phänomens zu erklären, aber auch aus einem gestiegenen sozialen Bewußtsein der zuständigen Stellen. Trotzdem schließen alle diese Maßnahmen den Verdrängungsprozeß der ursprünglichen Landbesetzer nicht aus, weil diese selbst die oft geringen Gebühren (Sozialtarife) für Strom, Wasser etc. kaum tragen können und diese Viertel – je nach Lage – durch die öffentlichen *upgrading*-Maßnahmen auch für einkommensstärkere Schichten „interessant" werden (vgl. Gordilho Souza 1991; Mertins/Thomae 1995 für Salvador/Bahia).

6.8 Viertel des „sozialen" und des Niedrigkosten-Wohnungsbaus

Öffentlicher und/oder öffentlich geförderter Wohnungsbau setzt meistens dann ein, wenn die Kosten-Nutzen-Relation für die privaten Anbieter von Wohnraum für untere Sozialschichten uninteressant wird bzw. wenn diese nicht über ein Einkommen verfügen, das ihnen das Sparen für die Anzahlung eines Grundstücks, eines Hauses oder einer Wohnung sowie die Begleichung des monatlichen Kapitaldienstes erlaubt. So versteht man allgemein unter sozialem Wohnungsbau die mit öffentlichen Mitteln direkt oder indirekt geförderte Errichtung von Wohnungen bestimmter Größe, Ausstattung und Miete, vor allem – im Sinne der Wohnungsfürsorge und der Sicherstellung eines zentralen *basic need* – für einkommensschwache Familien. Normalerweise unterliegen derart subventionierte Wohnungen für eine bestimmte Frist der Belegungs- und Mietpreisbindung. Da in Lateinamerika Sozial- und Niedrigkosten-Wohnungen überwiegend als Eigentum vergeben werden, sollten hier die „sozialen Klauseln" in einer stringenten Zuteilungsauswahl sowie im Rückkaufsrecht der Förderinstitution bei Wohnungsaufgabe durch den Ersteigentümer liegen.

Öffentlich geförderter Wohnungsbau begann in Lateinamerika Ende der 30er/Mitte der 40er Jahre (z. B. in Bogotá, Lima, Mexiko-Stadt, Montevideo oder Santiago de Chile), jedoch überwiegend auf mittlere Sozialschichten ausgerichtet (vgl. Kap. 6.5) und quantitativ relativ unbedeutend. Vor dem Hintergrund der seit Anfang der 50er

Jahre enorm anwachsenden Hüttenviertel (vgl. Kap. 5.4, 6.7), der damit auch für eine breitere Weltöffentlichkeit sichtbaren Wohnungsmisere unterer Sozialschichten und des allgemein befürchteten sozialpolitischen „Sprengstoffs" derselben, kann man in der Folgezeit die Entstehung von drei Typen des sozialen Wohnungsbaus *(vivienda de interés social, vivienda a bajo costo, vivienda económica, habitación popular* etc.) beobachten, die jedoch weder gleichzeitig noch in allen Großstädten Lateinamerikas auftreten.

Der erste Typ wurde bereits ab Mitte der 50er Jahre gebaut und kann als Kopie von Vorbildern aus dem sozialen Wohnungsbau Westeuropas bezeichnet werden: Großprojekte mit vier- bis fünf-, z. T. achtgeschossigen Wohnblocks, aber auch mit 15- bis 20geschossigen Hochhäusern. Das Ziel war eindeutig: Durch die Umsetzung von Haushalten in die Wohnblocks und Hochhäuser sollten sowohl Slums als auch Hüttenviertel „saniert" werden und verschwinden *(slum/ squatter clearance)*. Daß bei derartigen Sanierungsobjekten nicht nur soziale Gründe eine Rolle spielten, sondern gerade im innerstädtischen Bereich z. T. handfeste Spekulationen dahinterstanden (Cityausweitung, Siedlungsflächen für höhere Schichten), ist oft heftig kritisiert worden (vgl. u. a. Gilbert/Gugler 1992, S. 136 ff.; speziell für Rio de Janeiro: Achilles 1989, S. 121; Souza 1993, S. 205).

Zu den bekanntesten Beispielen für derartige Formen des „sozialen Wohnungsbaus" zählen die unter dem Diktator Pérez Jiménez in Caracas aus Prestigegründen von 1954–58 entstandenen Wohnblöcke, einschließlich der 15- bis 20geschossigen 85 *superbloques*, in die unter dem Motto „Kampf dem *rancho" (la guerra al rancho)* ein großer Teil der *rancho*-Bevölkerung, ca. 180 000 Personen, umgesiedelt wurde (Pachner 1982, S. 113 f.), vor allem aus den *barrios* an der gerade eröffneten Autobahn nach La Guaira (internationaler Flughafen, Bade-/ Wochenendorte der Oberschicht); ferner das Centro Nariño in Bogotá (Brücher 1969, S. 184) oder auch die staatlichen *minimalist dwellings* für Haushalte aus den von Sanierungsmaßnahmen betroffenen Teilen der *ciudades pérdidas* in Mexiko-Stadt (Ward 1990, S. 46 f.; vgl. Kap. 6.6). In den gleichen Zusammenhang zu stellen sind die verschiedenen „Reinigungsaktionen des Stadtbildes" in Rio de Janeiro von den als „Schandfleck" angesehenen *favelas* (Achilles 1989, S. 121), wobei den Bewohnern eigens erbaute Ersatzquartiere zur Verfügung gestellt wurden. Nach ersten bescheidenen Anfängen schon in den 40er Jahren (Umsiedlung der *favelados* in sog. *parques proletários*) fand die größte Aktion in der ersten Phase der Militärherrschaft statt: Von 1963–74 wurden 80 *favelas* abgerissen und die fast 140 000 Bewohner in bis zu sechsgeschossige Wohnblöcke staatlicher Wohnungsbauprojekte *(conjuntos habitacionais)* umgesetzt (Achilles 1989, S. 121 f.; Souza 1993, S. 203 ff.; vgl. Kap. 6.6).

Die Akzeptanz der neuen Wohnungen kann bei diesem Typ als recht gering bezeichnet werden. Die kleinen Wohnungen (z. T. 35–40 m²), die hohe Wohndichte (oft durchschnittlich 9 Personen/Wohnung; Mertins 1987 a, S. 170) und die mit der Umsiedlung meistens abgerissenen nachbarschaftlichen Beziehungen verursachten in sehr vielen Fällen von Anfang an ein Nichtwohlfühlen in dieser ungewohnten „städtischen" Wohnform und führten zum einen z. T. ziemlich rasch zur Verslumung (Caracas, Bogotá), zum anderen aber auch zur Rückkehr in ein (anderes) Hüttenviertel, vor allem dann, wenn die Mieten oder Abzahlungsraten nicht aufgebracht werden konnten (Rio de Janeiro). So sind fast alle Lösungen dieses Typs als gescheitert anzusehen.

Der zweite Typ unterscheidet sich wesentlich vom ersten. Es handelt sich überwiegend um von öffentlichen Institutionen erbaute Siedlungen mit eingeschossigen, meist gegeneinander versetzten Einfachreihenhäusern (50–70 m² Wohnraum), weniger mit Zweifamilienhäusern, z. T. aber auch mit einfachen, meist viergeschossigen Wohnblöcken. Sie entstehen seit Ende der 50er/Anfang der 60er Jahre vorwiegend auf noch freien Flächen am Stadtrand bzw. weit davor. Trotz der Entfernungen zum Arbeitsplatz (Fahrtkosten) werden sie gerne angenommen, vor allem die Ein- und Zweifamilienhäuser, da hier die aus dem ruralen Herkunftsbereich erklärliche Wunschvorstellung vom eigenen Haus mit späteren Verbesserungen und Erweiterungen realisiert werden kann (Mertins 1984, S. 440). Als Beispiele sind die *viviendas económicas/populares* in Montevideo zu nennen, in den 40er Jahren als Ein- bzw. Zweifamilienhäuser noch mit Gartenland angelegt, in derselben Metropole später auch die aus großen, gegeneinander versetzten Wohnblöcken bestehenden *conjuntos habitacionales* (Mertins 1987 d, S. 62 ff.). Dazu gehören ebenfalls die meist in den 60er Jahren fertiggestellten, hauptsächlich auf die Unterschichten ausgerichteten *urbanizaciones populares* oder *ciudades satélites* in Lima (Klückmann 1988, S. 165).

Ein größeres Ausmaß nehmen die staatlichen Hausbauprogramme der 60er und die von Wohnungsbaufonds (z. B. INFONAVIT) seit ca. Mitte der 70er Jahre finanzierten Siedlungen in Mexiko-Stadt ein (Schteingart 1988, S. 277 ff.; Ward 1990, S. 46). Sie sind aber ebenso überwiegend für Haushalte der unteren Mittel-/Mittelschicht bestimmt wie die *conjuntos habitacionais* der bundesstaatlichen Wohnungsbaugesellschaften (Companhias de Habitação, COHAB) in Brasilien, von denen bereits in der ersten Phase (1964–69) nur ca. 22 % auf Unterschichthaushalte entfielen (Wehrhahn 1989, S. 122).

Diese Ausrichtung charakterisiert auch den letzten Typ, der sich durch den Entstehungsgrund und seine Dimension von den anderen abhebt. Es handelt sich um einige Großwohnsiedlungen, die im Rahmen der 1961 auf der Konferenz in Punta del Este von allen amerikanischen Staaten, mit Ausnahme Kubas, gegründeten „Allianz für den Fortschritt" gebaut und überwiegend von den USA bzw. von den USA gelenkten Entwicklungsbanken finanziert worden sind. Mit der „Allianz für den Fortschritt" sollten soziale Reformen im ländlichen (Agrarreformen) und städtischen Bereich eingeleitet werden, um – und das war der Anlaß – eine zweite sozialistische Revolution nach Kuba zu verhindern. Das größte und bekannteste Projekt auf dem Wohnungsbausektor ist die Satellitensiedlung Ciudad Kennedy auf dem ehemaligen Flughafengelände El Techo, am südwestlichen Rand von Bogotá (Brücher/Mertins 1978, S. 71 f.). Hier errichtete man in mehreren Etappen von 1962–71 ca. 14 000 Wohneinheiten für ca. 120 000 Personen mit den entsprechenden Wohnfolgeeinrichtungen, aber ohne ein eigenes Zentrum, ohne größere Arbeitsstätten und mit unzureichenden Verkehrsverbindungen zur Innenstadt. Ciudad Kennedy wurde danach durch weitere nationale, vom Typ her ähnliche Wohnungsbauprojekte ergänzt und wuchs bis 1985 auf ca. 32 200 Wohneinheiten an. In größerem Umfang entstanden durch die „Allianz für den Fortschritt" finanzierte Wohnsiedlungen noch in der zweiten Hälfte der 60er Jahre in der Metropolitanregion von Mexiko-Stadt, womit hier gewissermaßen die Anfänge des „so called ‚social interest' housing" kreiert wurden (Ward 1990, S. 45 f.).

Allen bislang vorgestellten Typen des sozialen Wohnungsbaus ist gemeinsam:
- sie orientieren sich an europäischen Vorbildern;
- sie sind fast ausschließlich auf die untere Mittel-/Mittelschicht ausgerichtet; auch bei den *favelado*-Umsetzungen ergibt sich vielfach bereits nach kurzer Zeit eine *successão para acima*, d. h. ein „Austausch" der *favelados* durch sozioökonomisch höhergestellte Haushalte;
- sie sind zahlenmäßig völlig unzureichend, um die Ende der 60er/Anfang der 70er Jahre quantitativ wie qualitativ sich verschärfende Wohnmisere auch nur annähernd mindern zu können (Mertins 1986 a, b, 1987 a).

Daraus und vor dem Hintergrund der – infolge der z. T. rasant

weiterwachsenden Marginalsiedlungen – vielfach befürchteten sozial-/
innenpolitischen Unruhen erheben sich immer stärker die Forderun-
gen nach
- einfacheren, dadurch kostengünstigeren und wiederholbaren, d. h.
  in einem gewissen Grade „schematisierten" Wohnungsbauprogrammen, die
- auf die unteren Einkommensschichten ausgerichtet sein müssen;
- Abkehr von der Sanierung, d. h. dem Abriß der Hüttenviertel mit
  der gleichzeitigen Umsetzung der Bewohner, und statt dessen Verbesserung *(upgrading)* der bestehenden Wohnbausubstanz und vor
  allem der Infrastruktureinrichtungen;
- Einbeziehung von Eigenleistungen der Bewohner bei Neubau- und
  Verbesserungsmaßnahmen.

Damit wird, spätestens dann mit der ersten UN-Habitat-Konfe-
renz 1976 in Vancouver, „Selbsthilfe zum normativen Bestandteil"
öffentlicher Wohnungspolitik für untere Sozialschichten. Dieses vor
allem von Turner (1978) stark propagierte, auf seinen Erfahrungen in
Lima und Caracas basierende Konzept wurde in die Empfehlungen
dieser Konferenz zur nationalen Siedlungspolitik, -planung und -stra-
tegie aufgenommen und damit gewissermaßen „offiziell" (UN 1976;
Mertins 1986b, S. 31).

Das Selbsthilfekonzept basiert vor allem auf den Prinzipien der
Selbstverwaltung, der Verwendung einheimischer Baumaterialien, an-
gepaßter Technologien und Architektur, der Abkehr von einschrän-
kenden Planungs- und Bauvorschriften sowie der Mitwirkung, auch
der Mitbestimmung der Betroffenen bei Planung, Management und
Durchführung der Maßnahmen (Turner 1978, S. 54ff.; Mertins 1984,
S. 440f.). In den Projekten sind de facto davon meistens nur die Ar-
beitsleistungen der jeweiligen Teilnehmer übriggeblieben. Planung
und Realisierung der Selbsthilfe bedürfen einer gewissen Organisa-
tionsform, die je nach Projekttyp und -initiator(en) bzw. -durchfüh-
renden variiert (vgl. zusammenfassend Mertins 1986b; Gamm/Mer-
tins 1988). Individuelle und kollektive Selbsthilfe sowie Selbstfinan-
zierung (Grundstück, Baumaterialien, -beratung etc. zu zinsgünstigen
Krediten) sind zwei wesentliche, vielfach jedoch aus prinzipiellen
Gründen stark kritisierte Komponenten dieser Form des Niedrigkosten-Wohnungsbaus *(low-cost housing)*, bedeutet es doch, „die Armen
zur (staatlich unterstützten) Selbstlösung ihrer Probleme zu bringen"
(Steinberg 1982, S. 47).

Generell können zwei Konzepte des z. T. schon vor der Habitat-
Konferenz von 1976 praktizierten Niedrigkosten-Wohnungsbaus un-

terschieden werden: die Schaffung von neuem Wohnraum (*sites and services*-, *core housing*-Programme) sowie die Verbesserung von bestehendem Wohnraum und die Schaffung bzw. Verbesserung von Infrastruktureinrichtungen (*upgrading*-Programme; zu den Kriterien beider Konzepte vgl. u. a. Mertins 1984, 1986 b; Schütz 1987).

Sites and services-Projekte *(lotes con servicios)* mit der Vergabe von erschlossenen Parzellen im Stadtrandbereich bzw. z. T. weit davor, wobei der Hütten- bzw. Hausbau – praktisch ohne Auflagen – und die infrastrukturellen Anschlüsse in Selbsthilfe durchgeführt werden müssen, sind in reiner Form in lateinamerikanischen Großstädten recht selten vertreten und nehmen nur geringe Flächen ein, z. B. in brasilianischen Großstädten (Bähr/Mertins 1988, S. 199). Die Ausweitung dieser Projekte ab Mitte der 80er Jahre im Rahmen des PROFILURB-Programmes (Programa de Financiamento de Lotes Urbanizados) ging dann mit der qualitativen Aufstockung zum *core housing*-Programm einher (Wehrhahn 1989, S. 125). Ähnliches kann für mexikanische Großstädte berichtet werden, wo die *fraccionamientos de objetivo social* z. B. in Guadalajara jedoch noch nicht einmal 10 % der Nachfrage decken (Heineberg/Schäfers 1989, S. 114). Allerdings müßten konsequenterweise auch viele der legalen randstädtischen Marginalviertel der *sites and services*-Kategorie zugerechnet werden (vgl. Kap. 6.7), selbst wenn sie – da z. T. bereits aus der zweiten Hälfte der 60er/Anfang der 70er Jahre stammend – nicht unter dieser Bezeichnung geführt werden, aber größtenteils doch die entsprechenden Kriterien aufweisen. Das gilt für die *operación sitio*-Projekte in Santiago de Chile, für die *squatter*-Umsiedlungsflächen in der Umgebung von Brasília und für Villa El Salvador, das bekannteste *lote tizado*-Projekt in Lima, das 1971 als Prestigeobjekt der peruanischen Regierung für die Umsetzung von *barriada*-Haushalten entstand. Sehr bald mit der notwendigen Infrastruktur ausgestattet, wurde es als ein – in dieser Form allerdings nicht wiederholter – Modellfall einer großen (1981: ca. 136000 Ew.), staatlich geförderten Hüttensiedlung angesehen (*barriada asistida*; Bähr/Klückmann 1984, S. 454 f.).

Einen weitaus größeren Umfang nehmen die *core housing*-Programme ein, die als „gehobene *sites and services*-Variante" gelten (Mertins 1984, S. 441). Der entscheidende Unterschied ist ein auf dem meistens bis zu ca. 100 m² großen Grundstück errichteter „Kern" in Form eines gewöhnlich 9–12 m² großen Raumes mit oder ohne sanitäre Installationen *(nucleo básico, vivienda básica, casa de embrião)*, einer Sanitärzelle *(lote com banheiro,* 2–3 m²) oder einer oft für zwei Haushalte vorgesehenen Installationswand. Hier einzuordnen sind auch verschiedene *vivienda básica*-Formen (18 m²) sowie *casetas sanitarias* (6 m²; Bad und Küche!), die vor allem im Zuge von staatlichen Umsiedlungsmaßnahmen bei der *campamento*-Sanierung seit 1979 in Santiago de Chile errichtet wurden (Nickel 1988, S. 247 ff.; Nickel-Gemmeke 1991, S. 74 ff.). Etwas größer sind bereits die seit Ende der 70er Jahre gebauten *pie de casa*-Typen (18–36 m²) des Programa Nacional de Vivienda in mexikanischen Großstädten (Schteingart/García 1982). Die jeweiligen Erweiterungen und Verbesserungen werden wieder von den Bewohnern selbst vorgenommen, wozu die Projektträger verbilligte Kredite und Beratung *(asistencia técnica)* anbieten.

Core housing-Projekte werden ab Mitte der 70er/Anfang der 80er Jahre in fast allen lateinamerikanischen Großstädten durchgeführt, vor allem mit finanzieller Unterstützung von Weltbank, BID, US-AID etc. sowie im Rahmen bilateraler Entwicklungshilfeabkommen. Dabei dominieren Großprojekte mit mehreren tausend *cores*, meistens – aus Gründen der verfügbaren Fläche und des Bodenpreises – am Rande der Großstädte angelegt. Für diese Großlösungen sprechen zum einen die Dimension der Wohnmisere, zum anderen aber auch die relative Kostenersparnis bei Planung, Erschließung und Hausbau *(economies of scale)*. Selbst wenn in den Großstädten Brasiliens ab Mitte der 80er Jahre bevorzugt „kleinere" Projekte aufgelegt werden, so umfassen diese trotzdem noch bis zu 5000 Wohneinheiten (Wehrhahn 1989, S. 123). Die im Zusammenhang mit derartigen Großwohnprojekten auftretenden sozialen, sozialpsychologischen und ökonomischen Probleme bleiben weitestgehend unberücksichtigt: Aufgabe des am bisherigen Wohnstandort bestehenden sozialen Netzes, das von erheblicher Bedeutung für die Überlebensstrategien der armen Bevölkerung ist, Eingewöhnung/Einpassung in eine völlig neue physische und soziale Umgebung/Nachbarschaft, Anstieg der Transportkosten für Fahrten zum und vom Arbeitsplatz, wachsende Entfernung zunächst auch zu medizinischen und sozialen Dienstleistungen etc. (vgl. Schütz 1987, S. 202 f.). Wirkungsvoller sind die von Nichtregierungsorganisationen (NRO; Kirchen, andere karitative Organisationen) favorisierten kleineren Lösungen, die meistens nur wenige Zehner an Einheiten umfassen. Dort erfolgt gewöhnlich eine z. T. recht intensive sozialpädagogische Vorbereitung wie Begleitung, und das Schwergewicht liegt auf der Bildung von kooperativen Selbsthilfegruppen, die nach Möglichkeit auch am Planungsprozeß beteiligt werden (vgl. u. a. Schütz 1987 für Projekte in mehreren lateinamerikanischen Großstädten; Cuenya/Rofman 1992 für Groß-Buenos Aires).

Allen *sites and services-* und *core housing*-Projekten ist gemeinsam, daß die untersten Einkommensschichten auch davon nicht erreicht werden oder die meisten Haushalte diese nach einer kurzen Anfangsphase wieder verlassen müssen, da sie den Kapitaldienst für den Grundstücks-, Kernhaus- und ggf. Baumaterialkredit sowie die umgelegten Planungs- und Erschließungskosten der Siedlung nicht tragen können. Darauf haben bereits Marroquín (1985) an Projektbeispielen aus Bolivien, der Dominikanischen Republik, Ecuador, Guatemala und Kolumbien sowie Keare/Parris (1982) generell hingewiesen. Für die einkommensmäßig untersten 20 %, wahrscheinlich für die unteren 30–35 % der Haushalte kommen derartige *low-cost housing*-Projekte nicht in Betracht (Mertins 1987 a, S. 174). Für sie bleibt nur das Wohnen in einer selbsterrichteten primitiven Hütte oder als Mieter/Untermieter.

Das zweite Konzept des *low-cost housing* basiert auf dem *upgrading*-Prinzip. Darunter werden Maßnahmen zur Verbesserung der Bausubstanz und zur Verbesserung bzw. Schaffung von technischen, aber auch von sozialen Einrichtungen (Schulen, Gesundheitsstationen, Gemeinschaftshäusern etc.) in informellen Siedlungen, aber auch in Slums verstanden *(squatter/slum upgrading)*. Als Vorbedingungen für den Beginn von *upgrading*-Maßnahmen gelten gewöhnlich die Legalisierung sowohl der individuellen Besitzansprüche, d. h. die im Grundbuch vorzunehmende Ein-/Übertragung des Grundstückstitels, unabdingbar gerade auch als hypothekarische Sicherheit für Kredite, als auch die der gesamten Siedlung, d. h. ihre Vermessung und die damit einhergehende Aufnahme in den Stadtplan. In einigen nordostbrasilianischen Großstädten werden allerdings in jüngerer Zeit sog. Nutzungslizenzen für besetzte Grundstücke kostenlos vergeben (vgl. Kap. 6.7).

Daß *upgrading*-Projekte zahlenmäßig eindeutig überwiegen, hat vor allem zwei Gründe:

1. Bei derartigen Maßnahmen werden die oft seit Jahren bestehenden, z. T. ethnisch und „landsmannschaftlich" recht homogenen Nachbarschaften nicht auseinandergerissen; im Gegenteil: Der soziale Kontext bleibt gewahrt, was für kollektive Selbsthilfemaßnahmen wichtig ist, wenngleich nicht verkannt werden soll, daß es innerhalb derartiger Viertel erhebliche sozioökonomische Unterschiede und Spannungen, damit auch Partizipationsbarrieren an solchen Projekten gibt bzw. diese aufgebaut werden.

2. Die Kosten derartiger Projekte sind für die öffentliche Hand bzw. für die Projektträger relativ gering, da der Selbsthilfeanteil be-

trächtlich ist und auch die für Baumaterialien, Beratung etc. gewährten Kredite zurückgezahlt werden müssen. Die kostenlose Überlassung von Baumaterialien, vor allem in der Anfangsphase oder in einer Notsituation, stellt eher die Ausnahme dar.

Upgrading-Projekte sind das bevorzugte Tätigkeitsfeld von NROs, vor allem wenn sie auf überschaubare Stadtviertel beschränkt bleiben. Hier bieten die bestehenden sozialen Netze und Bewohnervereinigungen gute Ansatzpunkte für ihre stärker auf Partizipation ausgerichtete Arbeit, die sich meistens der verschiedenen Organisationsformen gemeinschaftlicher Selbsthilfe als Mittel zur Projektrealisierung bedient (vgl. zusammenfassend Gamm/Mertins 1988). Partizipation wird dabei als „ein Lernprozeß interpretiert, der es der Bevölkerungsgruppe erlaubt, ihre Situation zu erkennen, nach Lösungsansätzen zu suchen und – soweit wie möglich – diese in eigener Regie umzusetzen" (Köster 1989, S. 7). Als optimale Zielgruppengröße werden dabei 100–150 Familien, eher weniger, angegeben (Gamm/Mertins 1988, S. 9; Köster 1989, S. 9), also: kleine, überschaubare Wohnquartiere. Diesen *upgrading*-Typ verkörpern am ehesten die bewohnerorientierten NRO-Projekte zur Habitat-Verbesserung und Stadtteilentwicklung in vielen lateinamerikanischen Großstädten, wovon u. a. Köster (1989) instruktive Beispiele analysiert hat. Dazu zählen ebenfalls die von kirchlichen Organisationen unterstützten Projekte, z. B. von Misereor in Mexiko-Stadt oder Santiago de Chile (Schütz 1987), auch zum *slum-upgrading* in El Salvador (Schütz 1983).

Für den „traditionellen" *upgrading*-Typ steht das vieldiskutierte, mit vielen Fehlschlägen behaftete, auf staatlicher Initiative basierende Sanierungsprogramm der illegalen Hüttenviertel in Lima nach dem *barriada*-Gesetz von 1961, das die Übertragung endgültiger Eigentumstitel und damit die Anerkennung der Siedlung als *pueblo joven* an die vorherige Regulierung und infrastrukturelle Ausstattung knüpft, wobei die Bewohner z. T. erhebliche Selbsthilfebeiträge zu leisten haben (vgl. u. a. Bähr/Klückmann 1984, S. 454 ff.; Matos Mar 1991; Riofrío 1991, S. 31 ff.; Kroß 1992, S. 282 ff.). Hierhin gehören aber auch das staatliche, 1979 initiierte Programa de Erradicação da Subhabitação (PROMORAR) mit dem Ersatz der Hütten durch Steinhäuser und andere Programme zur Strukturverbesserung in den *favelas* brasilianischer Großstädte (Pfeiffer 1987, S. 220 ff.; Valladares 1988, S. 289 ff.).

Den letzten recht komplexen *upgrading*-Typ stellen die seit Anfang der 80er Jahre durchgeführten integrierten Stadtteilentwicklungs-(Habitat-)projekte dar, die wegen ihres multisektoralen Ansatzes

Abb. 30: Teilausschnitt der Einfachhaus-Siedlung Jardím Paulista/Recife 1984/85 (Quelle: Bähr/Mertins 1988).

schwierig zu implementieren sind. Neben dem *upgrading* der Bausubstanz und der infrastrukturellen Einrichtungen geht es dabei vor
allem um die Verbesserung der Beschäftigungs- und Ernährungssitua-
tion sowie um die Schaffung von Gesundheitsversorgungs- und Bil-
dungseinrichtungen, d. h. insgesamt um eine Anhebung des Lebens-
standards der jeweiligen *barrio*-Bevölkerung. Beispiele sind u. a. das
vielzitierte El Caliche-Projekt in Santo Domingo (Kleinekathöfer
1986; Lewin 1986), ferner Projekte in Lima (Riofrío 1986), Medellín
(Santana 1986), Buenos Aires und anderen argentinischen Großstädten (Cuenya/Rofman 1992).

Als „gehobene Variante" des Niedrigkosten-Wohnungsbaus gelten
die vielen Typen der Einfachhaus-Siedlungen (Einzel-, Reihenhäuser,
Wohnblöcke unterschiedlicher Stockwerkszahl), die von den verschiedensten Institutionen, meistens jedoch im Rahmen öffentlicher
Wohnungsprogramme, und vielfach als Großwohnsiedlungen erstellt
werden (vgl. Abb. 30) und die ein Kriterium gemeinsam haben: Sie
sind zwar nicht de jure, aber letztlich de facto überwiegend für mittlere Einkommensschichten bestimmt (Bähr/Mertins 1988, S. 220).
Zum einen werden die Häuser bzw. Wohnungen nicht an die eigent-
liche Zielgruppe des sozialen Wohnungsbaus vergeben *(ocupação irregular)*, größtenteils durch falsche Angaben über das monatliche
Haushaltseinkommen der Bewerber bedingt, was nach Wehrhahn
(1988, S. 230 f.) in einigen Großwohnsiedlungen São Paulos eine Quote von ca. 44 % ausmacht. Zum anderen setzt nach kurzer Zeit (durch
Verkauf, Vermietung, Tausch, Überlassung etc.) ein Verdrängungsprozeß der Erstbesitzer ein, wenn diese den Kapitaldienst für den Haus-/
Wohnungskredit nicht mehr bezahlen können. Den „Verdrängungs-
anteil" geben z. B. Bähr/Mertins (1988, S. 212; 1991, S. 281) für zwei
Einfachhaus-Siedlungen in Groß-Recife, 5–6 Jahre nach deren Fertig-
stellung, mit ca. $^1/_3$ an und Nickel-Gemmeke (1991, S. 159) „langfri-
stig" mit 22–48 % in den für die Umsiedlung von *campamento*-Haus-
halten errichteten Siedlungen in Santiago de Chile, wobei sich die
Schwankungsbreite mit den unterschiedlichen Siedlungstypen erklären läßt. Durch den Besitzerwechsel wird in den Ein- bzw. Zwei-
familienhaus-Siedlungen die meistens in Selbsthilfe vorgenommene
bauliche Verbesserung (An-, Umbauten) beschleunigt, und es findet
sich bald auch ein ausreichendes Grundangebot an privaten Dienstleistungen (vgl. Abb. 30; Bähr/Mertins 1991, S. 286 f.). Insgesamt hat
dieser Verdrängungsprozeß stark selektiven Charakter und führt zu
einer Dominanz mittlerer Sozialschichten in derartigen Wohnvierteln.

Sind schon die gerade vorgestellten Siedlungen, z. B. in den brasi-

lianischen Großstädten, nicht auf die untere Hälfte der Bevölkerung
ausgerichtet, so ist es in Guatemala-Stadt – um sicherlich einen Extremfall aufzuzeigen – sogar für über 80 % der Haushalte unmöglich,
eine Wohnung in irgendeinem öffentlichen Wohnungsbauprogramm
zu erwerben (Hauswirth 1992, S. 88 ff.). Ebenso ernüchternd ist auch
die Feststellung, daß bis heute in Mexiko der gesamte *sector popular*,
d. h. ca. 70 % der erwerbstätigen Bevölkerung, vom öffentlich geförderten Wohnungsbau ausgeschlossen bleibt (Garza/Schteingart 1978;
Heineberg/Schäfers 1989). Selbst die *sites and services*- und *core housing*-Programme sind mit Sicherheit nicht für die einkommensmäßig
untersten 20 % der Haushalte relevant. In diese Lücke zielen andere
Programme des Einfachstwohnungsbaus, die ebenfalls eine sehr starke
Selbsthilfekomponente beinhalten und die eine erhebliche Kosten-
reduzierung durch die verringerte Grundstücks- (36–50/75 m²) sowie
Haus- bzw. Wohnungsgröße (20–24 m²) anstreben, aber auch durch
die Lage der Projekte z. T. weit außerhalb der bebauten Großstadtflä-
che, d. h. durch niedrigere Bodenpreise. Dazu gehören teilweise sogar
informelle Siedlungsprojekte kirchlicher Organisationen, z. B. von
SERVIVIENDA in Bogotá und anderen kolumbianischen Großstädten (Baltes 1987, 1988), die aber auch als Einzellösungen angeboten
werden (Brücher/Mertins 1978, S. 87 ff.) und wohl als einzige Häuser
aus vorgefertigten Grundelementen (ab 15 m²; gängigstes Modell:
36 m²) anbieten; ferner die staatlichen *vivienda básica*-Programme
(24–36 m² große Häuser auf 100 m²-Grundstücken) und die 25–35 m²
großen Wohnungen in zwei- bis viergeschossigen Reihenhäusern des
Wohnungsbauprogramms Postulación Habitacional in Santiago de
Chile (Nickel-Gemmeke 1991, S. 77 ff.). In den meisten Fällen handelt
es sich jedoch bei allen derartigen Vorhaben um erweiterte *sites and
services*-Programme, wobei der jeweilige Projektträger die erschlossenen Grundstücke (durchschnittlich 70–100 m²) unter Umlegung der
entsprechenden Kosten zur Verfügung stellt und den Bau der einheitlichen Kleinsthäuser (16–42 m²) leitet bzw. überwacht (*autoconstrucción dirigida*), wofür Materialkredite in Anspruch genommen werden
können. Dabei sind die Fundamente und tragenden Wände statisch
so ausgelegt, daß der spätere Bau eines weiteren Stockwerks unbe-
denklich ist.

Auf einen Punkt soll noch mit Nachdruck aufmerksam gemacht
werden: Die Akzeptanz derartiger Niedrigkosten-Wohnsiedlungen
durch die Bewohner ist nicht sehr hoch, vor allem nicht bei dorthin
Umgesiedelten. Dabei hängt der Akzeptanzgrad von der Größe und
dem Siedlungstyp ab. Infolge der Wirtschaftskrise der 80er Jahre haben

für sehr viele Unterschichtangehörige die geregelten Arbeitsmöglichkeiten und auch das Realeinkommen abgenommen. Gleichzeitig haben in derartigen Vierteln, gerade unter der jüngeren Generation, Alkohol- und Drogenprobleme erheblich zugenommen, auch Diebstähle, Raubüberfälle etc. Das macht gewissermaßen das Leben „unter sich", d. h. auch in der unmittelbaren räumlichen Nachbarschaft, unsicherer und damit schwieriger. Darauf ist an entsprechenden Beispielen aus Bogotá und São Paulo (Silva 1992) sowie aus Santiago de Chile (Puente Lafoy/Torres Rojas/Muñoz Salazar 1990) hingewiesen worden.

In einem anderen Kontext zu sehen sind die eher in die Kategorie des Niedrigkosten-Wohnungsbaus gehörenden, in Plattenbauweise erstellten Großwohnsiedlungen in Kuba, vorzugsweise in Havanna und Santiago de Cuba, die als Trabantenstädte z. T. weit vor dem jeweiligen Stadtrand entstanden. Zweifellos haben sie – allerdings bei völliger Vernachlässigung der Altbausubstanz – zur Minderung des akuten Wohnungsproblems beigetragen, auch dazu, daß die randstädtischen Marginalviertel fast völlig verschwanden (Bähr/Mertins 1989; Nickel 1989). Seit 1970 übernahmen vermehrt sog. Microbrigaden nach Standardentwürfen den Bau der überwiegend fünfgeschossigen Trabantenstädte. Diese Aktivitäten wurden ab 1978 jedoch eingestellt, nicht zuletzt wegen minderwertiger Bauausführung durch die kaum entsprechend ausgebildeten Mitglieder dieser Microbrigaden und weil sie volkswirtschaftlich zu teuer waren, da viele berufsfremde Microbrigadisten höhere Löhne von ihrer Stammfirma erhielten als besser qualifizierte Bauarbeiter (Hamberg 1990, S. 60; Mathéy 1993, S. 45). Die Tätigkeit der Microbrigaden als Selbsthilfe-Wohnungsbau (Mathéy 1993) oder als „much superior form of collective self help" zu bezeichnen (Mathéy 1992, S. 185), entspricht nicht dem allgemein anerkannten Selbsthilfekonzept. Vielmehr handelt es sich dabei um Baubrigaden, die zwar auf freiwilliger Teilnahme basieren, aber staatlicherseits organisiert und bezahlt werden.

6.9 Entstehung und Typen von Industrievierteln

Ausgesprochene Industrieviertel haben sich in den meisten lateinamerikanischen Städten erst im Zuge der importsubstituierenden Industrialisierungspolitik seit den 30er und 40er Jahren herausgebildet. Ihre Entstehung und spätere Ausdehnung hat das sektorenförmige Wachstum der Städte wenn nicht ausgelöst, so doch stark beschleunigt, wobei zunächst vorwiegend Eisenbahnlinien, später zunehmend mehr Hauptausfallstraßen Leitlinien der Entwicklung waren. Zwar gab es auch zuvor schon zahlreiche kleinere Industrie- und Gewerbebetriebe, wie Konsumgüterindustrien oder erste Reparaturwerkstätten (z. B. Getränke-, Tabak- und Textilfabriken), und vereinzelt auch größere Betriebe; von geschlossenen Industriegebieten läßt sich damals aber noch nicht sprechen, die Standorte lagen vielmehr im gesamten Randbereich der Altstadt, der heutigen Mischzone. Eine gewisse Konzentration trat lediglich in der Nähe von (z. T. ehemaligen) Bahnhöfen und – im Falle von Hafenstädten – in Hafennähe auf. Selbst in Medellín, das vielfach als Sonderfall industrieller Entwicklung in Lateinamerika beschrieben worden ist, weil der Aufschwung der Textilindustrie hier schon im ersten Viertel dieses Jahrhunderts einsetzte (Brücher 1975, S. 26 ff.; Reichart 1993, S. 167 ff.), bildete sich ein geschlossener, dem Río Medellín in südlicher Richtung folgender Industriesektor erst im Laufe der Zeit heraus. Die ersten größeren Textilfabriken grenzten entweder unmittelbar an die Altstadt oder lagen etwa 10 km vom Zentrum entfernt am nördlichen bzw. südlichen Rand des Talkessels in Bello, Envigado oder Itagüí.

Größere Areale nahmen industrielle Verarbeitungsstätten nur dort ein, wo Exportprodukte vor der Verschiffung nach Übersee weiterverarbeitet wurden oder zwischengelagert werden mußten, was vor allem für die Ausfuhr von Fleisch und Getreide zutraf. So entstanden in Buenos Aires und Montevideo bereits Ende des vorigen Jahrhunderts große Schlachthäuser *(frigoríficos)* in unmittelbarer Hafennähe. Die gewaltige Steigerung der Exporte brachte vor allem in Buenos Aires eine schnelle Ausdehnung der Industrieviertel mit sich, hauptsächlich entlang des Riachuelo, der südlichen Begrenzung der Capital Federal. Schon 1914 hatte die Stadtverwaltung Verordnungen erlassen, um „gefährliche und ungesunde" Industrien vom Wohn- und Geschäftsbereich fernzuhalten, und dafür in diesem Gebiet spezielle Zonen ausgewiesen (Scobie 1974, S. 198). Von dort dehnte sich der Industriesektor weiter nach Süden aus und umschloß die Vorstädte Avellaneda und Lanús. Im älteren Teil dominierten noch stark solche Industriezweige, die auf die Verarbeitung landwirtschaftlicher Produkte ausgerichtet waren, neben den *frigoríficos* insbesondere Getreide- und Ölmühlen, Wollwäschereien, Gerbereien, Seifen- und Textilfabriken; später kamen auch Betriebe der Glasindustrie und Metallverarbeitung hinzu (Wilhelmy/Rohmeder 1963, S. 335).

Kennzeichnend für alle älteren Ansatzpunkte industrieller Entwicklung ist die enge räumliche Verknüpfung mit Wohnvierteln der Arbeiterschaft. So konzentrierten sich die berüchtigten *conventillos*

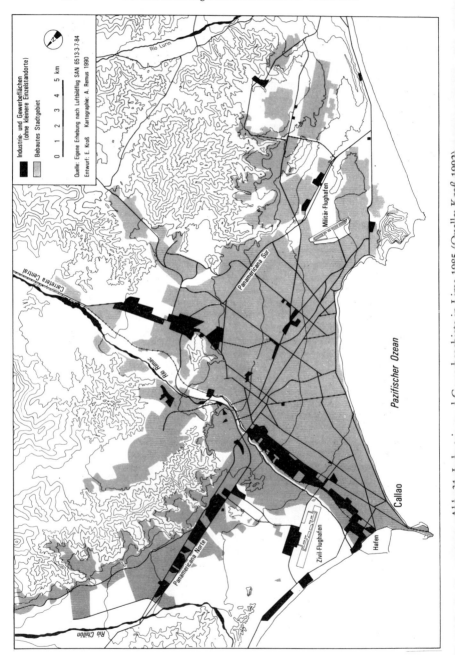

von Buenos Aires in erster Linie auf das Viertel La Boca zwischen den Docks und dem Riachuelo; in den Industrievorstädten Avellaneda und Lanús herrschten Mietwohnungen in ärmlichen Reihenhäusern oder in vielstöckigen Mietskasernen vor (Wilhelmy/Rohmeder 1963, S. 335). Auch in Lima, wo die ersten Industrien ihre Standorte vorzugsweise in der Nähe der ehemaligen Bahnhöfe und Bahnlinien sowie am Hafen von Callao hatten, liegen ganz in der Nähe die älteren Unterschichtviertel mit hohem Anteil an Mietwohnungen (Kroß 1992, S. 130).

Die Frühphase der importsubstituierenden Industrialisierung ist im allgemeinen dadurch gekennzeichnet, daß mit staatlicher Unterstützung die Produktion von kurz- und langlebigen Konsumgütern aufgenommen bzw. ausgeweitet wird. Als Standorte werden dabei verkehrsgünstig gelegene Gebiete abseits der Wohnbebauung bevorzugt. In Lima, das hier zunächst als Beispiel herangezogen wird (Abb. 31), kristallisierte sich seit den 40er Jahren eine erste Industrieachse entlang der Eisenbahn in Richtung Hafen heraus, die unmittelbar an die älteren Areale in Altstadtnähe bzw. am Hafen von Callao anschloß (Wilhelmy/Borsdorf 1985, S. 83). Die freien Flächen in der Umgebung entwickelten sich sehr schnell zu Ansatzpunkten für die Entstehung von *barriadas*, die sich immer mehr ausweiteten und heute die gesamte Industriezone entlang des Rímac begleiten (Kroß 1992, S. 150 ff.; ähnlich Sagawe 1992, S. 54 für Santo Domingo). Ebenso sind in São Paulo, dem heute größten industriellen Ballungsraum Lateinamerikas, zunächst Eisenbahnlinien standortbestimmend für die Ansiedlung von Industriebetrieben gewesen, und zwar vor allem die Linien in Richtung Santos und Rio de Janeiro. Dabei wurde seit den 40er Jahren die Grenze des Munizips São Paulo mehr und mehr überschritten und der Grundstein für die Entwicklung von Santo André und São Caetano einerseits sowie Suzano und Mogi das Cruzes andererseits zu Industrievorstädten gelegt. Heute dominiert hier vor allem die Eisen- und Stahlindustrie, die Verarbeitung nichtmetallischer Minerale sowie die chemische Industrie (Goldenstein 1972; Dickenson 1978), und die Luftverschmutzung ist vor allem in São Caetano extrem hoch (Wehrhahn 1994, S. 363). Auch in Medellín/Kolumbien beginnt das geschlossene Fabrikareal am Rand der Altstadt und ist teilweise noch mit dieser verzahnt (Brücher 1975, S. 145). Dagegen fehlt in Bogotá ein solcher direkter Anschluß an die Altstadt. Vergleichbar mit den zuvor genannten Beispielstädten ist jedoch – wie auch in Cali – die enge Orientierung an Eisenbahnlinien. Insbesondere auf der Südseite der nach Westen führenden Linie entwickelte sich seit den 30er, ver-

stärkt allerdings erst seit den 50er Jahren das wichtigste Industriegebiet der kolumbianischen Hauptstadt, obwohl der Bahntransport im
Laufe der Zeit stark an Bedeutung abnahm und heute keine Rolle
mehr spielt (vgl. dazu auch die Karten in Zaugg 1983).

In der späteren Phase der importsubstituierenden Industrialisierung kommt es überall zu einer Erweiterung des industriellen Spektrums. Neben (langlebigen) Konsumgüterindustrien treten jetzt vermehrt auch Grundstoff- und Investitionsgüterindustrien (Stahlwerke,
Automontage, Kunststoffe, petrochemische Industrie) auf, die einen
verhältnismäßig großen Flächenbedarf haben, aber im allgemeinen
nicht sehr beschäftigungswirksam sind. In einzelnen Städten hat das
die Herausbildung weiterer Industriesektoren, vielfach entlang von
Hauptausfallstraßen, zur Folge; in anderen sind diese Industriezweige
eher punktförmig verbreitet. Als Beispiel für den ersten Typ kann
erneut Lima herangezogen werden (Abb. 31). Hier reihen sich die
Industriegründungen aus den 60er und 70er Jahren einerseits entlang
der Carretera Central, andererseits entlang der Panamericana Norte
(Kroß 1992, S. 132). Mehrere Industriesektoren gibt es auch in Santiago de Chile nach Norden und Süden entlang der Panamericana und
in Caracas, wo sie allerdings von Wilhelmy/Borsdorf (1985, S. 10) als
eher schmale Industriesäume beiderseits der Ausfallstraßen nach Valencia und zur Küste beschrieben werden. Die wohl ausgeprägteste
Orientierung der jüngeren Industrieansiedlungen am Verlauf von au-
tobahnähnlich ausgebauten Straßen ist in São Paulo zu beobachten.
Entlang der Via Anchieta in Richtung Küste bildete sich seit den 60er
Jahren, vorwiegend auf die Automobilindustrie bezogen, der Industriekomplex von São Bernardo heraus, heute – abgesehen vom Mu-
nizip São Paulo selbst – die größte industrielle Ballung innerhalb der
Metropolitanregion (Goldenstein 1972; Dickenson 1978). In den 70er
Jahren konzentrierte sich die Industrieentwicklung zunehmend auf
die Achse São Paulo–Guarulhos–Paraíbatal entlang der Via Dutra,
dagegen verhinderte im Norden die Serra da Cantareira großflächige
Industrieansiedlungen (Wehrhahn 1994, S. 360). Mittlerweile erfolgen
industrielle Neugründungen vorwiegend außerhalb der Metropolitanregion, und zwar einerseits – beginnend schon in den 70er Jahren –
im Paraíbatal und andererseits in der Umgebung von Jundiaí und
Campinas sowie darüber hinaus in nördlicher Richtung entlang der
Autobahn, was sich auch in entsprechenden Bevölkerungsverschiebungen widerspiegelt (Bähr/Wehrhahn 1994).

Bogotá steht dagegen für den zweiten Typ, wo sich seit den 50er
Jahren einzelne Fabriken mit hohem Flächenbedarf längs der Straße

und Eisenbahnlinie ins Magdalena-Tal ansiedelten und deswegen sogar infrastrukturelle Nachteile, vor allem das Fehlen von Wasserleitungen und Kanalisation, in Kauf nahmen. Die Distanzen zwischen den einzelnen Betrieben sind jedoch sehr groß, so daß man nur bedingt von einer Industrieachse sprechen kann (Brücher 1975, S. 146). Ebenso ist in Rio de Janeiro nur ein Industriesektor, der diesen Namen verdient, vorhanden. Er erstreckt sich westlich der Altstadt entlang des Hafens und weiter in Richtung der Ausfallstraße nach Norden. Ansonsten ist das Verbreitungsmuster der Standorte eher punktförmig, wobei allerdings zu berücksichtigen ist, daß sich auch östlich der Guanabara-Bucht weitere größere Industrieareale (z. B. in Niterói) befinden (Wilhelmy/Borsdorf 1985, S. 340, 346).

In jüngerer Zeit hat man vereinzelt versucht, die Standortwahl der Betriebe durch Anlage von „Industrieparks" zu steuern. Dabei übernimmt eine private oder staatliche Entwicklungsgesellschaft die Planung und Erschließung von Gelände für industrielle Nutzung und bietet im allgemeinen auch gewisse Dienstleistungen für die sich dort ansiedelnden Betriebe an (Haas 1976, S. 114). Vor allem aus einzelnen Inselstaaten der Karibik (Haas 1976; Sagawe 1987) und Venezuela (Leinenbach 1984) sind solche Industrieparks bekannt. In Puerto Rico gehen sie z. T. schon auf die 40er Jahre zurück; sie sind sowohl im Rahmen einer importsubstituierenden als auch exportorientierten Industrialisierungspolitik entwickelt worden; auch in den *border cities* Mexikos an der Grenze zur USA haben sie als Standorte der *maquiladora*-Industrie größere Bedeutung (Arreola/Curtis 1993; Nuhn 1994). Vielfach sind dadurch industrielle „Cluster" entstanden, die sich nicht in das sektorenförmige Standortmuster einfügen. Als Beispiel mag der von Sagawe (1987, S. 117 ff.) beschriebene Industriepark Herrera, 8 km westlich der City von Santo Domingo, dienen, der seit den 60er Jahren im bis dahin „industrieleeren" Gebiet südlich der Hauptindustrieachse nach Nordwesten aufgebaut wurde. Auch bei Kroß (1992, S. 132) finden sich Hinweise auf kleinere Industrieparks in Lima, die ebenfalls außerhalb der älteren Industriesektoren liegen.

Teilweise sind auch schon recht früh „Industriesatelliten" weit außerhalb der geschlossen bebauten Zone entstanden. Als bekanntestes und wegen der hochgradigen Umweltverschmutzung (Gutberlet 1991) viel diskutiertes Beispiel kann Cubatão unweit von Santos/Brasilien gelten. Die Anlage einer Raffinerie (1955) und eines großen Stahlwerkes (1963) bildeten hier den Grundstock für einen riesigen Industriekomplex, der vorwiegend auf die chemische Industrie, die Eisen- und Stahlproduktion sowie den Maschinenbau ausgerichtet ist

(Goldenstein 1972; Wilhelmy/Borsdorf 1985, S. 324). In Salvador/Bahia liegen die beiden großen Industriezonen, das Centro Industrial Aratú und der Complexo Petroquímico de Camaçarí, zwar innerhalb der Metropolitanregion, jedoch 25 km bzw. sogar 45 km vom Stadtzentrum entfernt. Sie sind seit 1967 bzw. 1971 als Folge einer gezielten Industrieförderung entstanden. Standortbestimmend waren nicht nur die billigeren Bodenpreise und geringeren Kosten für den Ausbau der Infrastruktur, sondern auch die große Entfernung zu Wohngebieten, weshalb man auf strenge Umweltschutzvorschriften meinte verzichten zu können (Krüger 1978). Noch älter ist Contagem, zur Zeit seiner Gründung als Industriepark durch den Bundesstaat Minas Gerais im Jahre 1941 außerhalb des Stadtgebietes von Belo Horizonte gelegen, inzwischen jedoch längst mit diesem zusammengewachsen (Henshall/Momsen 1974, S. 177).

Angesichts der in vielen Ländern nur geringen Dynamik der industriellen Entwicklung und vielfach noch vorhandener Freiflächen in den älteren Industriegebieten ist es nicht zu erwarten, daß die Zahl der Industrieparks – jedenfalls innerhalb der Metropolen – in naher Zukunft stark ansteigen und sich dadurch das vorwiegend sektorale Standortmuster entscheidend verändern wird. Wahrscheinlicher ist eher ein Wachstum der Industrieachsen nach außen, weil in den zentrumsnahen Industriegebieten eine zunehmende Konkurrenz mit anderen Nutzungen auftritt und hier häufig auch nur geringe Erweiterungsmöglichkeiten bestehen.

Lee (1989) hat die industrielle Dezentralisierung innerhalb des städtischen Raumes und ihre Auswirkungen auf die Raumstruktur für Bogotá und Cali genauer untersucht. Dazu wurden die beiden Beispielstädte in einzelne Ringe und Sektoren unterteilt, für die jeweils die Zahl industrieller Arbeitsplätze für 1970 und 1975 bekannt waren. Zwar ist der Analysezeitraum damit recht kurz, doch sind einzelne bemerkenswerte Veränderungstendenzen zu erkennen: In beiden Städten ging der Anteil der inneren Zone (City und Randgebiet) an der Gesamtzahl der Arbeitsplätze in der Industrie relativ, in Bogotá sogar absolut zurück. Auch für die folgenden Ringe war eine relative Abnahme kennzeichnend, nur die jeweils äußeren Zonen am Stadtrand verzeichneten eine Zunahme. Teilweise reichen die Betriebsverlagerungen auch über das Stadtgebiet hinaus und sind auf kleinere Orte in der Umgebung gerichtet, wie Brücher (1975, S. 153) für Medellín zeigte. In Bogotá und Cali ist dieser Typ allerdings kaum vertreten, weil auch innerhalb des Stadtgebietes genügend industrielle Reserveflächen zur Verfügung stehen. Deshalb haben hier die Stand-

ortverlagerungen das sektorenförmige Muster kaum verändert. Nach
wie vor entfallen z. B. in Bogotá mehr als 70 % der Arbeitsplätze in
der Industrie auf den in Richtung Westen verlaufenden „industriellen
Korridor". Eine genauere Analyse von Einzelfällen ergab, daß die
Standortverlagerungen nach außen hauptsächlich von großen Firmen
getragen werden, die am älteren Standort nicht genügend Ausdeh-
nungsmöglichkeiten haben.

Kleinere Firmen zeigen im allgemeinen, wie auch Sagawe (1987,
S. 108) für Santo Domingo betont, geringere Veränderungstendenzen,
bzw. die Verlagerung vollzieht sich eher kleinräumig. Neu gegründete,
kleinere Firmen suchen aufgrund von Fühlungsvorteilen häufig zunächst einen Standort in einem „etablierten" Industriegebiet, insbesondere in zentrumsnaher Lage. Trotz zurückgehender Anteilswerte
kommt den citynahen Industriegebieten daher im Sinne der *incuba-
tor*-Hypothese" eine wichtige Rolle bei der Schaffung neuer Arbeitsplätze zu. Das hat zur Folge, daß auch die zentrumsnahe Mischzone
im allgemeinen noch einen verhältnismäßig hohen Industriebesatz
aufweist. Am Beispiel der Automobilindustrie von Bogotá und deren
Zuliefererverflechtungen läßt sich das gut demonstrieren. Die Zulie-
fererbetriebe der beiden Montagewerke liegen nur zu 63 % in einer
im Flächennutzungsplan so ausgewiesenen Industriezone, während
der Rest in der Mischzone (39 %) oder gar in reinen Wohnvierteln
(8 %) produziert (Leinenbach 1984, S. 211).

Während für die älteren Industrieansiedlungen eine enge Zuordnung von Wohnplätzen und Arbeitsstätten gegeben war, hat sich dieser Zusammenhang im Laufe der Zeit mehr und mehr verwischt. Das
liegt einerseits an Veränderungen der Verkehrstechnologie, so daß
nicht länger alle Wege zu Fuß zurückgelegt werden müssen, andererseits auch daran, daß die Nachfrage nach industriellen Arbeitsplätzen
seit langem größer als das Angebot ist und die Unternehmen daher
keine Mühe haben, ihren Arbeitskräftebedarf auch aus einem weiteren
Umfeld zu decken. Kroß (1992, S. 132) berichtet, daß in Lima industrielle Neugründungen sogar ganz bewußt aus Angst vor Streiks und
Eigentumsdelikten die Nähe zu *barriadas* zu meiden versucht haben.
Allerdings konnten sie nicht immer verhindern, daß sich später dennoch in der Umgebung neue Hüttenviertel bildeten. Ein ähnliches
Phänomen beschreibt auch Sagawe (1987, S. 108 ff.) für Santo Domingo, wo die Industriegründungen aus jüngerer Zeit zunächst „auf der
grünen Wiese" entstanden, dann jedoch sehr schnell vom ungeplanten
städtischen Flächenwachstum in Form von Hüttenquartieren „einge-
holt" worden sind. Teilweise wird durch *squatter settlements* sogar

die weitere Ausdehnung einzelner Industriezonen blockiert, wie es Haas (1976, S. 141) für Port of Spain/Trinidad festgestellt hat. Die Wohnstandorte von Industriearbeitern sind deshalb in der Regel über das ganze Stadtgebiet verstreut (vgl. z. B. Brücher 1975, S. 148 für Medellín). Diese Aussage gilt selbst dann noch, wenn man einzelne Unternehmen und die dort Beschäftigten betrachtet, wie es Leinenbach (1984) für die kolumbianische und venezolanische Automobilindustrie getan hat. Entsprechend lange dauerte schon 1980 der Weg zum Arbeitsplatz, der meist per Bus oder Kleinbus zurückgelegt wurde. In Medellín benötigten fast 30 % länger als 1 Std. (einfache Wegstrecke); in den anderen großen Städten, wie Bogotá, Cali und Caracas, zwischen 15 und 20 %; nur in den kleineren Städten Bucaramanga, Valencia und Maracay waren die Verhältnisse mit unter 10 % vergleichsweise günstig (Leinenbach 1984, S. 202, 268).

Zusammenfassend lassen sich also vier Typen von Industriegebieten erkennen:

1. Die ältesten Standorte in der Mischzone am Rande der Altstadt oder in Hafennähe: Kleinere Betriebe in Mischnutzung herrschen vor, Erweiterungsmöglichkeiten bestehen kaum, die Bedeutung dieser Zone geht relativ oder sogar absolut zurück.

2. Sektorale Erweiterungen entlang von Eisenbahnlinien oder Ausfallstraßen aus der Frühphase der Importsubstitution, die z. T. in den 30er, z. T. aber auch erst in den 50er Jahren beginnt: Der Anteil kleinerer und mittlerer Betriebe ist ebenfalls noch recht groß, die Verdichtung im allgemeinen schon weit fortgeschritten, so daß kaum noch Freiflächen vorhanden sind.

3. Jüngere Ansiedlungen überwiegend größerer Firmen mit hohem Flächenbedarf, die sich nur z. T. zu geschlossenen Sektoren zusammenfügen, z. T. eher punktförmig überwiegend entlang von Ausfallstraßen aufreihen: Hier gibt es meist noch genügend Reserveflächen für Neugründungen oder Betriebserweiterungen.

4. Einzelstandorte mit sehr heterogener Struktur: Teilweise handelt es sich um Kleinbetriebe, die in Wohngebieten produzieren, teilweise wird aus Gründen der Umweltbelästigung (Raffinerien, Zementfabriken), der Rohstofforientierung oder Wasserversorgung (Glashütten oder Textilfabriken) ein Standort außerhalb der bebauten Fläche gewählt. In diese Gruppe fallen aber auch kleinere Industriezonen, z. T. Industrieparks im übrigen Stadtgebiet.

7 BEISPIELE FÜR DIE FUNKTIONALE UND SOZIALRÄUMLICHE DIFFERENZIERUNG UND ENTWICKLUNG

Eine Überprüfung des vorgestellten und in Kapitel 6 näher erläuterten „Modells der lateinamerikanischen Großstadt" mittels quantitativ ausgerichteter Analysen stößt in mehrfacher Hinsicht auf Schwierigkeiten. Zum einen sind im Modell funktionale und sozialräumliche Differenzierung eng miteinander verknüpft, für beide Gesichtspunkte zeitgleiche Daten zu erhalten, ist aber kaum möglich. Überdies würde die Bestandsaufnahme der funktionalen Gliederung umfangreiche und flächendeckende Kartierungen erfordern, wie sie für die Mehrzahl der Städte nicht vorliegen. Zum anderen bestehen Datenprobleme selbst dann, wenn man sich auf sozialräumliche Aspekte und damit auf die Auswertung von Volkszählungsergebnissen beschränkt. Das liegt daran, daß die räumlichen Bezugseinheiten häufig zu groß und folglich zu heterogen sind oder nur wenige Merkmale kleinräumig aufgeschlüsselt werden. Zeitliche Vergleiche sind in der Regel vollends unmöglich, weil sich die Definitionen von Merkmalen und ihren Ausprägungen geändert haben oder städtische Teilräume von Zensus zu Zensus unterschiedlich abgegrenzt sind.

Einer Zusammenstellung von Hamm (1982) ist zu entnehmen, daß bis Ende der 70er Jahre lediglich drei auf lateinamerikanische Städte bezogene sozial- oder faktorialökologische Studien vorgelegt worden sind, und zwar von Morris/Pyle (1971) für Rio de Janeiro, von Schwirian/Smith (1974) für mehrere Städte Puerto Ricos sowie von Bähr (1978) für Santiago de Chile. Datengrundlagen bildeten Zensuserhebungen von 1960 (in den ersten beiden Fällen) sowie 1970; jüngere Veränderungen der Stadtstruktur sind somit nicht erfaßt. Deshalb werden diese Untersuchungen hier nicht ausführlicher diskutiert, sondern es wird im folgenden lediglich auf solche Städte eingegangen, für die Informationen aus jüngerer Zeit vorliegen. Außerdem wurde eine regionale Streuung der Fallstudien angestrebt. Weitere Beispiele finden sich u. a. in Köster (1987) für La Paz und Reufels (1988) für Groß-Recife. In beiden Fällen erfolgt dabei die Regionalisierung auf der Basis von Korrelationsanalysen.

7.1 Lima

Die sozialräumliche Struktur der peruanischen Metropole ist von Bähr/Klückmann (1985) auf der Basis von Volkszählungsdaten aus dem Jahre 1981 analysiert worden. Zur Charakterisierung der 794 Zählbezirke *(zonas)* der Stadt dienten 30 Variablen zum sozioökonomischen Status und zur Stellung im Lebenszyklus. Mit Hilfe einer Clusteranalyse wurden daraus sieben Raumtypen gebildet, in denen sich eine vierfache Abstufung des sozioökonomischen Status und eine weitergehende Untergliederung der einzelnen Gruppen nach Merkmalen zur Haushalts- und Altersstruktur widerspiegelt (Abb. 32). Zum Zeitpunkt des Zensus von 1981 zählte Lima Metropolitana 4,61 Mio. Ew. (1990: ca. 6,5 Mio.); im Durchschnitt entfielen somit auf jede *zona* knapp 6000 Bewohner, so daß von einer weitreichenden internen Homogenität der zugrundeliegenden Raumeinheiten auszugehen ist.

Kroß (1992, S. 155 ff.) hat die sich ergebende räumliche Struktur des Stadtgebietes mit älteren Untersuchungen verglichen und ist dabei zu dem Ergebnis gekommen, daß das Grundmuster der sozialräumlichen Gliederung Limas im letzten Vierteljahrhundert recht stabil geblieben ist. Es ist daher zu erwarten, daß auch in den 80er Jahren keine entscheidenden Veränderungen eingetreten sind (vgl. Córdova Aguilar 1989, S. 248 ff.).

Die Raumstruktur des Jahres 1981 läßt sich sehr gut durch die Überlagerung der drei Ordnungsmuster erfassen, die auch der modellhaften Darstellung zugrundeliegen. Aus Datengründen müssen allerdings funktionale Aspekte außer acht bleiben (vgl. dazu Kap. 6.3, 6.9).

In Lima tritt der zentral-periphere Sozialgradient der kolonialzeitlichen Stadt kaum noch in Erscheinung, sondern hat sich bereits seit der Jahrhundertwende mehr und mehr gelockert. Einzelne, in der Nähe der *plaza* gelegene Adelspaläste oder Wohnhäuser vornehmer Familien sind zwar noch erhalten, sie haben jedoch einen Funktionswandel erfahren und dienen heute vorwiegend als Sitz staatlicher Dienststellen, wie der vielbeschriebene, in andalusischem Stil erbaute Palacio Torre Tagle aus dem Jahre 1735, der Teile des Außenministeriums beherbergt.

Im Gegensatz zu anderen Metropolen sind die zentrumsnahen Wohnbereiche, sofern sie nicht der Citybildung und -erweiterung zum Opfer gefallen sind, weitgehend degradiert und werden überwiegend von verschiedenen *tugurio*-Typen eingenommen (zur Definition

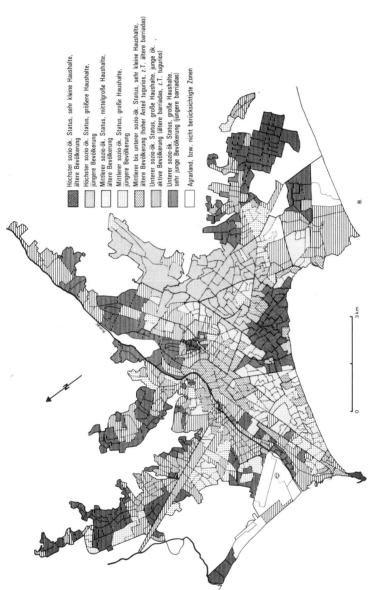

Höchster sozio-ök. Status, sehr kleine Haushalte, ältere Bevölkerung

Höchster sozio-ök. Status, größere Haushalte, jüngere Bevölkerung

Mittlerer sozio-ök. Status, mittelgroße Haushalte, ältere Bevölkerung

Mittlerer sozio-ök. Status, große Haushalte, jüngere Bevölkerung

Mittlerer bis unter sozio-ök. Status, sehr kleine Haushalte, ältere Bevölkerung (hoher Anteil tugurios, z.T. ältere barriadas)

Unterer sozio-ök. Status, große Haushalte, junge ök. aktive Bevölkerung (ältere barriadas, z.T. tugurios)

Unterer sozio-ök. Status, große Haushalte, sehr junge Bevölkerung (jüngere barriadas)

Agrarland, bzw. nicht berücksichtigte Zonen

Abb. 32: Sozialräumliche Struktur von Lima 1981 (Quelle: Bähr/Klückmann 1985).

vgl. Kap. 6.6), aber auch von älteren, inzwischen stark verdichteten und überbauten Hüttenvierteln *(barriadas)*, so daß hier teilweise schon von *tugurización* gesprochen wird (Sánchez u. a. 1979). Der nahezu geschlossene Ring der *tugurios* und verwandter Wohnformen um die City ist in Abb. 32 gut zu erkennen; weitere auffällige Konzentrationen gibt es in Callao und Surquillo. Allerdings sind diese Gebiete weder im Hinblick auf Bausubstanz und Genese noch bezüglich der Berufs- und Sozialstruktur der Bewohner homogen. Zum einen bestehen sie aus den sog. *callejones*, gangartig angeordneten Kleinstwohnungen, die seit der Jahrhundertwende von privaten Investoren aus Spekulationsgründen errichtet worden sind und die wegen ihrer Überbelegung und mangelhaften Infrastruktur häufig Ausgangspunkte von Seuchen waren. Zum anderen wurde der durch die Abwanderung der Ober- und später auch der Mittelschicht aus der Altstadt freigewordene Wohnraum – wenn auch häufig nicht direkt, sondern über *housing chains* (Kroß 1992, S. 119) – von niederen Sozialgruppen übernommen, was mit einer erheblichen Verdichtung einherging. Drittens sind die vorhandenen Wohnquartiere der Unterschicht, einschließlich älterer *barriadas*, extrem überbaut worden und haben große Teile des Bevölkerungszuwachses aufgenommen.

Die Funktion der Oberschichtviertel als Leitlinie der Stadtentwicklung zeigt sich in Abb. 32 besonders deutlich. Die bevorzugten Wohngebiete ziehen sich von der Küste zwischen San Isidro und Miraflores über Monterrico in Richtung La Molina hin (vgl. auch Abb. 33). Davon werden die älteren Bereiche von San Isidro und Miraflores durch die Dominanz kleinerer Haushalte und älterer Bevölkerung gekennzeichnet, während die Haushalte in den jüngeren Erweiterungen größer und die Altersstruktur zu jüngeren Jahrgangsgruppen verschoben sind. Außerhalb dieses geschlossenen Areals liegt in La Punta/Callao ein weiteres älteres Oberschichtviertel, das in seinen Ursprüngen als eleganter Badevorort bereits auf das Ende des vorigen Jahrhunderts zurückgeht, mittlerweile jedoch von *barriadas* und *tugurios* vollständig abgeschnürt ist.

Die Herausbildung der Oberschichtsektoren erfolgte allerdings weniger linienhaft. Von der Altstadt ausgehend, wuchsen vielmehr einzelne, zunächst isoliert und vor der „Bebauungsfront" gelegene Siedlungszellen später zusammen. Dieser regelhafte Ablauf läßt sich sowohl für den südlichen auf die Küste zu verlaufenden Sektor als auch für den westlichen, später entstandenen, nach Osten gegen das Gebirge gerichteten Sektor feststellen.

Beginnende Citybildung um die *plaza*, die Expansion von Handels-

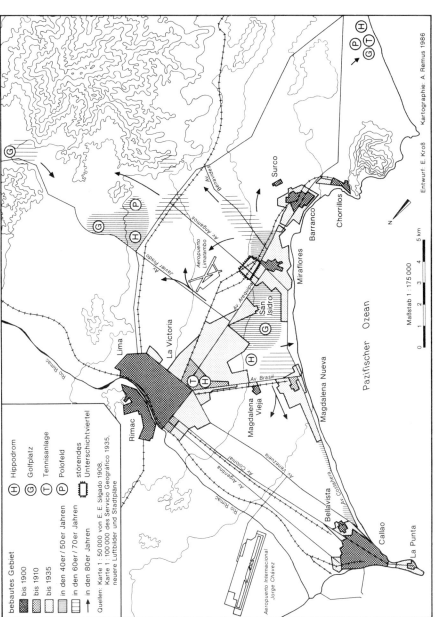

Abb. 33: Entwicklung der Ober- und Mittelschichtviertel in Lima (Quelle: Kroß 1992).

und Gewerbebetrieben im gesamten Bereich der Altstadt sowie die Ansiedlung erster Fabriken an ihrem Rande leiteten eine Entwertung der Wohnqualität ein. Die Abwanderung der Oberschicht begann im letzten Viertel des vorigen Jahrhunderts mit der saisonalen Nutzung nahegelegener Badeorte an der Küste, die sich von ursprünglich dörflichen Ansiedlungen zu Villenvororten wandelten und durch Eisen- und Straßenbahn mit dem altstädtischen Kern verbunden waren. Beispiele dafür sind Miraflores, Barranco und Chorillos (Abb. 33). Als weitere Entwicklungskerne kamen der planmäßig gegründete Badeort Mar Bella (1872; später als Magdalena Nueva bezeichnet) sowie das schon erwähnte La Punta hinzu. Erst nach der Jahrhundertwende bildete sich in Verbindung mit der Gründung des Lima Cricket and Lawn Club und des Hippodroms im südwestlichen Anschluß an die Altstadt ein Villengebiet heraus, das entlang der Avenida Brasil auf den Badevorort Magdalena Nueva zuwuchs (Córdova Aguilar 1989, S. 240 f.; Kroß 1992, S. 114).

In den 20er und 30er Jahren entwickelte sich die 1917 als vornehme Allee angelegte Avenida Arequipa, die südlichste Verbindungsstraße zwischen Altstadt und Küste, zur wichtigsten Leitlinie für die Ausdehnung der Oberschichtviertel. In ihrem mittleren Abschnitt entstand der vornehme Stadtteil San Isidro. Auch hier gingen von der Gründung des Country Clubs, der Anlage eines Golfplatzes und der Verlegung der Pferderennbahn nach dort entscheidende Wachstumsimpulse aus. Im Lima-fernen Bereich begannen etwa gleichzeitig die ursprünglich isolierten Badeorte entlang der Avenida Costañera zusammenzuwachsen. Damit hatte sich der Auszug der Oberschicht aus der Altstadt vollendet und das räumliche Muster der Sozialstruktur vom *reverse Burgess-type* zum *Burgess-type* gewandelt.

In den 50er und 60er Jahren zeichnete sich eine auffällige Richtungsveränderung der vornehmen Wohnviertel ab. Die Küstenorientierung verlor auch deshalb an Bedeutung, weil in Lima angesichts niedriger Wassertemperaturen, hoher Brandungswellen und ausgedehnter Geröllstrände die Badeverhältnisse nicht sonderlich gut sind (Kroß 1992, S. 139). Neue, anfangs isoliert gelegene Villenviertel entstanden zunächst in Monterrico und seit Ende der 60er Jahre auch in La Molina (Córdova Aguilar 1989, S. 246). Erneut hatte der Bau von Golf- und Poloplätzen diese Entwicklungsrichtung vorgegeben. Später füllten sich die dazwischenliegenden Bereiche allmählich auf, und es bildeten sich, randlich an die Oberschichtsektoren angrenzend, Wohnbereiche mittlerer Sozialschichten.

Zukünftige Ansatzpunkte gehobener Wohngebiete ergeben sich

nur noch weit außerhalb der Stadt unter „Überspringen" des *barria-das*-Gürtels, sei es in den küstenfernen Bereichen des Rímac- oder Luríntales (bei Chaclacayo bzw. Cienguilla) oder den südlichen Badevororten zwischen Punta Hermosa und Santa María del Mar, deren Erreichbarkeit sich durch den Bau der Küstenautobahn Anfang der 80er Jahre deutlich verbessert hat. Denkbar ist aber auch, daß die zukünftige Entwicklung weniger durch die räumliche Ausweitung, sondern durch Verdichtung innerhalb bestehender Viertel geprägt wird. In San Isidro und Miraflores werden schon jetzt Einfamilienhäuser vermehrt durch Apartment-Hochhäuser ersetzt, wofür zunehmende Sicherheitsbedürfnisse eine entscheidende Rolle spielen.

Als weiteres dominierendes Raummuster ist in Abb. 32 die zellenartige Struktur des Stadtrandes, vorwiegend in Gestalt jüngerer Hüttenviertel, gut erkennbar, wobei das Zusammenwachsen der einzelnen Zellen teilweise durch Bergland oder geschützte Bewässerungsareale verhindert wird. Vor allem der Norden Limas wird fast ausschließlich von Wohngebieten der Unterschicht bestimmt. Vom Río Rímac ausgehend, stoßen hier drei Keile entlang von größeren Straßen nach Norden vor. Weitere Wohnviertel unterer Sozialschichten aus jüngerer Zeit begleiten den Rímac auf seiner Südseite und befinden sich im Süden der Stadt. Den größten Komplex bildet hier Villa El Salvador, dessen Geschichte als staatlich geplante *barriada* vielfach beschrieben worden ist (vgl. Bähr/Klückmann 1984).

Physiognomisch bestehen oft keine Unterschiede zwischen den illegalen, aber häufig von staatlicher Seite geduldeten *barriadas* und genossenschaftlichen oder staatlichen Einfachsiedlungen, z. B. in Form von *sites and services-* oder *core housing*-Projekten; durchschnittliches Haushaltseinkommen und Wert der Häuser liegen in letzteren Siedlungen aber im allgemeinen höher (Kroß 1992, S. 157).

Die Bewohner solcher jüngeren Erweiterungen am Stadtrand sind meist junge Familien, die größtenteils vorher in anderen, zentrumsnäheren Stadtteilen – oft auch nur zur Untermiete – gewohnt haben (vgl. Kap. 6.2). Aufgrund großer Kinderzahlen übersteigt die durchschnittliche Haushaltsgröße dieser Viertel den gesamtstädtischen Durchschnitt bei weitem (vgl. Abb. 20).

Die älteren *barriadas* liegen wesentlich zentrumsnäher und sind baulich weitgehend konsolidiert. In ihrer Bevölkerungszusammensetzung unterscheiden sie sich kaum von den *tugurios*, wie auch die der Abb. 32 zugrundeliegende Clusterbildung dokumentiert.

Das massenhafte Auftreten von *barriadas* begann in den 40er Jahren; die erste *barriada* geht nach Wilhelmy/Borsdorf (1985, S. 84) bereits auf das Jahr 1924 zurück. Die Kartenfolge in Kroß (1992, S. 150 ff.) gibt einen eindrucksvollen Überblick ihrer Entwicklungsdynamik. Bis Mitte der 50er Jahre wohnten weniger als 10 % der Einwohner Limas in *barriadas*, um 1975 war die 25 %-Schwelle erreicht, und heute dürften es ca. 40 % sein.

Die ersten *barriadas* konzentrierten sich auf kleinere, agrarisch nicht nutzbare Flächen im unmittelbaren Randbereich des bebauten Gebietes von Lima und Callao und wiesen somit einen relativ guten Zugang zu den Industriegebieten und zur Altstadt auf. Aber schon in den 50er und 60er Jahren begann sich das bis heute gültige Verteilungsmuster abzuzeichnen, als es weit außerhalb des zusammenhängend bebauten Stadtgebietes zu spektakulären und z. T. gewalttätigen Siedlungsgründungen kam (vor allem nach Norden und in Richtung Callao). In den 70er Jahren griff der Staat mehr und mehr lenkend in den Prozeß der *barriada*-Bildung ein, indem er hauptsächlich im Süden der Stadt, abgesetzt vom bisherigen Siedlungsrand, riesige Flächen für Hüttenviertel „reservierte". Dieser Wandel von einer eher restriktiven oder gar repressiven Haltung zu einer bewußten Förderung der *barriadas* kommt auch in der Veränderung der offiziellen Bezeichnung für diesen Siedlungstyp zum Ausdruck. Sprach man zunächst (1961–68) von *barrios marginales*, so lautete die offizielle Bezeichnung zwischen 1968 und 1980 und wieder ab 1986 *pueblos jóvenes* (Kroß 1992, S. 2). Bis 1980 hatten die Wachstumsspitzen der *barriadas* Entfernungen von 25–30 km zum Stadtzentrum erreicht. Zunehmend kesselten sie die *ciudad legal* ein und wurden zum beherrschenden Element des Stadtentwicklungsprozesses. Es scheint nur noch eine Frage der Zeit zu sein, bis die *ciudad ilegal* – und das sind die *barriadas* trotz staatlicher Duldung oder gar Unterstützung nach den geltenden eigentumsrechtlichen und städtebaulichen Normen – bedeutender sein wird als die *ciudad legal* (Kroß 1992, S. 154).

Allerdings wurde in den 80er Jahren das expansive Flächenwachstum der *barriadas* mehr und mehr gebremst, jedoch nicht deshalb, weil sich der Wunsch der Menschen nach einer eigenen Wohnung – und sei es zunächst in Form einer einfachen Hütte – geändert hätte, sondern weil das Zusammenwirken vielfältiger *constraints* eine weitere Ausdehnung verhinderte (vgl. dazu auch Kap. 6.2). Zu diesen externen Zwängen zählen vor allem die weitgehende Erschöpfung von Flächenreserven an der Peripherie und die nicht mehr zu bewältigenden Pendelentfernungen zu möglichen Arbeitsstätten, was auch auf die unzureichende verkehrsmäßige Anbindung zurückzuführen ist.

Zwar hat es verschiedene Versuche gegeben, innerhalb oder am Rande der *barriadas* Industriegebiete auszuweisen und somit Arbeitsplätze zu schaffen (vgl. z. B. Bähr/Klückmann 1984 für Villa El Salvador), derartige Bemühungen waren aber allesamt nicht sehr erfolgreich. Es kommt daher heute weniger zu einer Ausdehnung als vielmehr zu einer Verdichtung der *barriadas* im bisherigen Stadtgebiet. Außerdem werden selbst kleinste Baulücken und extreme Hanglagen besiedelt.

Lange Zeit bildete Lima somit ein klassisches Beispiel für die „*squatter suburbanization*-These" von Turner (vgl. Kap. 6.2). Einerseits wurden Aneignung und spätere Bebauung von Flächen an der jeweiligen Peripherie durch die naturräumliche Lage Limas erleichtert; die wert- und scheinbar herrenlosen Wüstenareale der Umgebung waren leicht zugänglich, und gegen eine Besetzung war nur geringer Widerstand zu erwarten, weil die Interessen der gesellschaftlich einflußreichen Gruppen davon nur in geringem Maße tangiert wurden. Andererseits hat der Staat schon früh eine aktive Rolle im Prozeß der *barriada*-Bildung übernommen. Wenn Landbesetzer schon nicht toleriert wurden, was in Einzelfällen immer wieder geschah, so bot man ihnen doch vielfach „Ersatzlösungen" an. Auch die vielleicht bekannteste *barriada*, Villa El Salvador, ist ursprünglich aus einer solchen Umsiedlungsaktion hervorgegangen. Außerdem hat der Staat die Selbsthilfe im Wohnungsbau schon sehr früh offiziell gefördert. Bereits 1961 wurde ein *barriada*-Gesetz verabschiedet, das eine Sanierung und Anerkennung der illegalen Siedlungen vorsah (Kroß 1992, S. 369 f.). Allerdings sind später die kostenintensiven Bestimmungen dieses Gesetzes aufgehoben worden, so daß die infrastrukturelle Ausstattung der meisten *barriadas* außerordentlich bescheiden blieb, wenn nicht in kollektiver Selbsthilfe bzw. durch Hilfe Dritter, meist NROs, bestimmte Einzelmaßnahmen durchgeführt worden sind.

Heute spielt die Lage innerhalb des Stadtgebietes für die Entwicklungsdynamik und Bevölkerungszusammensetzung der *barriadas*, aber auch legaler Einfachsiedlungen eine entscheidende Rolle. So verläuft unter sonst gleichen Bedingungen die bauliche Konsolidierung in zentrumsnäheren bzw. verkehrsgünstiger gelegenen Vierteln sehr viel schneller als in denjenigen an der extremen Peripherie. Zu beachten ist ferner, daß es in den *barriadas* zu Verdrängungs- und Entmischungsvorgängen kommt. Zum einen werden vielfach Erstsiedler, die über keinerlei Geldmittel verfügen oder in eine persönliche Notlage geraten, ausgekauft und damit verdrängt; zum anderen wandern die wirtschaftlich Erfolgreicheren meist ab, wenn der Konsolidierungsprozeß nicht in Gang kommt. Aufgrund der Neubewertung des

Lagefaktors gewinnen außerdem günstig gelegene Unterkünfte als
Mieter oder Untermieter für Wohnungssuchende aus unteren Sozialschichten an Attraktivität, was eine Sanierung der übervölkerten
tugurios und älteren *barriadas* erschwert. Der alte Gegensatz zwischen *slums of despair*, womit in erster Linie die abgewerteten Wohnquartiere in innenstadtnaher Lage gemeint waren, und den sich mittels
Selbsthilfe konsolidierenden randstädtischen Hüttenvierteln als *slums
of hope* verwischt sich somit auch in Lima immer mehr.

7.2 Bogotá

Eine Karte zur sozialräumlichen Gliederung von Bogotá, das seit
1991 – anläßlich der Verkündigung der neuen Staatsverfassung – wieder den ursprünglichen Namen Santa Fé de Bogotá führt, ist erstmals
von Brücher/Mertins (1978, S. 61) vorgelegt worden. Sie basiert auf
Angaben des staatlichen Haushaltszensus von 1970 und einer 1972
erfolgten stichprobenartigen Nacherhebung und bezieht sich auf das
Gebiet des Distrito Especial (seit 1991: Distrito Capital, D. C.), der
1973 ca. 3 Mio. Ew. zählte und weitgehend mit der Metropolitanregion übereinstimmt (Zensus 1993: Bogotá, D. C. 5,8 Mio. Ew.). Entsprechend der Unterscheidung – nach einem Punktsystem – in sechs
sozioökonomische Schichten wurden auch sechs Viertels-(= *barrio*-)
typen ausgewiesen.

Als ein wichtiges Fazit konnte seinerzeit herausgestellt werden
(Brücher/Mertins 1978, S. 16): Im Zuge der raschen, vor allem auf
starken Migrationsgewinnen beruhenden Bevölkerungszunahme in
den 50er/60er Jahren mit Wachstumsraten zwischen 5,8 und 6,1 %/Jahr
hat sich die noch in den 50er Jahren scharf ausgeprägte sozialräumliche Trennung „armer Süden – reicher Norden" (Amato 1970, S. 97 f.;
vgl. auch Wilhelmy 1952, S. 171) erheblich abgeschwächt. Zwar bleibt
der gesamte Südrand das Hauptwohngebiet der Unterschichten, jedoch hat sich dieses seit Anfang der 60er Jahre stark nach Westen, in
die Hochebene hinein, ausgedehnt (vgl. Abb. 13; auch: Mittendorff
1984, S. 19 ff.), durchsetzt mit Wohnvierteln der unteren Mittel- und
der Mittelschicht. Andererseits liegen im Norden die *barrios* der
Ober-, z. T. auch der oberen Mittelschicht noch in einem geschlossenen Komplex, allerdings sind sie randlich, vor allem im Anstieg zur
Ostkordillere sowie im Westen und Nordwesten, z. T. bereits groß-
flächig von Mittel-/Unterschichtvierteln umgeben bzw. mischen sich
weiter nördlich mit diesen.

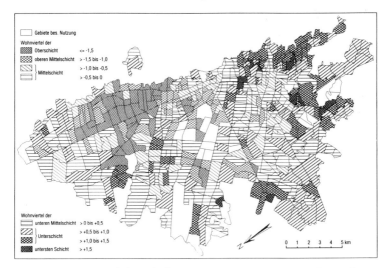

Abb. 34: Sozialräumliche Gliederung von Bogotá 1985 (Quelle: Hubrich 1994).

Diese sozialräumliche Differenzierung ist später mehrfach, entsprechend dem Entwicklungsstand, modifiziert (u. a. Mittendorff 1984, S. 27; Karte 207/2 im DIERCKE-Weltatlas), letztlich aber in ihren Grundzügen bestätigt worden. Das gilt auch für die detaillierte Gliederung nach sozioökonomischen, bebauungsmäßigen und funktionalen Kriterien von Zaugg (1983, Karten 2–5). Zuletzt hat dann Hubrich (1994) auf der Basis von Daten aus dem Bevölkerungs- und Wohnstättenzensus 1985 und unter Anwendung faktorenanalytischer Verfahren eine sozialräumliche Gliederung vorgelegt.

Die in Abb. 34 dargestellten Werte des Faktors 1 sind in besonderem Maße durch die Struktur der Wohneinheiten geprägt: Ein- und Zweizimmerwohnungen mit hoher Wohndichte (Personen/Zimmer) wirken stark positiv, ebenfalls der Anteil der gemeinschaftlich genutzten hygienisch-sanitären Infrastruktur, ferner das Vorherrschen eher jüngerer Bevölkerungsschichten bzw. Haushalte mit kleinen Kindern. Diese Kriterien treffen auf die Viertel der untersten, weniger auf die der Unterschicht im Süden und Südosten zu, z. T. am Ostkordilleren-Abhang gelegen, aber auch für die westlichen Randbereiche der Stadt (hohe positive Ladungen auf Faktor 1). Dazu kontrastieren die Ober- und oberen Mittelschichtviertel mit hohen negativen Ladungen auf diesem Faktor, charakterisiert durch große, infrastrukturell gut ausgestattete Wohnungen (fünf und mehr Zimmer), einem hohen Anteil von Personen in mittlerem Alter (30–59 Jahre) sowie von weiblichen Hausangestellten *(muchachas)*, die in den Häusern bzw. Wohnungen ihrer Arbeitgeber leben. Sehr deutlich erkennbar ist die kompakte Zone dieser *barrios* im mittleren Norden und Norden. Positive Werte auf Faktor 1 zeigen überwiegend Unterschichtviertel an, negative Werte bis – 1,0 meistens Mittelschichtviertel.

Das sich in Abb. 34 durchpausende Grundmuster der sozialräumlichen Gliederung tritt auch in anderen Untersuchungen klar zutage (Pastrana/Gonzales 1989), vor allem aber in der von den öffentlichen Ver- und Entsorgungsgesellschaften zur Tariffestsetzung vorgenommenen Einteilung des Stadtgebiets in sechs sozioökonomische Raumkategorien (DNP 1986). Dabei werden die *barrios* nach Kriterien wie Haustyp, Bauzustand, Versorgung mit öffentlicher Infrastruktur etc. klassifiziert – ein treffendes Beispiel dafür, daß sich in lateinamerikanischen Städten die sozialräumliche Gliederung weitgehend nach physiognomisch faßbaren Elementen bestimmen läßt.

Es ist angeführt worden, daß das in Kap. 6.1 vorgestellte „Modell" (Abb. 18) überwiegend „on data from Bogotá" entworfen wurde (Schuurman 1986, S. 222). Das trifft nur recht bedingt zu, wenngleich die Überlagerung der drei grundlegenden Ordnungsmuster in Bogotá recht evident ist. Wie in Lima und Rio de Janeiro (Kap. 7.1, 7.3) ist der zentral-periphere Sozialgradient spätestens seit Ende der 30er Jahre nicht mehr vorhanden, jedoch ein funktionaler Gradient deutlich ausgebildet. Um die Plaza de Bolívar gruppieren sich nach wie vor die höchsten Regierungs- (Präsidentenpalast, Parlamentssitz, mehrere Ministerien, andere hochrangige Regierungsstellen etc.) und kirchlichen Funktionen (Kathedrale, Erzbischofssitz). Einige in unmittelbarer *plaza*-Nähe gelegene *barrios* mit überwiegender Bausubstanz aus dem 19., weniger aus dem 18. Jh. (La Catedral, La Candelaria, auch Teile von Santa Barbara) sind – nicht zuletzt aus „optischen" wie aus Sicherheitsgründen – seit den 80er Jahren mit erheblichem Aufwand erneuert worden und dienen seitdem überwiegend als Sitz von Organisationen, Gesellschaften, für kulturelle Zwecke etc. Andere, stark verslumte Teile einiger *barrios* (Santa Barbara) wurden flächensaniert, um einen großen Verwaltungs- und modernen Apartment-Wohnkomplex zu errichten (vgl. Kap. 6.6; Gormsen 1990, S. 340).

Wie in kaum einer anderen lateinamerikanischen Metropole ist die *plaza mayor* (Plaza de Bolívar) noch immer der „funktionale Trennpunkt": Unmittelbar nördlich liegt in der 7. Carrera, der Séptima, das ehemalige Luxuseinkaufsviertel, und um die Avenida Jiménez hat sich das zentrale Bankenviertel erhalten, u. a. mit dem Hauptsitz der Banco de la República. Auf der entgegengesetzten Seite, fast unmittelbar hinter dem Regierungsviertel, beginnt der „Süden" mit unteren Mittelschicht-/Unterschichtvierteln. Die im „Modell" ausgewiesene Mischzone ist im Nordteil der Innenstadt längst nicht mehr vorhanden und im Osten, aufgrund der Nähe zum Ostkordillerenanstieg, weniger ausgeprägt, allerdings mit einigen traditionellen, z. T. stark verdichteten und verslumten, mit Handwerksbetrieben durchsetzten Unterschichtvierteln (u. a. Belén, Egipto, La Concordia; vgl. Abb. 25). Dafür ist sie (noch) um so deutlicher im Westen ausgebildet, in Richtung auf den 1913–17 erbauten, mittlerweile fast funktionslosen Hauptbahnhof (*barrios* Santa Inés, La Capuchina, San Victorino u. a.): Großhandels-, Handwerks-, kleinere Produktionsbetriebe und Werkstätten wechseln hier mit aufgeteilten, baulich degradierten meist zweistöckigen ehemaligen Mietshäusern für obere Mittel-/Mittelschichthaushalte (*caserones*; vgl. Kap. 6.6), während die in anderen Altstädten gehäuft auftretenden *conventillos* und/oder *callejones* fehlen.

Deutlicher vielleicht als in anderen Metropolen ist in Bogotá die Funktion der Oberschichtviertel als Leitlinie der sektoralen Stadtentwicklung zu erkennen (vgl. Kap. 6.4; Amato 1970; Brücher 1975; Bähr/Mertins 1981). Dabei ist die etappenartige, jeweils neue Oberschicht„zellen" hervorrufende Wanderung vom Altstadtkern in immer nördlichere Stadt- und -randbereiche, d. h. die strenge Beibehaltung einer Richtung, besonders charakteristisch (Abb. 24).

Die Abwanderung der Oberschicht aus der Altstadt setzte massiv Ende der 20er Jahre ein. Leitlinie war aber nicht die Verlängerung der Séptima, der Haupteinkaufsstraße, nach Norden, entlang deren dann ab den 70er Jahren die City-Erweiterung stattfand (Centro Internacional; Kap. 6.4), sondern vielmehr die südlichere Avenida Caracas, die seit Mitte der 30er Jahre angelegte und von den 50er Jahren an kontinuierlich ausgebaute Ausfallachse nach Norden (Arango 1990, S. 199). Richtungweisend waren Wochenend- und Ferienhausgebiete der Oberschicht (*quintas de recreo*), vor allem im Bereich der Hacienda Chapinero, der bereits 1884 über eine Pferdeeisenbahn mit dem Zentrum verbunden worden war (Puyo 1992, S. 117f.). Dieser folgte dann später weitgehend die Avenida Caracas.

Während die *barrios* der ersten Oberschicht„etappe" (u. a. Teusaquillo, Magdalena, Santa Teresita) aufgrund der Zentrumsnähe seit Mitte der 70er Jahre einen Funktionswandel von Wohnvierteln der oberen Mittel-/Mittelschicht zum Firmenverwaltungs-/Repräsentationsstandort erfahren, wobei z. T. auch Hochhäuser entstehen (vgl.

Kap. 6.4), ist Chapinero zum Wohn- und Versorgungsbereich für Mittelschichten abgesunken (Zaugg 1983; Puyo 1992; Hubrich 1994). ₁Demgegenüber haben die kompakten, kontinuierlich gewachsenen Oberschichtviertel zwischen der Avenida Caracas und der Carrera 7 ihre Funktion beibehalten, wobei die Calle 100 einen gewissen Wachstumseinschnitt repräsentiert. Vor allem an den Haupt- (Carreras 9, 11, 13, 15), aber auch einzelnen Nebenstraßen haben sich auf den höchsten Bedarf ausgerichtete *commercial strips* gebildet, durchsetzt mit kleineren *centros comerciales* und einem größeren, 1993 eröffneten *shopping-center* (Centro Andino). Gleichzeitig etablierten sich hier hochrangige private Dienstleistungen (Banken, Versicherungen, Firmenvertretungen, Rechtsanwälte, Fachärzte etc.), größtenteils durch Verlagerungen ihrer vorherigen Standorte aus dem unsicher gewordenen Stadtzentrum (vgl. Kap. 6.4; Mittendorff 1984). Seit Mitte/Ende der 70er Jahre ist mit der umstrittenen Anlage der Avenida de los Cerros auch der Bau von Apartment-Hochhäusern am Anstieg zur Ostkordillere möglich und damit die Ausweitung der Ober-/oberen Mittelschichtviertel in diese Richtung.

Jenseits der Calle 100 stimulierte der vornehme, ein großes Areal umfassende Country Club sowie das 1976 in dessen Nähe eröffnete und immer noch größte *shopping-center* Bogotás (Unicentro; Abb. 23) die weitere Ausdehnung bzw. Verdichtung der Oberschichtviertel (Gilbert 1994, S. 3). Dagegen bildete im Bereich der Carrera 7 die Calle 100 jahrelang die Wachstumsgrenze nach Norden. Erst die Asphaltierung dieser Straße über die Calle 100 hinaus, Anfang der 70er Jahre, ermöglichte hier die Anlage exklusiver, z. T. geschlossener, d. h. ummauerter oder eingezäunter *barrios* (Bosque de los Pinos, Santa Ana, Santa Bárbara Alta etc.). Nördlich des Country Clubs löst sich das kompakte Oberschichtgebiet in zellenförmige Strukturelemente auf, meist geschlossene Apartment-Hochhaus- oder luxuriöse Einfamilienhaus-*condominios*, z. T. in unmittelbarer Nachbarschaft zu Mittel- und Unterschichtvierteln. Jüngere Oberschicht„zellen" liegen vor der geschlossenen Siedlungsfront und reichen im Norden, zwischen der Avenida Caracas/Autopista del Norte und der Avenida 7, weit in die Sabana de Bogotá hinein. Insgesamt trifft für die Oberschichtviertel, vor allem für den geschlossenen Komplex im mittleren Norden und Norden, die Charakterisierung von Gilbert (1994, S. 4) zu, „Latin American elites have managed to create areas of ‚modernity' amidst vast surrounding expanses of poverty".

Durch Industriebetriebe bestimmte Wachstumsachsen bilden im „Modell" das andere, wichtige sektorale Ordnungselement (vgl.

Kap. 6.1). In Bogotá sind derartige Achsen nicht stark ausgeprägt, und obwohl die Freiräume zwischen den einzelnen Betrieben mittlerweile ziemlich genutzt sind, kann man nur bedingt von Industrieachsen sprechen (Brücher 1975, S. 146; vgl. auch die Karten 3 und 4 in Zaugg 1983).

Leitlinien der älteren, relativ innenstadtnah, knapp westlich des Hauptbahnhofs ansetzenden Industriezone sind der jeweils erste Abschnitt der beiden nach Westen/Nordwesten (La Dorada) und nach Südwesten (Girardot) ins Magdalenatal führenden Eisenbahnlinien, von denen die letzte aufgegeben ist und die erste nur noch vereinzelt dem Personenverkehr dient, bzw. das von beiden gebildete Dreieck. Die Hauptstandorte der Industriebetriebe finden sich an der ersten „Achse", vor allem in den *barrios* Centro Industrial, Puente Aranda und Estación Central. Jüngere Industriezonen haben sich an den Ausfallstraßen bzw. Autobahnen nach Südwesten, Westen und Norden angesiedelt, ohne daß diesen achsenbildende, wohl aber -verstärkende Wirkungen zugeschrieben werden können, u. a. durch die Zunahme/Konzentration von Vierteln der Unter- bzw. unteren Mittelschicht (Abb. 34; Hubrich 1994).

Die zellenartige Struktur dominiert vollends bei den randstädtischen Marginalvierteln sowie bei den Vierteln des Niedrigkosten-Wohnungsbaus am bzw. vor dem Stadtrand (Kap. 6.7, 6.8). Dabei treten derartige „Zellen" aus topographischen Gründen am Ostrand nur vereinzelt auf, meistens in durch Rutschungen gefährdeten Lagen (Brücher/Mertins 1978, S. 40). Hingegen sind sie in der südlichen und südöstlichen Hügelzone sowie am Westrand, d. h. in der Hochebene, fast ubiquitär, weniger häufig am nördlichen Stadtrand.

Auf die gerade in Bogotá sehr beherrschende Rolle der semilegalen Marginalviertel *(barrios piratas)* und umgekehrt auf die recht geringe Verbreitung illegaler Formen *(barrios de invasión)* wurde bereits in Kap. 6.7 hingewiesen: 1972 lebten 54 % der Bogotaner in *barrios piratas*, die 31 % der Stadtfläche einnahmen, gleichzeitig aber nur 1,1 % in den sieben *barrios de invasión* (Brücher/Mertins 1978, S. 36, 49); 1985 waren es 43,4 % der Bevölkerung in allen informellen Siedlungen, wobei die Abnahme durch die inzwischen erfolgte Legalisierung vieler *barrios* erklärt werden kann. Aufgrund der Nachfrage stiegen seit der zweiten Hälfte der 70er Jahre die Grundstückspreise in den relativ leicht zugänglichen semilegalen *urbanizaciones* am westlichen Stadtrand erheblich an (von 1 auf 2–5 US-$/m²). Als Ventil boten sich die stark zerschnittenen, erosionsanfälligen und relativ wertlosen Flächen zwischen 2600 und 2800 m am südlichen Stadtrand an. Hier findet sich im Bereich der Bezirksbürgermeisterei Ciudad Bolívar die durch die Topographie deutlich differenzierte, aufgrund des rasanten Wachstums und der gesamten sozioökonomischen wie infrastrukturellen Situation spektakulärste Zellenstruktur. Die ersten informellen „Zellen" entstanden bereits in den 60er Jahren; der Boom setzte jedoch erst Ende der 70er Jahre ein. Anfang der 90er Jahre zählte Ciudad Bolívar, seinerzeit aus ca. 180 *barrios* bestehend, etwa 1,28 Mio. Ew., d. h. ungefähr $^1/_5$ der Bevölkerung Bogotás. Hier machen die semilegalen, z. T. bereits legalisierten Siedlungen ca. $^3/_4$ aller *barrios* aus (Puyo 1992, S. 262). In den Karten bei Pastrana/Gonzales (1989) und Hubrich (1994) sind diese Bereiche insgesamt als extrem marginal charakterisiert.

Für die Entwicklungsdynamik der informellen Viertel spielt – wie auch in anderen Großstädten – ihr Rechtsstatus eine entscheidende Rolle. Die bauliche Konsolidierung verläuft in semilegalen Vierteln schneller als in illegalen (Boden-/Grundstückssicherheit) und unter den semilegalen besonders rasch bei den verkehrsgünstig gelegenen, wobei es zu den bereits mehrfach angesprochenen Verdrängungs- und Entmischungsprozessen kommt, die wiederum zu einer beschleunigten Konsolidierung und einem höheren sozialen Rang dieser Viertel beitragen.

Noch auffälliger als bei den informellen Marginalvierteln tritt das zellenförmige Ordnungsmuster bei den Siedlungen des sozialen und des Niedrigkosten-Wohnungsbaus in Erscheinung, da sie größere Flächen einnehmen und die Bodenpreise gewissermaßen einen immer entfernteren Standort im suburbanen Bereich erzwingen. Das ist bereits bei Ciudad Tunal und Ciudad Bochica, Vierteln des sozialen Wohnungsbaus aus den 70er/80er Jahren, der Fall gewesen, auch in Guacamayas, alle am Süd-/Südostrand der Stadt gelegen, und wird besonders deutlich bei den Niedrigkosten-Wohnsiedlungen, z. B. der katholischen SERVIVIENDA-Organisation. Die meisten dieser Siedlungen liegen außerhalb des Stadtbezirks von Bogotá, bis zu 24 km (!) vom Zentrum entfernt (Baltes 1987, 1988).

Bogotá kann sicherlich als ein klassisches Beispiel, aber nicht als der „inspirierende Fall" für das Modell der sozialräumlich-funktionalen Gliederung der lateinamerikanischen Großstadt gelten. Wichtig ist jedoch festzuhalten, daß die hier vorgestellte Gliederung sich auch in den *mental maps* der Stadtbevölkerung widerspiegelt, nicht nur auf einzelne Stadtviertel, sondern auch auf prägende Straßen/-abschnitte bezogen (Silva 1992, S. 175 ff.).

7.3 Rio de Janeiro

Es ist zu Beginn von Kapitel 7 ausgeführt worden, daß über die sozialräumliche und funktionale Struktur brasilianischer Metropolen verhältnismäßig wenig gearbeitet worden ist. Erst in jüngerer Zeit ist eine gewisse Trendwende zu verzeichnen, wobei vor allem Rio de Janeiro größere Aufmerksamkeit erfahren hat, während für andere Agglomerationen umfangreichere neuere Monographien nach wie vor fehlen bzw. eher ausgewählte Einzelaspekte behandelt werden. In deutscher Sprache sind innerhalb von wenigen Jahren zwei größere Untersuchungen über Rio de Janeiro entstanden: Achilles (1989) widmet sich der Verlagerung und dem Strukturwandel der sozial hochrangigen Wohnviertel; Souza (1993) stellt – auf breiter theoretischer Grundlage – die sozialräumliche Segregation in den Mittelpunkt der Betrachtung. Deshalb wird Rio de Janeiro hier als Fallbeispiel gewählt, wohl wissend, daß sich allein aufgrund der Küstenlage und -gliederung sowie Besonderheiten des Reliefs (mit zahlreichen *morros*, die die Küstenebene der Baixada Fluminense und damit das gesamte Stadtgebiet durchziehen) gewisse Abweichungen zu den anderen Metropolen ergeben. Auch fehlt in Rio de Janeiro schon seit längerem die dynamische Bevölkerungsentwicklung, wie sie nach wie vor für viele brasilianische Agglomerationsräume kennzeichnend ist. Zwischen 1970 und 1980 wuchs die Metropolitanregion durchschnittlich nur um 2,2 %/Jahr (städtische Bevölkerung Brasiliens: 4,4 %), zwischen 1980 und 1991 gar nur um 0,6 %/Jahr (städtische Bevölkerung Brasiliens: 3,0 %). Die noch 1990 vom brasilianischen Statistischen Amt vorgelegte Einwohnerschätzung für die *região metropolitana* erwies sich als bei weitem zu hoch. Statt 11,2 Mio. Ew. für 1990, wie angenommen, ergab der Zensus 1991 nur eine Bevölkerungszahl von 9,6 Mio. Wirtschaftlich gesehen ist Rio de Janeiro längst von São Paulo überflügelt worden. Das gilt mittlerweile nicht mehr ausschließlich für industrielle Aktivitäten, sondern auch als Handels- und Bankenzentrum steht Rio heute hinter São Paulo nur noch an zweiter Stelle. Selbst im Flugverkehr ist es nicht mehr – wie Wilhelmy/Borsdorf noch 1985 (S. 348) schreiben – „Zentralflughafen des Kontinents", vielmehr werden die meisten interkontinentalen Verbindungen heute über São Paulo abgewickelt.

Ausgangspunkt der Betrachtung bildet das von Souza (1993, S. 211, 257) erarbeitete Strukturmodell, das in Form einer Abfolge mehrerer Schemata die Entwicklung von der zweiten Hälfte des vorigen Jahrhunderts bis zur Gegenwart zu erfassen versucht. Als Abgrenzung

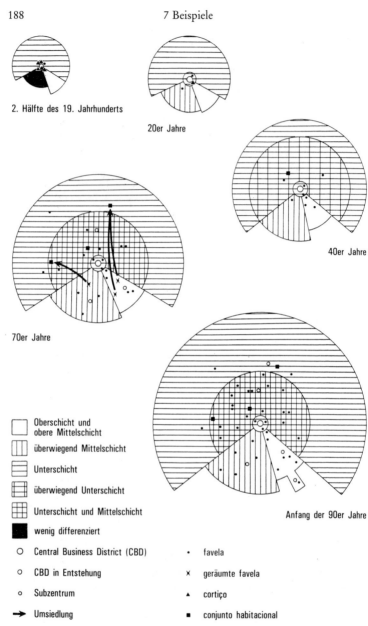

2. Hälfte des 19. Jahrhunderts

20er Jahre

40er Jahre

70er Jahre

☐ Oberschicht und obere Mittelschicht

▥ überwiegend Mittelschicht

▤ Unterschicht

▨ überwiegend Unterschicht

▦ Unterschicht und Mittelschicht

■ wenig differenziert

○ Central Business District (CBD)

○ CBD in Entstehung

○ Subzentrum

→ Umsiedlung

Anfang der 90er Jahre

• favela

× geräumte favela

▲ cortiço

■ conjunto habitacional

Abb. 35: Strukturmodell der sozialräumlichen Segregation in Rio de Janeiro (Quelle: Souza 1993).

der einzelnen Zonen werden sowohl quantitative als auch qualitative Gesichtspunkte herangezogen. Dabei ergibt sich in doppelter Hinsicht eine Schwierigkeit: Einerseits stammen die letzten verfügbaren Zensusergebnisse zur sozioökonomischen Situation aus dem Jahre 1980 (vom Zensus des Jahres 1991 lagen auch Ende 1994 lediglich die Einwohnerzahlen vor), zum anderen stellen die vielen *favelas*, die es aufgrund des hügeligen Reliefs auch inmitten der Wohngebiete von Ober- und Mittelschicht gibt, einen – wie es Souza (1993, S. 212) ausdrückt – „Störfaktor" des Segregationsmodells dar, so daß diese bei der Charakterisierung der einzelnen Gebiete und ihrer Zuordnung zu verschiedenen Sozialschichten (vorwiegend auf der Basis der Familieneinkommen) außer acht bleiben. Funktionale Gesichtspunkte werden in den schematischen Darstellungen ohnehin nur randlich durch die Ausweisung von CBD und Subzentren berücksichtigt, so daß sich schon aus diesem Grunde ein direkter Vergleich mit dem diesem Band zugrundeliegenden Modell verbietet.

Läßt man diese Einschränkungen außer Betracht, so wird in Abb. 35 erkennbar, daß sich die sozialräumliche Gliederung Rio de Janeiros nicht grundsätzlich von anderer lateinamerikanischer Metropolen unterscheidet. Die Überlagerung von ring- und sektorenförmigen Elementen tritt auch in diesem Falle deutlich in Erscheinung, ebenso die Anlagerung eines „Mittelschichtsektors" an denjenigen der Oberschicht und oberen Mittelschicht. Weniger sichtbar wird die zellenförmige Struktur an der Peripherie. Dazu ist jedoch zu bemerken, daß es sich bei der äußeren Zone der Unterschicht nicht um ein geschlossen bebautes Gebiet handelt, sondern die Peripherie aus sehr unterschiedlichen Einheiten besteht (mit illegalen Parzellierungen als der typischsten Wohnform, aber auch *favelas* [s. u.], Blökken des sozialen Wohnungsbaus und „normalen" Wohnvierteln), die noch von ungenutzten, z. T. aus Spekulationsgründen freigehaltenen Arealen getrennt sind. Ebenso gehören einzelne Industriezonen (im Schema nicht eingetragen) zur Peripherie, und es sind auch hier (einfachere) Geschäftssubzentren entstanden, in deren Nähe häufig kleinere Konzentrationen von Mittelschichtbevölkerung zu finden sind (Souza 1993, S. 230).

Eine Besonderheit Rio de Janeiros stellen die verhältnismäßig vielen „Zellen" aus *conjuntos habitacionais* (vgl. dazu Kap. 6.8) und insbesondere *favelas* – meist an den *morros* – innerhalb der geschlossen bebauten Zone dar. Auch die rigorosen Umsiedlungsaktionen vorwiegend in den 60er und 70er Jahren haben es nicht vermocht, die „Schauseite" der Stadt von *favelas* freizuhalten.

Baulich und auch hinsichtlich ihrer sozioökonomischen Struktur können die favelas sehr verschieden sein. Viele sind inzwischen soweit konsolidiert, daß man den Haustyp kaum noch als Bestimmungskriterium verwenden kann. Die Mehrzahl der Gebäude in den *favelas* des Kernmunizips besteht heute aus Steinhäusern; ihre früher übliche Charakterisierung als Ansammlung von Hütten, die vornehmlich aus Blech- oder Zinkplatten, Brettern oder ähnlichen Materialien erbaut worden sind, trifft somit längst nicht mehr zu. Ebenso gibt es ärmere und weniger arme *favelas*, solche mit völlig fehlender und einigermaßen akzeptabler Infrastruktur. Dabei sind die kleinsten und jüngsten in der Regel auch die ärmsten. Als gemeinsames Merkmal bleibt – neben einer ähnlichen Ausgangssituation – nur der illegale Status, wie Leeds schon 1969 betonte (so auch Pfeiffer/Fessler Vaz 1993, S.176), d.h., *favelas* sind aus Landbesetzungen hervorgegangen und entsprechen somit den illegalen Hüttenvierteln im Modell (vgl. Abb. 18). Allerdings weist Souza (1993, S.221) darauf hin, daß sie einerseits (bezüglich städtebaulicher Normen) von den illegalen Parzellierungen an der Peripherie zu unterscheiden sind, andererseits viele *favelas* ein eigenes inoffizielles Legalisierungssystem einschließlich eines Bewohnerkatasters organisieren und zudem häufig allein schon dadurch eine gewisse offizielle Anerkennung erfahren, daß einzelne bundesstaatliche Betriebe, wie z. B. die Stromversorgungsgesellschaft, sie in ihr Netz integrieren.

Wenig Bedeutung haben heute in Rio de Janeiro die beiden anderen Formen innerstädtischer Marginalsiedlungen. In der zweiten Hälfte des vorigen Jahrhunderts und noch bis in die 20er Jahre wohnte ein großer, aber im Zeitverlauf ständig abnehmender Teil der Unterschicht in sog. *cortiços*. Das sind Massenquartiere mit unzureichender hygienischer und sanitärer Ausstattung, den *conventillos* im spanischen Sprachraum vergleichbar, die von Geschäftsleuten aus spekulativen Gründen erbaut wurden. Trotz niedriger Mieten warfen sie hohe Gewinne ab, weil viele Familien auf engstem Raum untergebracht waren (vgl. Pfeiffer/Fessler Vaz 1993, S. 177). Gleiches gilt für die sog. *casas de cômodos*, degradierte und unterteilte Einfamilienhäuser in relativer Zentrumsnähe, die früher von wohlhabenderen Gruppen bewohnt waren und mit der Erschließung küstennaher Zonen südlich der Stadt als Wohngebiete der Reichen (s. u.) allmählich verfielen.

Die meisten dieser Wohnquartiere sind schon in den Jahren 1902–1906 städtebaulichen Reformen des Zentrums zum Opfer gefallen (neue repräsentative Bauwerke, Verbreiterung und Neuanlage von Straßen wie der heutigen Avenida Branco, der wichtigsten Straße des CBD). Nach Souza (1993, S. 190) sind damals 1681 Häuser zerstört worden, und 20 000 Menschen, $^1/_{10}$ der Bevölkerung des Zentrums, wurden obdachlos (vgl. Kap. 6.3). Im Ergebnis bedingten diese Umgestaltungen einerseits eine fortschreitende Verdrängung der ärmeren Bevölkerung an die nördliche Peripherie, andererseits eine zunehmende „Favelisierung" der gesamten Stadt, d. h., die Hänge der *morros*, die für den Immobilienmarkt damals wertlos waren, weil sie wegen der Rutschungsgefahr nicht bebaut werden konnten, wurden besetzt, z. T. auch von den Eigentümern gegen mietähnliche Zahlungen vergeben und anschließend mit einfachen Hütten bebaut (Pfeiffer/Fessler Vaz 1993, S. 178). Diese Entwicklung begann bereits nach der Sklavenbefreiung im Jahre 1888; die Favela da Providéncia auf dem gleichnamigen 117 m hohen *morro*, deren Ursprung auf das Jahr 1895 zurückgeht, gilt als die erste große *favela* in Rio (Wilhelmy/Borsdorf 1985, S. 344). Später nahm deren Zahl rasch zu, nicht nur in den Wohngebieten der Unterschicht, sondern auch auf zentral gelegenen Hügeln und in Arealen der Südzone. Dadurch „störten" sie in steigendem Maße, wie Souza (1993, S. 195) schreibt, die Vorstellung der Eliten, nach der das Zentrum „frei von Makeln" sein sollte und die Südzone für die Reichen reserviert war. Einschneidende Konsequenzen daraus ergaben sich aber erst unter der Militärregierung in der zweiten Hälfte der 60er und in den 70er Jahren. Ziel der Politik wurde es nun, die *favelas* aufzulösen und die dort lebenden Familien in entferntere *conjuntos habitacionais* umzusiedeln, die unter Federführung der 1964 gegründeten Banco Nacional de Habitação (BNH) entstanden. Schätzungen gehen dahin, daß im Zeitraum von 1963–75 über 25 000 Hütten vernichtet und dadurch ca. 133 000 Menschen vertrieben bzw. umgesiedelt worden sind (Souza 1993, S. 205; vgl. Kap. 6.7). Diese Lösungsstrategie der *favela*-Problematik ist jedoch letztlich gescheitert, nicht nur aus Geldmangel, sondern auch, weil die Lagevorteile vieler *favelas* so groß waren, daß umgesiedelte Familien häufig später dorthin zurückkehrten bzw. die „freigewordenen" Plätze sehr schnell von anderen Personen okkupiert wurden. Trotz repressiver und diktatorischer Maßnahmen erwies sich eine vollständige Kontrolle als unmöglich, so daß man ab Mitte der 70er Jahre – parallel zur langsamen Öffnung in Richtung Redemokratisierung – mehr und mehr eine Laisser-faire-Haltung gegenüber den *favelas* einnahm.

Die Angaben zur gegenwärtigen Zahl der *favelas* und ihrer Bewohner differieren ganz erheblich. Das liegt z. T. an unterschiedlichen Abgrenzungskriterien, z.T auch daran, daß viele kleine *favelas* überhaupt nicht erfaßt werden und es auch innerhalb der größeren schwierig ist, genauere Zählungen durchzuführen. Die weitaus meisten *favelas* liegen im Kernmunizip der Metropolitanregion (1991: 5,3 Mio. Ew. = 55,6 % der Metropolitanbevölkerung). Im Jahre 1990 waren hier 545 *favelas* registriert, was ungefähr 1 Mio. Bewohnern bzw. ca. 19 % der Gesamtbevölkerung des Munizips entspricht, gegenüber knapp 14 % im Jahre 1980 (Souza 1993, S. 214 ff.). Für die „Favelisierung" immer weiterer Bevölkerungskreise bis hin zur unteren Mittelschicht ist die wirtschaftliche Krise der 80er Jahre ganz sicher ein entscheidender Faktor gewesen. Die Konsolidierung der *favelas* hat sich dadurch aber meist beschleunigt.

Der sozialräumlichen Segregation unterer Sozialschichten, gesteuert von marktwirtschaftlichen und planerischen Prozessen, steht die „Selbstsegregation" der Eliten gegenüber, die es seit jeher anstrebten, in „exklusiven" Wohnvierteln zu leben. Exklusivität beinhaltet nach Souza (1993, S. 251) drei Aspekte: Zum ersten dort zu wohnen, wo es sich nur wenige leisten können, wo aber wegen der Naturschönheiten, hauptsächlich der Strände, nach der herrschenden Ideologie die von allen Gruppen bevorzugten Standorte liegen; zum zweiten eine relativ homogene und sozial hochrangige Nachbarschaft zu haben und zum dritten die Möglichkeit, das Image des Wohnviertels als eigenes Statussymbol nutzen zu können.

Die Bildung und Ausdehnung der „Südzone" Rio de Janeiros, d. h. des Oberschichtsektors in Abb. 35, ist die Geschichte einer stetigen Suche nach dieser Exklusivität, ausgelöst dadurch, daß ältere sozial hochwertige Wohnviertel im Laufe der Zeit einen Wandlungsprozeß durchliefen, der mit einer mehr oder weniger starken sozialen Abwertung verbunden war.

Achilles (1989) hat diesen Prozeß im einzelnen nachgezeichnet. Die Anfänge der *zona sul* reichen bereits bis zum Beginn des 19. Jh. zurück. Um 1820 entstand im Distrikt Gloria, an der Wachstumsspitze der Stadt nach Süden, das Aristokraten- und Diplomatenviertel Catete, dessen herausgehobene Stellung noch dadurch unterstrichen wurde, daß Kaiser Don Pedro II. im Jahre 1862 seinen Regierungssitz dorthin verlegte. In den ersten Jahrzehnten unseres Jahrhunderts begann sich dann Copacabana als bevorzugter Wohnstandort herauszubilden – die Verbindung zur Stadt war schon 1892 durch einen Tunnel hergestellt worden. Hier entstand auch das erste Geschäftssubzentrum von Rio (Abreu 1988, S. 112). In den 60er Jahren folgten Leblon und Ipanema, während Copacabana bereits an Wohnqualität einbüßte, und heute ist der Ausbau zwischen São Conrado und Barra da Tijuca als der „neuen Südzone" in vollem Gange. Die Erschließung war auch in diesem Falle erst durch den Bau von Tunnels und Viadukten entlang der Felsküste

möglich gemacht worden. Vollkommenster Ausdruck der Selbstsegregation sind hier die *condomínios exclusivos* (vgl. Kap. 6.4). Darunter
versteht man ein Ensemble von Häusern (z. T. Einfamilienhäuser,
z. T. Apartment-Hochhäuser), das von der Umgebung durch eine
Mauer isoliert ist, durch private Wächter bewacht wird und außerdem
verschiedene Dienstleistungen exklusiv für seine Bewohner anbietet
(nach O'Neill 1986 in Übersetzung von Souza 1993, S. 255).

Achilles (1989) konnte zeigen, daß Auf- und Abstieg der einzelnen
Viertel durchaus regelhafte Züge tragen, wobei die Entwicklung sehr
bewußt vom Immobilienhandel gesteuert worden ist. Im einzelnen unterscheidet sie fünf Phasen, die von Copacabana bereits sämtlich
durchlaufen worden sind, während Ipanema und vor allem Leblon den
Entwicklungshöhepunkt erst in den 80er Jahren erreichten und der
Aufstieg von Barra da Tijuca gegenwärtig noch in vollem Gange ist.

Die zeitliche Sequenz der einzelnen Phasen läßt sich sowohl als
sozialräumlicher als auch baulicher und funktionaler Wandlungsprozeß verstehen:

In sozialer Hinsicht ergibt sich eine Abfolge vom Mittelschichtviertel während der Ausbauzeit über den Status des besten Wohngebietes
bis zum abgewerteten Wohnquartier, in dem vorwiegend Mitglieder
der unteren bis mittleren Mittelschicht, teilweise sogar der Unterschicht wohnen. Die kleinräumliche soziale Differenzierung – meist
korrelierend mit der Nähe zum Strand –, die sich schon während der
Ausbauzeit abzeichnet, verstärkt sich noch, sobald das Viertel den
ersten Rangplatz erreicht hat.

Baulich gesehen werden die Villen und Einfamilienhäuser noch
während der Ausbauzeit von einer ersten Generation von Apartment-
Hochhäusern abgelöst, die wiederum von solchen mit großen Luxus-
wohnungen verdrängt werden, bis schließlich eine allmähliche Überalterung und Degradierung der Bausubstanz eintritt. Aufgrund gelten-
der Bauvorschriften durften in Copacabana bis 1973 maximal nur 12-
bis 13stöckige Gebäude errichtet werden, was im Vergleich zu der jüngeren Südzone zu einer besonders „ruhigen" *skyline* geführt hat (Wil-
helmy/Borsdorf 1985, S. 338). Dagegen wechseln beispielsweise in Barra da Tijuca Villen- und Hochhauskomplexe miteinander ab.

Regelhafte Veränderungen kennzeichnen aber auch das Geschäfts-
leben, das sich schon während der Ausbauzeit entlang einer Haupt-
straße entwickelt. Aus einfachen Läden und Geschäften mittleren
Standards werden modische Boutiquen und teure, auf den Luxusbe-
darf ausgerichtete Geschäfte. So kam es schon in den 40er und 50er
Jahren zu einer zunehmenden Verlagerung des gehobenen Einzelhan-

dels und auch einzelner Branchen des gehobenen Dienstleistungssektors aus der City nach Copacabana. Gleichzeitig büßten die ehemals vornehmen Geschäfte in der Innenstadt ihre Exklusivität ein, und das Niveau des abendlichen Ausgehbetriebes sank ab. Dagegen blieben die meisten öffentlichen Institutionen und kulturellen Einrichtungen wie auch viele Banken, Zeitungsverlage, Anwaltskanzleien und Arztpraxen in der City (Achilles 1989, S. 172). Heue erlebt Copacabana einen ähnlichen Abwertungsprozeß zugunsten von Ipanema, Leblon und Barra da Tijuca. Dabei sind es vor allem moderne *shopping-centers*, z. T. sogar vor der eigentlichen „Siedlungsfront" gelegen, die als vornehme „Ausgehviertel" an Bedeutung gewinnen und die zukünftige Ausdehnungsrichtung der Oberschichtviertel vorzeichnen.

7.4 Neuere Entwicklungstendenzen der Stadtstruktur in Mittelstädten

Ähnlich wie bei den Großstädten, Metropolen, Megastädten etc. (vgl. Kap. 3.1, 3.2) wird auch bei den Mittelstädten der Begriff unterschiedlich weit gefaßt, gibt es keine eindeutige, allgemein akzeptierte Definition. Ebensowenig besteht Konsens über die für eine Abgrenzung notwendigen Kriterien (vgl. Zinnel 1986, S. 99 f.). Begriffe wie *secondary cities* (Rondinelli 1983), *ciudades intermedias* (Carrión 1986), *centros urbanos intermedios* (Hardoy/Satterthwaite 1986), *intermediate urban centres* (Blitzer u. a. 1988), auch *medium-size cities* oder *middle-level cities* werden teils synonym, teils aber auch differenzierend gebraucht. Sie kennzeichnen eine Kategorie von Städten, die im Maximalfall das ganze Spektrum zwischen einer regionalen Metropole und einer größeren Kleinstadt abdeckt (vgl. zusammenfassend Mertins 1991 b, S. 175 f.).

Unter Verwendung von Einwohnerschwellenwerten als Abgrenzungsmerkmal wird die obere Grenze der lateinamerikanischen Kleinstadt von einigen Autoren zwischen 20 000 und 50 000 Ew. angesetzt (Hardoy/Satterthwaite 1986; Blitzer u. a. 1988), von anderen bei bis zu 100 000 Ew. gesehen (Rondinelli 1983). Dementsprechend schwanken auch die oberen Grenzen der Mittelstadt erheblich: bis zu 250 000 Ew. (Blitzer u. a. 1988, S. 7 ff.) bzw. sogar bis zu 2,5 Mio. Ew. (Rondinelli 1983, S. 48).

Entscheidend ist jedoch nicht die Einwohnerzahl; sie stellt allenfalls einen nachrangigen Indikator für den Bedeutungsgrad der jeweiligen Mittelstadt dar. Eine Aussage über ihren tatsächlichen Stellenwert kann nur unter Berücksichtigung von Merkmalen wie sozialräumliche und funktionale Differenzierung, Wirtschafts- und Erwerbsstruktur, städtische Physiognomie, zentralörtliche Funktionen und Verflechtungsgrad mit anderen (kleineren) Städten sowie dem Umland getroffen werden (vgl. Rondinelli 1983, S. 47 ff.). Es geht also nicht um Mittelstädte im klassisch-statistischen Sinne, sondern um Mittel- und Regionalzentren, vor allem um größere Provinz- oder *departamento*-Hauptstädte (vgl. Mertins 1983, S. 17). Sicherlich ist es eine jeweils spezifische, von Fall zu Fall variierende Kombination funktionaler, sozioökonomischer und physischer (Gebäudetypen!) Faktoren, die eine Mittelstadt ausmacht. Noch weitgehend ungeklärt ist in diesem Zusammenhang die Frage, welcher Grad an Faktorausstattung ungefähr gegeben sein muß, um den *take off* einer Mittelstadt und das nachfolgende rasche Wachstum zur Großstadt einzuleiten, d. h. unter welchen Voraussetzungen Mittelstädte zu einem überdurchschnittlichen Anziehungspunkt für Zuwanderer werden; vgl. das Wachstum von Mittelzentren in der Großregion São Paulo (Bähr/Wehrhahn 1994) oder von Regionalmetropolen und -zentren im brasilianischen Mittelwesten (Lücker 1990; Coy 1992).

Basierend auf Untersuchungen über die chilenischen Mittelstädte Valdivia und Osorno (1974: ca. 99 000 bzw. ca. 82 000 Ew.), hat Borsdorf (1976) ein „Strukturschema der Genese chilenischer Städte" vorgelegt und dieses später zu einem „Modell der Entwicklung der hispano-amerikanischen Stadt" von der Klein-, Mittel- und Großstadt bis zur Metropole erweitert (1982, 1986). Mehrfach sind nun in den letzten Jahren sozialräumliche oder -geographische Gliederungen von südamerikanischen Mittelstädten, -zentren oder Regionalstädten vorgenommen worden, ohne sie allerdings vor dem Hintergrund eines generellen Modells zu interpretieren oder ein Entwicklungsmodell für die betreffende Mittelstadt aufzustellen. Aus der deutschsprachigen Literatur sei dabei verwiesen auf die Arbeiten über Santa Cruz de la Sierra (Köster 1978), die bolivianischen Departamentszentren (Schoop 1980), Cochabamba (Klahsen 1983) und Trujillo (Gaskin-Reyes 1986). Dabei lassen die Gliederungen starke Ähnlichkeiten mit den frühen Entwickungsphasen des Modells von Borsdorf (1982, 1986) erkennen, aber auch mit dem ersten und zweiten Grundprinzip der inneren Differenzierung des hier diskutierten Modells (Kap. 6.1). Daneben sind die sozialräumlichen Differenzierungen von Popayán (Müller 1989), Manizales (Bischoff 1995) und Tucumán (Müller 1994) zu erwähnen, die bewußt vor dem Hintergrund des von Bähr/Mertins (1981) entwickelten Modells interpretiert werden.

Sicher können die in den genannten Beispielen vorgestellten Ergebnisse nicht den Anspruch erheben, modellhaft die sozialräumliche
Entwicklung, Struktur und Gliederung von Mittelstädten in Lateinamerika widerzuspiegeln. Jedoch kristallisieren sich einige, überall
auftretende Kriterien heraus, die als typisch für die sozialräumlich-
funktionale Entwicklung derartiger Städte anzusehen sind. Sie bestätigen einerseits wichtige, bereits von Borsdorf (1976) herausgearbei-
tete Strukturelemente, weisen andererseits aber auch deutlich auf Prozesse hin, die für die jeweiligen frühen Entwicklungsphasen heutiger
lateinamerikanischer Großstädte/Metropolen charakteristisch waren,
d. h. für den Übergang vom *reverse Burgess-type* zu sektoralen und
zellenförmigen Struktur- bzw. Gliederungs-/Gestaltungselementen
(vgl. Kap. 6.1; Bähr/Mertins 1981, 1992 a). Damit wird gleichzeitig der
raum-zeitlich mit jeweils unterschiedlicher Intensität ablaufende Entwicklungsprozeß von der Mittel- zur Großstadt dokumentiert.

Dafür typische Merkmale sind vor allem (vgl. auch Mertins 1991 b,
S. 189 f.):

1. Die beginnende Auflösung der traditionellen ringförmigen Gliederung im Stadtkern, wenn diese auch in allen Beispielstädten noch
deutlich ausgeprägt ist.

Das gilt – besonders auffällig – für einwohnermäßig so verschiedene Städte wie Groß-Tucumán (1991: ca. 625 000 Ew.; vgl. Abb. 36)
und Popayán (1993: ca. 180 000 Ew.). Dabei kann der mehr oder weniger starke Auflösungsgrad des überkommenen Ordnungsmusters
nur durch jeweils stadt-/regionsspezifische Prozesse erklärt werden;
z. B. spielen in Popayán die Auswirkungen des Erdbebens vom 31. 3.
1983 eine entscheidende Rolle für die Verstärkung der sektoralen
Strukturkomponenten und für die zellenförmige Anlage von informellen Siedlungen am bzw. vor dem damaligen Stadtrand (Müller
1989). Das traditionelle ringförmige Ordnungsmuster ist – mit Ausnahme von Cochabamba (Klahsen 1983) – auch in allen bolivianischen
Departamentszentren noch sehr klar zu erkennen (Köster 1978;
Schoop 1980), was für eine große Beharrungstendenz spricht.

2. Die vielfach noch nicht beendete Abwanderung der Oberschicht
aus dem Zentrum und die Anlage neuer Oberschichtviertel in einem
bevorzugten Sektor.

Die teilweise Beibehaltung des innerstädtischen Wohnstandortes in
Popayán auch nach dem Erdbeben kann durch das gerade in dieser
Stadt seit jeher stark traditionelle Verhalten der Oberschicht erklärt
werden (Whiteford 1964; Müller 1989). In Tucumán wirkte hingegen
die von 1966/67 (Zuckerkrise) mit wenigen Unterbrechungen bis 1991

anhaltende wirtschaftliche Stagnation bzw. Rezession abwanderungs-
hemmend. Allerdings ist es hier sogar unmittelbar nördlich des Stadtzentrums zur Ausweitung eines Oberschichtviertels durch Apartment-Hochhäuser gekommen (Müller 1994). Möglicherweise hat sich
gerade in Mittelstädten die vor 1950 in den (heutigen) Metropolen als
Übergangserscheinung beobachtete „Aufspaltung der Wohnviertel
der Oberschicht in einen zentralen und einen peripher gelegenen
Teil" (Bähr 1976 a, S. 129) als typisches Gliederungsmerkmal stabili-
siert; vgl. auch die meisten der bolivianischen Departamentszentren
(Schoop 1980). Hingegen ist die jüngere Entwicklung in Trujillo so
dynamisch verlaufen und das Angebot an neuen, entsprechend ausgestatteten Wohnstandorten war so gut, daß die Oberschicht fast
komplett aus dem Zentrum abgewandert ist (Gaskin-Reyes 1986,
S. 19 ff.). Die von der Oberschicht aufgegebenen Viertel werden –
wenn sie nicht der Cityerweiterung dienen – überwiegend von Angehörigen der oberen Mittel-/Mittelschicht eingenommen.

3. Die Entstehung eines Geschäftszentrums und dessen phasenver-
schoben einsetzende Ausdehnung in Richtung auf die neuen Oberschichtviertel, wobei es zur Ausbildung von *commercial strips* und
Subzentren kommt.

Im Gegensatz zu Manizales und Tucumán, das seit September 1984
sogar über ein kleines *shopping-center* verfügt (Mertins 1991 b; Bischoff 1995), ist letztere Entwicklung in Popayán noch kaum zu beobachten. Allerdings weisen die Hauptgeschäftszentren noch längst
nicht alle „cityrelevanten" Kriterien auf: Es fehlt z. B. die „vertikale
Expansion" (Kap. 6.3), d. h., Hochhäuser sind noch in der Minder-
zahl. Fußgänger- und/oder verkehrsberuhigte Straßen, Einkaufsgale-
rien und -passagen sollen zwar dem zentralen Geschäftsbereich einen
CBD-Flair verleihen, aber die Wohnfunktion hat in fast allen Gebäuden nach wie vor eine erhebliche Bedeutung.

4. Die nicht voll ausgeprägte Wohn-Geschäfts-Industrie-Mischzone um das Zentrum.

Dabei fehlt einerseits die Industrie weitgehend und wird vor allem
durch Handwerks- und kleinere Verarbeitungsbetriebe ersetzt. Es dominiert auch hier – oft verbunden mit Geschäften, Lagern etc. – die
Wohnnutzung, meistens durch Haushalte der Mittel-/unteren Mittelschicht.

5. Die fast vollständig fehlenden innerstädtischen Marginalviertel.

Die ehemaligen Wohngebiete der Ober-/oberen Mittelschichtviertel im Zentrum sind noch nicht durch zimmerweise Aufteilung der
Häuser/Wohnungen, durch Überbelegung, Vernachlässigung der

Bau- und technischen Infrastruktur zu innerstädtischen Slums degradiert; im Gegenteil: Bis jetzt wohnen hier fast ausschließlich obere Mittel-/Mittelschichthaushalte. Das spricht einerseits für den (noch) nicht übergroßen Bevölkerungsdruck bzw. für ausreichende Freiflächen zu informellen Siedlungsaktivitäten am Stadtrand, andererseits aber auch für die vorhandenen Beharrungstendenzen der in diesen Vierteln derzeit ansässigen Haushalte. Die Beispiele der Marginalisierung weiter Innenstadtbereiche in vielen Großstädten/Metropolen (Verslumung, *tugurización*; vgl. Kap. 6.6) und die sich daraus ergebenden immensen Probleme haben sowohl in Popayán als auch in Manizales und Tucumán dazu geführt, daß die Stadtverwaltungen Maßnahmen zur Attraktivitätssteigerung der jeweiligen Innenstadt und ihrer Randbereiche eingeleitet haben, auch für die Wohnnutzung (Mertins 1991 b; Müller 1994).

6. Der unterschiedliche Stand in der Entwicklung eines Industrie„sektors" oder einer Industriezone, vor allem entlang von Ausfallstraßen.

Gerade hier gibt es zwischen den Mittelstädten große Unterschiede, die jeweils durch die Lage (Verkehrsgunst), die zentralörtlichen Funktionen und auch durch die Einwohnerzahl bedingt sind. Die Spanne reicht vom Fehlen einer Industriezone (Popayán; vgl. Müller 1989) über die nicht planmäßig erfolgte Aneinanderreihung von Industriebetrieben entlang eines größeren Bachlaufes (Abwassereinleitung!) und die planmäßige Ausweisung einer Industriezone vor der Stadt (Manizales; vgl. Bischoff 1995) bis zur – z. T. nur ansatzweisen – Ausbildung von Industriesektoren entlang von Ausfallstraßen (Tucumán; vgl. Abb. 36).

7. Die allgemeine Verbreitung zellenförmiger Stadterweiterungen.

In allen Mittelstädten ist es – mit raum-zeitlich differierender Intensität und Quantität – zu zellenförmigen Ausweitungen der Siedlungsfläche am bzw. vor dem jeweiligen Stadtrand gekommen. Vor allem drei Typen kennzeichnen hier, gerade auch physiognomisch, die Siedlungsstruktur. Zum einen sind es informelle, sowohl illegale wie semilegale Hüttensiedlungen mit einem von Fall zu Fall unterschiedlichen Konsolidierungsgrad. Zum zweiten gehören einfache Wohnblock- und Reihenhaussiedlungen öffentlicher Träger dazu, überwiegend auf Haushalte der unteren Mittel-/Mittelschicht ausgerichtet. Und zum dritten nehmen die z. T. großflächigen *lotes con servicios-* und Einfachsthausreihensiedlungen in einigen Mittelstädten erhebliche Bereiche ein, z. B. in Manizales (Bischoff 1995). Gerade die zellenförmigen Siedlungen an der Peripherie stellen ein konstitutives

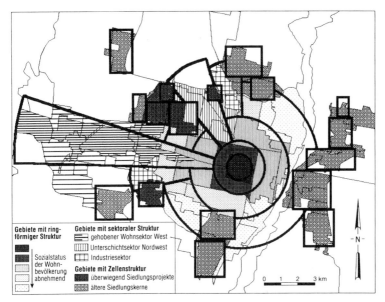

Abb. 36: Funktionale und sozialräumliche Gliederung von Tucumán (Quelle: Müller 1994).

Element der sozialräumlichen Gliederung der Mittelstädte dar, die sich diesbezüglich nur in der quantitativen Dimension von den Großstädten/Metropolen unterscheiden.

Aus der beschreibenden Aufzählung und interpretativen Analyse der wichtigsten Kriterien wird deutlich, daß unter „Mittelstadt" in Lateinamerika ein sehr breites Spektrum von Städten unterschiedlicher Größe, unterschiedlichen Entwicklungsstandes und unterschiedlicher Funktionen subsumiert werden kann. Es zeigt sich aber auch, daß – als entscheidender Schritt – mit der Auflösung des ringförmigen sozialräumlichen Ordnungsmusters und dem Einsetzen der für moderne Mittelstädte typischen Wachstums- und Differenzierungstendenzen das in Kap. 6.1 vorgestellte „Modell zur funktionalen und sozialräumlichen Differenzierung lateinamerikanischer Großstädte" ebenfalls auf Mittelstädte angewandt werden kann (vgl. Bähr/Mertins 1992a, S. 66, aber auch Schuurman 1986, S. 225ff. für Arequipa).

8 ZUSAMMENFASSUNG: VERSTÄDTERUNGSPROZESS UND STADTSTRUKTUR IN LATEINAMERIKA IN VERGLEICHENDER PERSPEKTIVE

Kehren wir zum Schluß zu der eingangs aufgeworfenen Fragestellung nach Konvergenz und Divergenz städtischer Entwicklungen in den verschiedenen Kulturräumen der Erde zurück und versuchen, zusammenfassend die These zu belegen, daß trotz weltweiter Ähnlichkeiten im Ablauf des Verstädterungsprozesses vom Typ der lateinamerikanischen Stadt in dem Sinne gesprochen werden kann, daß sich invariante und variante Faktoren in besonderer Weise überlagern und miteinander verzahnt sind.

Die einzelnen Phasen des demographischen Verstädterungsprozesses, wie sie angenähert durch eine S-förmige Kurve beschrieben werden können, sind auch in den lateinamerikanischen Staaten erkennbar. Aber schon die Dynamik des Prozesses unterscheidet sich hier wie in den anderen Entwicklungskontinenten grundlegend von der historischen Erfahrung der Industrieländer. Das ist dadurch bedingt, daß die rasche Bevölkerungszunahme der Städte nicht nur auf Zuwanderung beruht, sondern das natürliche Wachstum eine erhebliche, heute im allgemeinen sogar die entscheidende Rolle spielt. Hinzu kommt, daß die „Bevölkerungsschere" sich sehr viel weiter geöffnet hat, als es je in Europa oder Nordamerika der Fall war. Alles in allem führte das zu (vorübergehend) extrem hohen Wachstumsraten der städtischen Bevölkerung und einer stark beschleunigten Zunahme des Verstädterungsgrades, was sich in einem steileren Kurvenverlauf ausdrückt. Viele Städte, allen voran São Paulo und Mexiko-Stadt mit knapp 20 Mio. Ew., erreichten ungeahnte quantitative Dimensionen; in keinem anderen Großraum der Erde ist die Konzentration der Bevölkerung auf die Megastädte mit mehr als 10 Mio. Ew. so groß wie in Lateinamerika (ca. 18 % der städtischen und 13 % der gesamten Bevölkerung).

Schwerer noch wiegt, daß sich der Verstädterungsprozeß unter völlig anderen sozioökonomischen Rahmenbedingungen vollzogen hat. Der industrielle Auf- und Ausbau war in Lateinamerika nicht Vorbedingung oder Auslösefaktor für das rasche Städtewachstum, sondern dieses eilte gewöhnlich der Industrialisierung voraus (Rott 1993,

S. 101) bzw. verlief selbst in denjenigen Städten, in denen es zumindest
zeitweise beachtliche Industrialisierungserfolge gegeben hat (z. B. in
São Paulo, Belo Horizonte, Buenos Aires), sehr bald mit weit größerer Dynamik als das wirtschaftliche Wachstum. Das Phänomen der
„Hyperurbanisierung", d. h. eines im Verhältnis zum wirtschaftlichen
Entwicklungsstand „zu hohen" Verstädterungsgrades, ist in Lateinamerika sicher auch deshalb stärker ausgeprägt als in anderen Teilen
der Dritten Welt, weil schon in der Kolonialzeit der Kontrast zwischen Stadt und Land außergewöhnlich scharf war. Die Entfremdung
von Stadt und Land hat sich auch nach der Unabhängigkeit nicht
abgeschwächt, sondern weiter vertieft: Anstelle eines Stadt-Land-
Kontinuums entstand eine wachsende, bis heute fortbestehende Kluft
zwischen Stadt und Land.

Die führende Rolle der Hauptstadt in demographischer und funktionaler Hinsicht hat ihren Ursprung zwar ebenfalls in der Kolonialzeit; abgesehen von Argentinien und Uruguay, haben sich ausgeprägte
Primatstrukturen aber erst später herausgebildet. Der Wandel der
Wirtschaftspolitik vom *desarrollo hacia afuera* zum *desarrollo hacia
adentro* als Folge der Weltwirtschaftskrise hat die Konzentration der
ökonomischen Aktivitäten auf einzelne Ballungsräume begünstigt,
wie Reichart (1993) theoretisch abgeleitet und an den Beispielen
Kolumbien und Korea empirisch überprüft hat. Schließt man die sog.
multiple primacy ein (Reichart 1993, S. 19), d. h. das Auftreten von
mehreren (meist zwei) Führungsstädten bei sprunghaftem Bedeu-
tungsabfall zu den nächstfolgenden Zentren, so zeichnet sich das Städtesystem aller lateinamerikanischen Staaten durch eine mehr oder
weniger stark ausgeprägte Primatstruktur aus. Trotz zahlreicher, allerdings nur recht bescheidene Erfolge aufweisenden Dezentralisie-
rungsbemühungen (vgl. Nuhn/Oßenbrügge 1987, 1988) und erneuter
weltwirtschaftlicher Umorientierung seit den 80er Jahren gibt es
kaum Hinweise auf ein *polarization reversal* im Sinne von Richardson
(1980). Zwar haben die Wachstumsraten der Riesenstädte São Paulo
und Mexiko-Stadt in jüngster Zeit deutlich abgenommen, jedoch ist
dies nur bedingt als Ballungsumkehr zu interpretieren, weil viele der
„neuen Wachstumspole" im gleichen Großraum, jedoch außerhalb
der Grenzen der Metropolitanregion liegen (vgl. Bähr/Wehrhahn
1994 für São Paulo). Nach Reichart (1993, S. 354) und Portes/Itzig-
sohn/Dore Cabral (1994, S. 7) könnte zwar die Politik der Exportför-
derung längerfristig durchaus zu einer Ballungsumkehr führen, dem
steht aber die enorme Persistenz der gewachsenen Strukturen ent-
gegen, die nur mit massiven, politisch aber kaum durchsetzbaren Ein-

griffen aufzubrechen ist. Bezugnehmend auf Mexiko-Stadt, weist Perló Cohen (1993, S. 140 f.) nach, daß die direkte und indirekte Subvention der Metropole nach wie vor einen Großteil der öffentlichen Mittel bindet.

Zentrale Probleme der großen lateinamerikanischen Städte, wie sie Perló Cohen (1993) zusammenfassend aufgelistet hat, hängen einerseits mit der „Überurbanisierung" zusammen, andererseits aber auch mit den politischen und gesellschaftlichen Rahmenbedingungen. So zeigen sich die Städte nicht zuletzt deshalb als unfähig, den enormen Transfer von Arbeitskraft aus dem ländlichen Raum im industriellen Sektor zu absorbieren, weil die Industrialisierung weitgehend westlichen Vorbildern folgte und durch die Übernahme moderner Technologien zu wenig Arbeitsplätze geschaffen wurden. Es ist daher zu einer „Aufblähung" des Dienstleistungsbereiches gekommen, die größtenteils informell erfolgte. Mancherorts stößt der informelle Sektor als Überlebensstrategie bereits an die Grenze seiner Aufnahmefähigkeit, so daß Arbeitslosigkeit im wirklichen Sinne des Wortes entsteht (Castells 1991, S. 205; Portes/Itzigsohn/Dore-Cabral 1994, S. 7 f.). Verschärft werden die Arbeitsplatzprobleme vielfach auch dadurch, daß aus Kostengründen staatliche Gesellschaften und öffentliche Dienstleistungen privatisiert und durch die damit einhergehenden Rationalisierungsprogramme Beschäftigte freigesetzt werden (Tulchin 1993, S. 136).

Die sozialen Disparitäten haben sich – abgesehen von der Ausnahme Kuba, wo eine Nivellierung auf niedrigem Niveau eintrat – überall verschärft. Massenarmut ist längst nicht mehr nur ein Problem des ländlichen Raumes. Vor allem seit Beginn der 80er Jahre ist der Anteil marginaler Gruppen, die ihre Grundbedürfnisse nicht oder nicht in ausreichendem Umfang decken können, auch in den Städten sprunghaft angestiegen. In den Großstädten umfassen sie heute schon ca. 40–50 % der Bevölkerung, oft sogar mehr, wenn auch nach wie vor zwischen den einzelnen Ländern große Unterschiede bestehen. So sind insgesamt die sozialen Gegensätze in den Staaten des außertropischen Südamerika geringer, weil sich dort schon früh eine breitere, seit den 80er Jahren z. T. aber wieder schrumpfende Mittelschicht herausgebildet hatte. Ansonsten stehen gerade lateinamerikanische Länder hinsichtlich der mittels Gini-Index gemessenen Einkommensdisparitäten weltweit an der Spitze, mit den höchsten Werten in Jamaika, Honduras, Brasilien und Panamá (UNDP 1993). Die zunehmende Unsicherheit und die häufig mit Gewalt verbundene Kriminalität sind vor allem vor dem Hintergrund einer sich zuspitzenden sozioökonomischen Polarisierung zu sehen (Castells 1991, S. 202 f.). Es wäre allerdings zu einseitig, diese nur auf externe Faktoren zurückzuführen, selbst wenn man konstatieren muß, daß Abhängigkeiten vom Weltmarkt und ausländischem Kapital und die teilweise erhebliche Verschlechterung der *terms of trade* die wirtschaftlichen Probleme der lateinamerikanischen Staaten vor allem in den 80er Jahren verschärft haben. Mindestens ebenso wichtig sind jedoch interne Faktoren wie „Korruption, Vetternwirtschaft, Opportunismus, die Ausbildung eines militärischen Staates im Staate, die schwerfällige zentralistisch organisierte Bürokratie, die Verkümmerung der öffentlichen Moral, das parasitäre Verhalten der Oberschicht, die geringe Identifikation der Machtelite mit den Interessen der Nation" (Borsdorf 1991, S. 133). In vielen Ländern wird die „Käuflichkeit" weiter Teile der Gesellschaft durch das Einströmen von Narcodollars noch intensiviert.

Eine bis heute vernachlässigte Folge der übermäßigen Verstädterung sind die teilweise schon irreparablen ökologischen Schäden, namentlich in den Megastädten (Rott 1993, S. 101 f.; Wehrhahn 1993). Das ist einmal darauf zurückzuführen, daß der Ausbau der physischen Infrastruktur (vor allem Wasserver- und -entsorgung, Müllbeseitigung) mit dem gewaltigen Flächenwachstum der Städte nicht mithalten konnte, zum anderen liegt es daran, daß man bei Industrieemissionen auf die Festlegung von Grenzwerten lange Zeit verzichten zu können glaubte bzw. eine effektive Kontrolle sich als unmöglich erwies. Für die besonders gravierende Luftverschmutzung spielt zusätzlich eine Rolle, daß Busse und private PKWs die bei weitem wichtigsten Transportmittel bilden, während schienengebundene Systeme entweder überhaupt nicht vorhanden sind oder ihr Ausbau weit hinter den Erfordernissen zurückgeblieben ist. Trotz erheblicher Investitionen in die Straßen- und z. T. auch Stadtautobahnbau sind langanhaltende Verkehrsstaus an der Tagesordnung, was die Emissionen weiter erhöht.

Nach Einschätzung von Hardoy (in: Morse/Hardoy 1992, S. XVI) werden sich die sozialen und umweltbezogenen Probleme der Städte auf mittlere Sicht weiter zuspitzen. Für das Jahr 2000 erwartet er u. a.: Verschlechterung der Wohnsituation aufgrund fortschreitender Verdichtung, Zunahme von Obdachlosen und Straßenkindern, weiterer Anstieg der wirklichen Arbeitslosigkeit, verbunden mit stark schwankendem Haushaltseinkommen, Verschlechterung grundlegender staatlicher Dienstleistungen sowie vermehrtes Auftreten von Krankheiten, die sich auf Umweltursachen zurückführen lassen.

Welche Auswirkungen hatten Ablauf und Begleiterscheinungen des

Verstädterungsprozesses auf die bauliche, funktionale und sozialräumliche Struktur der Städte? Inwieweit ist dadurch das „Modell der
Kolonialstadt" überformt worden und hat sich aus persistenten und
neuartigen Elementen das „Modell der heutigen lateinamerikanischen
(Groß-)Stadt" entwickelt? Bei der Beantwortung dieser Fragen kann
der Unterschied zwischen dem spanischen und portugiesischen Lateinamerika weitgehend vernachlässigt werden, denn Souza (1993,
S. 123) betont zu Recht, daß der Verstädterungsprozeß in beiden
Großregionen so ähnliche Züge aufweist, daß die in der Kolonialzeit
vorhandenen, allerdings eher graduellen Unterschiede sich mehr und
mehr verwischen und nur noch einen von sehr vielen Faktoren zur
Erklärung regionaler oder lokaler Besonderheiten bilden.

Die Persistenz ererbter Strukturen tritt in der Stadtmorphologie
noch am deutlichsten in Erscheinung. Für den spanischen Kulturraum
gilt das auch deshalb in stärkerem Maße als für den portugiesischen,
weil in ersterem Fall sehr viel striktere Bauvorschriften galten und die
Städte daher sehr viel einheitlicher angelegt worden sind. So ist das
Schachbrettmuster mit der zentralen *plaza* – im portugiesischen Bereich sind es oft mehrere Plätze – nach wie vor ein wichtiges physio-
gnomisches Merkmal der lateinamerikanischen Stadt. Die *plaza* ist
zwar heute nicht mehr in dem Maße Zentrum des urbanen Lebens
und der Muße (Borsdorf 1991, S. 138) wie noch zur Kolonialzeit, eine
gewisse Repräsentations- und Orientierungsfunktion kommt ihr aber
nach wie vor zu. Hier sieht Rünzler (1993, S. 45 f.) einen wesentlichen
Unterschied zur nordamerikanischen Stadt, bei der trotz vergleichba-
rem Schachbrettgrundriß öffentliche Plätze kaum eine größere Bedeutung haben.

Wesentlich auffälliger sind die Veränderungen in Bauform und Auf-
riß. Die kolonialzeitliche Bausubstanz ist im allgemeinen bis auf wenige Relikte zurückgedrängt worden, wobei es sich meist um öffentliche Gebäude handelt. Nur ganz vereinzelt hat man größere Ensem-
bles aus Wohnhäusern erhalten, die dann jedoch in der Regel einen
Funktionswandel erlebten. Hochhäuser als Wahrzeichen der Städte
und Prestigeobjekte sind sehr viel früher als in Europa entstanden,
wo Bauordnungen dieses in den zentralen Stadtbereichen z. T. bis
heute verhindert haben. Dagegen orientierte man sich in einzelnen
lateinamerikanischen Städten (z. B. Montevideo, São Paulo) schon in
den 20er und 30er Jahren an nordamerikanischen Vorbildern und bau-
te, sofern nicht die Erdbebengefahr dem entgegenstand, vermehrt in
die Höhe. Wie in Nordamerika geschah das zunächst nicht so sehr
aufgrund von Bodenknappheit und mit dem Ziel eines möglichst hohen

Ertragswertes, „sondern mit der Absicht, Eindruck zu machen" (Rünzler 1993, S. 47). Nicht umsonst waren es vor dem Zweiten Weltkrieg vorwiegend ausländische Unternehmen, insbesondere Banken, die in Lateinamerika die ersten modernen Hochhäuser errichteten (Wilhelmy/Borsdorf 1984, S. 141). Heute markieren die Hochhäuser in fast allen Metropolen, vielfach auch in kleineren Städten, den zentralen Geschäftsbereich, z. T. reichen sie in Form von Apartment-Hochhäusern auch weit darüber hinaus, wie es besonders ausgeprägt in São Paulo, Rio de Janeiro, Buenos Aires oder Caracas der Fall ist (Wilhelmy/Borsdorf 1984, S. 142); sie sind Symbol einer Umstrukturierung der Städte durch Integration in die globale Gesellschaft und bilden somit gleichsam „internationale Räume" (vgl. Korff 1993, S. 29).

Auch in funktionaler Hinsicht ist ein „Verwestlichungsprozeß", d. h. Tendenzen einer Angleichung an die nordamerikanische Stadt, erkennbar. Es haben sich jedoch keine bipolaren Stadtstrukturen im Sinne einer Nebeneinanderlagerung herausgebildet, die in vielen anderen Städten der Dritten Welt zu beobachten sind (vgl. Hofmeister 1980), sondern die gewachsenen Strukturen sind überlagert und überformt worden. So setzte die Citybildung in allen lateinamerikanischen Großstädten im Altstadtkern ein, meist von der *plaza* ausgehend. Zu der schon vorhandenen Konzentration hochrangiger öffentlicher Dienstleistungen in diesem Bereich, entsprechend dem Modell der kolonialzeitlichen Stadt, traten jetzt vermehrt auch hochrangige private Einrichtungen des tertiären Sektors. Die spätere Expansion der City vollzog sich fast überall in Richtung auf die Oberschichtviertel. Im Endergebnis bedingte das eine mehr oder weniger stark ausgeprägte sozialgruppenspezifische Zweiteilung der Cityfunktionen mit Geschäfts- und Dienstleistungszentren in den neuen Oberschichtvierteln, die auf den gehobenen und höchsten Bedarf eingestellt sind, einerseits sowie „Abstieg" der Altstadt und Ausrichtung auf untere Einkommensgruppen andererseits. Am wenigsten gilt das noch für die Städte des außertropischen Südamerikas, die nicht umsonst einen stärker „europäischen" Eindruck machen. Die jüngste Entwicklung wird dadurch bestimmt, daß – dem US-amerikanischen Beispiel folgend – vermehrt *shopping-centers* an wichtigen Verkehrsachsen, vorzugsweise in oder am Rande von Wohngebieten der Oberschicht, entstehen, von denen entscheidende Impulse für die weitere Ausdehnung dieser Viertel ausgehen.

Was die Wohnfunktion anbetrifft, so läßt sich die Frage nach dem Einfluß der Verwestlichung nur in sozialgruppenspezifischer Differenzierung beantworten. Wenn es auch richtig ist, daß sich der für die spanische wie portugiesische Kolonialstadt charakteristische zentral-periphere Sozialgradient seit den 20er und 30er Jahren, z. T. auch erst seit den 50er Jahren mehr und mehr aufgelöst hat, so kann man dennoch nicht allgemein von einem Wandel vom *reverse Burgesstype* zum *Burgess-type* sprechen. Das trifft allenfalls für die sozial hochwertigen Wohnbereiche zu, die sich meist entlang eines Sektors immer weiter nach außen verlagert haben und die auch vom Baustil her europäische, später in erster Linie nordamerikanische Einflüsse verraten. Der grundlegende Unterschied zu US-amerikanischen Städten liegt nach Souza (1993, S. 228) nicht nur in den quantitativ sehr verschiedenen Anteilen der einzelnen Sozialgruppen an der Gesamtbevölkerung, sondern auch in ihrer gegensätzlichen räumlichen Verteilung. Etwas überspitzt formuliert kann man sagen, daß die vergleichsweise weniger zahlreichen Armen in den Städten der USA größtenteils im Kern, d. h. in der Nähe des CBD, leben, während die sehr viel zahlreicheren Armen in den lateinamerikanischen Metropolen vorwiegend an bzw. vor der Peripherie und somit in weiter Entfernung zum Zentrum wohnen. Zwar gibt es Ausnahmen von dieser Regelhaftigkeit, wie insbesondere die innerstädtischen, teilweise Slumcharakter tragenden Marginalviertel; diese haben jedoch im allgemeinen heute eine quantitativ untergeordnete Bedeutung. Sie sind, ähnlich wie die Mietskasernen in Europa, das Ergebnis einer frühen Epoche des stürmischen Städtewachstums, als es darum ging, möglichst viele Menschen auf engem Raum innerhalb des Stadtgebietes unterzubringen (Carillo 1993, S. 168). Die Kompaktheit der kolonialzeitlichen Stadt hatte sich dadurch vorübergehend sogar noch erhöht, bevor die Übernahme moderner Verkehrstechnologien, vorwiegend in Gestalt des Busverkehrs, auch für die ärmeren Schichten weitere Distanzen zwischen Wohnung und möglichen Arbeitsstätten erlaubte.

Wenn zuvor von der „Peripherie der Armen" gesprochen worden ist, so heißt das nicht, daß die randlich gelegenen Wohngebiete unterer Sozialschichten im Hinblick auf Bausubstanz und Zusammensetzung der Bewohner weitgehend homogen sind. Vergleichbar ist allenfalls, daß hier überwiegend junge Familien leben und die Haushalte überdurchschnittlich groß sind, was die eher konzentrische Anordnung von Familienstatus- bzw. Lebenszyklus-Merkmalen unterstreicht, die sich auch für Wohngebiete mittlerer und höherer Einkommensgruppen nachweisen läßt. In baulicher Hinsicht ist in erster Linie zwischen Hüttenvierteln unterschiedlicher Genese und unterschiedlichem juristischen Status sowie verschiedenen Formen des sog. sozialen Wohnungsbaus *(low-cost housing)* zu differenzieren. Die Übergänge sind allerdings oft fließend, was dadurch bedingt ist, daß in manchen öffentlichen Projekten auf Bauleistungen ganz verzichtet wird und lediglich Parzellen mit minimaler Infrastruktur *(sites and services)* vergeben werden.

Während in den 50er und beginnenden 60er Jahren die Wohnviertel der Armen recht undifferenziert mit negativen Begriffen belegt worden sind (vgl. die Beispiele in Kroß 1992, S. 8) und man die rasch zunehmenden Hüttenviertel als „Krebsgeschwüre" ansah, die es zu verhindern bzw. zu zerstören galt, machte sich in den 70er Jahren eine positivere Grundeinstellung bemerkbar, die von modernisierungstheoretischen Ansätzen beeinflußt war. Stokes hatte bereits 1962 eine differenziertere Betrachtung eingeleitet, indem er zwischen *slums of despair* und *slums of hope* unterschied. Der dahinterstehende Gedanke von negativ bewerteten innerstädtischen und positiv bewerteten randstädtischen Marginalvierteln wurde u. a. von Mangin (1967) und Turner (1968) aufgegriffen. Danach führen Wanderungen unterer Sozialschichten an den Stadtrand, die vom Wunsch nach einer eigenen Wohnung getragen werden, dort zwar zunächst zur Bildung ausgedehnter Hüttenquartiere, jedoch vollzieht sich im Laufe der Zeit – parallel zu einem gewissen sozialen Aufstieg der Bewohner – ein bemerkenswerter Konsolidierungsprozeß, an dessen Ende ein normales, voll in das städtische Gefüge integriertes *barrio* steht. Pachner (1982) umschreibt diese Entwicklung als Übergang von der Marginalität zur Urbanität.

Dieser Entwicklungsoptimismus hatte insofern weitreichende Folgen für das Bild der Städte, weil daraus die Propagierung von Selbsthilfe abgeleitet wurde und sowohl nationale als auch internationale Organisationen entsprechende Programme förderten. Vielfach ist es dadurch auch gelungen, die Stadtteilbewegungen als potentiell gefährliche Basisbewegungen zu entpolitisieren (Kroß 1992, S. 374).

Nach genaueren Untersuchungen über die Bildung und Weiterentwicklung von Hüttenvierteln in verschiedenen lateinamerikanischen Staaten wurden mehr und mehr Zweifel an der allgemeinen Gültigkeit von Modellen laut, die von einer weitgehenden Entscheidungsfreiheit der Akteure ausgehen. Es zeigte sich vielmehr, daß das Handeln der einkommensschwachen Bevölkerung durch eine Vielzahl von *constraints* bestimmt wird. Diese sind sowohl im persönlichen Bereich als auch insbesondere im politisch-gesellschaftlichen Umfeld zu finden.

Die Betonung der *constraints* als entscheidende Faktoren der Stadtentwicklung bedeutet jedoch, daß Verallgemeinerungen nur schwer
möglich sind, weil sich die jeweiligen lokalen oder regionalen Kon-
stellationen innerhalb einzelner Länder und erst recht zwischen den
verschiedenen Staaten erheblich unterscheiden. Hier finden auch kul-
turraumbezogene Stadtmodelle ihre Grenzen.

LITERATUR

Aufsätze, die in Schriftenreihen erschienen sind, werden in abgekürzter Form zitiert (ohne Herausgeber und Titel des Sammelwerkes). Untertitel sind nur angegeben, wenn sie zum Verständnis des Inhalts notwendig sind. Bei mehr als zwei Verlagsorten wird nur der erste genannt.

Abreu, M. A. (1988): Evolução urbana do Rio de Janeiro. – 2. Aufl., Rio de Janeiro.

Achilles, G. W. (1989): Strukturwandel und Bewertung sozial hochrangiger Wohnviertel in Rio de Janeiro. – Tübingen (Tübinger Geogr. Studien 104).

Aguiar, C. A. (1982): Uruguay: País de emigración. – Montevideo.

Alcaldía Mayor de Bogotá/Cámara de Comercio de Bogotá (Hrsg.) (1987): Bogotá para todos 1987–1990. Plan de desarrollo social y económico. – Bogotá.

Almeida Vasconcelos, P. de (1985): Salvador/Bahia. Le travail informel urbain. – Rev. Canadienne de Développement 7, S. 87–124.

Alvárez Lenzi, R. (1972): Fundación de poblados en el Uruguay. – Montevideo (Univ. de la República, Facultad de Arquitectura: Historia de los problemas de la arquitectura nacional, 1.8.1).

Amato, P. W. (1970): Elitism and Settlement Patterns in the Latin American City. – Journal Amer. Inst. of Planners 36, S. 96–105.

Aprile-Gniset, J. (1991): La ciudad colombiana. Prehispánica, de conquista e indiana. – Bogotá.

Arango, S. (1990): Historia de la arquitectura en Colombia. – Bogotá.

Arreola, D. D./Curtis, J. R. (1993): The Mexican Border Cities. – Tucson, Arizona.

Augel, J. (1986): Loteamentos e especulação imobiliária como fatores determinantes da expansão urbana. – Eichstätter Beiträge 17, S. 369–381.

Augel, J. (Hrsg.) (1991): Zentrum und Peripherie. Urbane Entwicklung und soziale Probleme einer brasilianischen Großstadt. – Saarbrücken/Fort Lauderdale (ASA-Studien 22).

Azevedo, T. de (1957): Vilas e cidades do Brasil colonial. – Anais da Associação dos Geógrafos Brasileiros 9 (1), S. 83–168.

Bähr, J. (1976 a): Neuere Entwicklungstendenzen lateinamerikanischer Großstädte. – Geogr. Rundschau 28, S. 125–133.

Bähr, J. (1976 b): Siedlungsentwicklung und Bevölkerungsdynamik an der Peripherie der chilenischen Metropole Groß-Santiago. – Erdkunde 30, S. 126–143.

Bähr, J. (1978 a): Santiago de Chile. Eine faktorenanalytische Untersuchung zur inneren Differenzierung einer lateinamerikanischen Millionenstadt. – Mannheim (Mannheimer Geogr. Arbeiten 4).

Bähr, J. (1978 b): Suburbanisierungsprozesse am Rande des Ballungsraumes Groß-Santiago (Chile). – Tagungsbericht u. wiss. Abhandlungen. 41. Deutscher Geographentag Mainz. Wiesbaden, S. 228–248.

Bähr, J. (1979 a): Groß Buenos Aires. Zur Bevölkerungsentwicklung der argentinischen Metropole. – Innsbrucker Geogr. Studien 5, S. 151–172.

Bähr, J. (1979 b): Zur Selektivität des Wanderungsprozesses in Lateinamerika, dargestellt am Beispiel des südchilenischen Seengebietes. – Kieler Geogr. Schriften 50, S. 491–508.

Bähr, J. (1980): Managua (Nicaragua) – zur Stadtentwicklung seit dem Erdbeben von 1972. – Die Erde 111, S. 1–19.

Bähr, J. (1986): Innerstädtische Wanderungsbewegungen unterer Sozialschichten und peripheres Wachstum lateinamerikanischer Metropolen (mit Beispielen aus Santiago de Chile und Lima). – Eichstätter Beiträge 18, S. 143–177.

Bähr, J. (1987): Bevölkerungsentwicklung und Bevölkerungsstruktur Montevideos. – Marburger Geogr. Schriften 108, S. 1–43.

Bähr, J. (1991): Weltweites Bevölkerungswachstum – Zur Anwendung des „Modells des demographischen Übergangs" auf die Länder der Dritten Welt. – Geographie und Schule 13 (69), S. 2–10.

Bähr, J./Gormsen, E. (1988): Field Research of German Geographers in Latin America. – Wirth, E. (Hrsg.): German Geographical Research Overseas. Tübingen, S. 51–76.

Bähr, J./Jentsch, C./Kuls, W. (1992): Bevölkerungsgeographie. – Berlin/New York (Lehrbuch der Allg. Geographie 9).

Bähr, J./Klückmann, G. (1984): Staatlich geplante Barriadas in Peru. Dargestellt am Beispiel von Villa El Salvador (Lima). – Geogr. Rundschau 36, S. 452–459.

Bähr, J./Klückmann, G. (1985): Sozialräumliche Differenzierung von Wohngebieten unterer Einkommensgruppen in lateinamerikanischen Metropolen: Die Beispiele Santiago de Chile und Lima. – Ibero-Amer. Archiv 11, S. 283–314.

Bähr, J./Mertins, G. (1981): Idealschema der sozialräumlichen Differenzierung lateinamerikanischer Großstädte. – Geogr. Zeitschrift 69, S. 1–33.

Bähr, J./Mertins, G. (1985): Bevölkerungsentwicklung in Groß-Santiago zwischen 1970 und 1982. – Erdkunde 39, S. 218–238.

Bähr, J./Mertins, G. (1988): Einfachhaus-Siedlungen in Groß-Recife/Nordostbrasilien. – Kieler Geogr. Schriften 68, S. 193–222.

Bähr, J./Mertins, G. (1989): Regionalpolitik und -entwicklung in Kuba 1959–1989. – Geogr. Rundschau 41, S. 4–13.

Bähr, J./Mertins, G. (1990): Verstädterungsprozesse in Lateinamerika. – Ibero-Amer. Archiv 16, S. 387–398.

Bähr, J./Mertins, G. (1991): Socioeconomic Structures and the Action Space of Residents of Low-Income Housing Developments in Greater Recife,

Brazil. – Nijmegen Studies in Development and Cultural Change 8, S. 275–291.

Bähr, J./Mertins, G. (1992 a): The Latin American City. – Coll. Geographicum 22, S. 65–75.

Bähr, J./Mertins, G. (1992 b): Verstädterung in Lateinamerika. – Geogr. Rundschau 44, S. 360–370.

Bähr, J./Riesco, R. (1981): Estructura urbana de las metrópolis latinoamericanas. El caso de la ciudad de Santiago. – Rev. de Geografía Norte Grande 8, S. 27–55.

Bähr, J./Wehrhahn, R. (1994): Recent Trends in the Brazilian Urbanization Process. – Acta Geographica Lovaniensia 34, S. 489–498.

Balán, J. (1969): Migrant-Native Socioeconomic Differences in Latin American Cities. – Latin Amer. Research Rev. 4, S. 3–29.

Balán, J. (1984): Agrarstruktur und Binnenwanderung in einer historischen Perspektive: Lateinamerikanische Fallstudien. – Anuario. Jahrbuch für Bildung, Gesellschaft und Politik in Lateinamerika 13, S. 117–203.

Baltes, E. M. (1987): Evaluierung zweier Low-Cost-Housing-Siedlungen in Groß-Bogotá (Kolumbien). – Marburg/L. (Diplomarbeit Fachbereich Geographie).

Baltes, E. M. (1988): La urbanización informal. Ein alternatives Siedlungsprojekt der kolumbianischen SERVIVIENDA. – Kieler Geogr. Schriften 68, S. 261–274.

Beck, B. (1992): Mexiko: Die Stadt. – Briesemeister, D./Zimmermann, K. (Hrsg.): Mexiko heute. Frankfurt/M., S. 397–417.

Berry, B. J. L. (1961): City Size Distribution and Economic Development. – Econ. Development and Cultural Change 9, S. 573–588.

Berry, B. J. L. (1973): The Human Consequences of Urbanisation. – London/Basingstoke.

Bischoff, B. (1995): Entwicklung und Funktion von Manizales/Kolumbien. – Marburg/L. (Diss. Fachbereich Geographie).

Blitzer, S., u. a. (1988): Outside the Large Cities. Annotated Bibliography and Guide to the Literature on Small and Intermediate Urban Centres in the Third World. – London.

Boisier, S. (1987): Los procesos de descentralización y desarrollo regional en el escenario actual de América Latina. – CEPAL-Rev. 31, S. 139–151.

Bonduki, R./Bonduki, N. (1982): Periferia da Grande São Paulo. – Maricato, E. (Hrsg.): A produção capitalista da casa (e da cidade) no Brasil industrial. São Paulo, S. 117–154.

Borcherdt, C. (1979): Einige neuere Phänomene der Urbanisation in Venezuela. – Stuttgarter Geogr. Studien 93, S. 289–305.

Borcherdt, C. (1988): Ciudad Guayana. – Geogr. Rundschau 40 (11), S. 34–41.

Borcherdt, C. (Hrsg.) (1992): Beiträge zur Landeskunde Venezuelas III. – Stuttgart (Stuttgarter Geogr. Studien 118).

Borsdorf, A. (1976): Valdivia und Osorno. Strukturelle Disparitäten und Entwicklungsprobleme in chilenischen Mittelstädten. – Tübingen (Tübinger Geogr. Studien 69).

Borsdorf, A. (1978): Population Growth and Urbanization in Latin America. – GeoJournal 2, S. 47–60.

Borsdorf, A. (1982): Die lateinamerikanische Großstadt. – Geogr. Rundschau 34, S. 498–501.

Borsdorf, A. (1986): Las ciudades medianas en el proceso de urbanización sudamericano. – Eichstätter Beiträge 17, S. 273–286.

Borsdorf, A. (1991): Stadtkrise oder Kulturkrise? Reflexionen über die Bedeutung der Stadt für Kultur und Entwicklung in Lateinamerika. – Tübinger Geogr. Studien 107, S. 133–156.

Bromley, R. (1978): Organization, Regulation and Exploitation in the So-Called ‚Urban Informal Sector': The Street Traders of Cali, Colombia. – World Development 6, S. 1161–1171.

Bronger, D. (1989): Die Metropolisierung der Erde. – Geographie und Schule 11 (61), S. 2–13.

Bronger, D. (1993): Megastädte: „Erste" Welt – „Dritte" Welt. – Feldbauer, P., u. a. (Hrsg.): Megastädte. Wien (Beiträge zur Histor. Sozialkunde 2), S. 63–106.

Brown, I. A./Sanders, R. L. (1981): Toward a Development Paradigm of Migration: With Particular Reference to Third World Settings. – Jong, G. F. de/Gardner, R. W. (Hrsg.): Migration Decision Making. New York, S. 149–185.

Browning, C. E. (1989): Urban Primacy in Latin America, Conference of Latin Americanist Geographers, Yearbook 15, S. 71–78.

Brücher, W. (1969): Die moderne Entwicklung von Bogotá. – Geogr. Rundschau 21, S. 181–189.

Brücher, W. (1975): Probleme der Industrialisierung in Kolumbien unter besonderer Berücksichtigung von Bogotá und Medellín. – Tübingen (Tübinger Geogr. Studien 61).

Brücher, W./Mertins, G. (1978): Intraurbane Mobilität unterer sozialer Schichten, randstädtische Elendsviertel und sozialer Wohnungsbau in Bogotá/Kolumbien. – Marburger Geogr. Schriften 77, S. 1–130.

Buchhofer, E. (1982): Stadtplanung am Rande der Agglomeration von Mexiko-Stadt: Der Fall Nezahualcóyotl. – Geogr. Zeitschrift 70, S. 1–34.

Buchhofer, E. (1984): Minatitlán (Mexiko) – Zur Sozialtopographie einer Company Town in der Dritten Welt. – Geogr. Zeitschrift 72, S. 159–178.

Buchhofer, E. (1986): Resultate öffentlicher Bodenpolitik und Wohnungsbauförderung in jungen mexikanischen Industriestädten am Pazifik. – Die Erde 117, S. 237–255.

Buchhofer, E./Aguilar, A. G. (1991): Stadtexpansion in der Schuldenkrise. Der Fall Mexiko-Stadt. – Geogr. Zeitschrift 79, S. 26–43.

Bühler, D. (1990): Stadterneuerung und Denkmalpflege in Puebla, Mexiko. – Vierteljahreszeitschrift für Stadtgeschichte, Stadtsoziologie und Denkmalpflege 17, S. 364–375.

Burgess, R. (1977): Self-Help Housing: A New Imperialist Strategy? A Critique of the Turner School. – Antipode 9, S. 50–59.

Burgess, R. (1985): Problems in the Classification of Low-Income Neighbourhoods in Latin America. – Third World Planning Rev. 7, S. 287–306.

Butzer, K. W. (1991): Spanish Colonization in the New World. Cultural Continuity and Change in Mexico. – Erdkunde 45, S. 205–219.

Campbell, R. W. (1974): Stages of Shopping Center Development in Major Latin American Metropolitan Markets. – Land Economics 50, S. 66–70.

Caplow, T. (1949): The Social Ecology of Guatemala City. – Social Forces 28, S. 113–133.

Cardoso, E./Helwege, A. (1992): Below the Line: Poverty in Latin America. – World Development 20, S. 19–37.

Carillo, J. (1993): Análisis comparativo de los conceptos de renovación urbano desarrollados en Berlín (RFA) y en la Ciudad de México en la década de los años 80. – Ibero-Amer. Archiv 19, S. 151–172.

Carrión, F. (1986): Ciudades intermedias y poder local en el Ecuador. – Carrión, D., u. a. (Hrsg.): Ciudades en conflicto. Quito, S. 67–88.

Carvalho, A. M. de (1989): A cidade de Belo Horizonte. – Rev. Geográfica 110, S. 165–186.

Castells, M. (1991): Die zweigeteilte Stadt – Arm und Reich in den Städten Lateinamerikas, der USA und Europas. – Schabert, T. (Hrsg.): Die Welt der Stadt. München/Zürich, S. 199–216.

Caviedes, C. (1979): The Politics of Chile: A Sociogeographical Assessment. – Boulder, Col.

Centro Latinoamericano de Demografía (CELADE) (Hrsg.) (1973): Temas de población de la Argentina. – Santiago de Chile.

Chance, J. K. (1975): The Colonial Latin American City: Preindustrial or Capitalist? – Urban Anthropology 4, S. 211–288.

Chant, S. (1985): Single-Parent Families: Choice or Constraint? – Development and Change 16, S. 635–656.

Chase-Dunn, C. (1985): The Coming of Urban Primacy in Latin America. – Comparative Urban Research 11, S. 14–31.

Chung, R. (1970): Space-Time Diffusion of the Transition Model. – Demko, G. J./Rose, H. M./Schnell, G. A. (Hrsg.): Population Geography. New York, S. 220–239.

Clarke, C. G. (1974): Urbanization in the Caribbean. – Geography 59, S. 223–232.

Collier, D. (1978): Barriadas y élites: De Odria a Velasco. – Lima.

Collins, C. O./Scott, S. L. (1993): Air Pollution in the Valley of Mexico. – Geogr. Rev. 83, S. 119–133.

Comisión Económica para América Latina y el Caribe (CEPAL) (1966): El desarrollo social de América Latina en la postguerra. – Buenos Aires.

Comisión Económica para América Latina y el Caribe (CEPAL) (Hrsg.) (1993): Anuario estadístico de América Latina y el Caribe 1992. – Santiago de Chile.

Companhia de Tecnologia de Saneamento Ambiental (CETESB) (Hrsg.) (1993): Relatório de qualidade das águas interióres do Estado de São Paulo 1992. – São Paulo.

Conway, D. (1982): Self-Help Housing, the Commodity Nature of Housing and Amelioration of the Housing Deficit: Continuing the Turner-Burgess-Debate. – Antipode 14, S. 40–46.

Conway, D. (1985): Changing Perspectives on Squatter Settlements, Intraurban Mobility, and Constraints on Housing Choice of the Third World Urban Poor. – Urban Geography 5, S. 170–192.

Conway, D./Brown, J. (1980): Intraurban Relocation and Structure: Low-Income Migrants in Latin America and the Caribbean. – Latin Amer. Research Rev. 15, S. 95–125.

Cordova Aguilar, H. (1989): La Ciudad de Lima: Su evolución y desarrollo metropolitano. – Rev. Geográfica 110, S. 231–266.

Coy, M. (1990): Pionierfront und Stadtentwicklung. Sozial- und wirtschaftsräumliche Differenzierung der Pionierstädte in Nord-Mato-Grosso (Brasilien). – Geogr. Zeitschrift 78, S. 210–228.

Coy, M. (1992): Cuiabá (Mato Grosso): Wirtschafts- und sozialräumlicher Strukturwandel einer Regionalmetropole im brasilianischen Mittelwesten. – Z. f. Wirtschaftsgeogr. 36, S. 210–228.

Coy, M./Lücker, R. (1993): Der brasilianische Mittelwesten. – Tübingen (Tübinger Geogr. Studien 108).

Cruz Rodríguez, M. S. (1993): Segregación étnica, igualdad legal y procesos urbanos en la Ciudad de México. – Sociológica 8 (22), S. 85–102.

Cuenya, B. (1988): Inquilinatos en la Ciudad de Buenos Aires. – Buenos Aires (Cuadernos del CEUR 24).

Cuenya, B./Rofman, A. (1992): Proyectos alternativos de hábitat popular. La experiencia de organizaciones no gubernamentales y municipios en Argentina. – Buenos Aires (Informes de Investigación del CEUR 11).

Czerny, M. (1991): El proceso de desconcentración: Una alternativa de desarrollo de las ciudades medianas y pequeñas. – Rev. Interamer. de Planificación 24 (93), S. 61–72.

Deler, J. P. (1975): Lima 1940–1970. – Lima.

Deler, J. P. (1989): Quartiers populaires et structuration de l'espace urbain: Un modèle latino-américain. – Pauvreté et développement dans les pays tropicaux. Hommage à Guy Lasserre. Talence, S. 475–486.

Deler, J. P. (1992): Ciudades andinas: Viejos y nuevos modelos. – Garcés, E. K. (Hrsg.): Ciudades de los Andes. Quito, S. 351–374.

Departamento Nacional de Planeación (DNP) (1986): Las tarifas de los servicios públicos. – Bogotá.

Dickenson, J. P. (1978): Brazil. Studies in Industrial Geography. – Boulder, Col.

Dietz, J. L./Street, J. H. (Hrsg.) (1987): Latin America's Economic Development, Institutionalist and Structuralist Perspectives. – Boulder, Col./London.

Ebrard, M./Gamboa, J. (1991): Reconstruction in Central Mexico City after the 1985 Earthquakes. – Ekistics 56 (346/347), S. 18–27.

Eckstein, S. (1977): The Poverty of Revolution: The State and the Urban Poor in Mexico. – Princeton, N. J.

Eckstein, S. (1990): Urbanization Revisited: Inner-City Slum of Hope and Squatter Settlement of Despair. – World Development 18, S. 165–181.

Edwards, M. (1983): Residential Mobility in a Changing Housing Market: The Case of Bucaramanga, Colombia. – Urban Studies 20, S. 131–145.

Ehlers, E. (Hrsg.) (1992): Modelling the City – Cross-Cultural Perspectives. – Bonn (Coll. Geographicum 22).

Engelhardt, R. (1989): Selbsthilfe und Bodenmärkte in Armensiedlungen. Eine Fallstudie aus Salvador/Bahia (Brasilien). – Geogr. Rundschau 41, S. 634–638.

Engelhardt, R. (1991): Konsolidierung und Verdrängung. – ASA-Studien 22, S. 183–202.

Evers, T. (1980): Reproduktion der Arbeitskraft und städtische Bewegungen: Der Fall der illegalen Parzellierungen in São Paulo. – Peripherie 2, S. 28–47.

Eyre, L. A. (1986): The Effects of Political Terrorism on the Residential Location of the Poor in the Kingston Urban Region, Jamaica, West Indies. – Urban Geography 7, S. 227–242.

Feldbauer, P./Mar Velasco, P. (1993): Megalopolis Mexiko. – Feldbauer, P., u. a. (Hrsg.): Megastädte. Wien (Beiträge zur Histor. Landeskunde 2), S. 239–264.

Feres, J. C./León, A. (1990): The Magnitude of Poverty in Latin America. – CEPAL-Rev. 41, S. 133–151.

Fernandes, A./Filgueiras Gomes, M. A. A. de (1993): O pasado tem futuro? Os (des) caminhos da requalificação do Pelourinho. – Belo Horizonte (Actas da ANPUR).

Fernández de Castro, A. (1989): Quito: Crecimiento y dinámica de una ciudad andina. – Rev. Geográfica 110, S. 121–164.

Figuero, R./Larrain, P. (1989): Renovación urbana y satisfacción residencial en la remodelación San Borja. – Rev. de Geografía Norte Grande 16, S. 75–86.

Friedman, J./Lackington, T. (1967): Hyperurbanization and National Development in Chile. – Urban Affairs Quarterly 2, S. 3–30.

Füchtner, H. (1991): „Soziales Wohnen" in der Stadt? – Brasilien Dialog 1/2, S. 7–41.

Gaebe, W. (1987): Verdichtungsräume. – Stuttgart (Teubner Studienbücher der Geographie).

Gamm, U./Mertins, G. (1988): Genossenschaften und/oder alternative Organisationsformen kollektiver Selbsthilfe zur Wohnraumversorgung in Ländern der Dritten Welt. – Trialog 16, S. 5–10.

Gans, P. (1987a): Die Altstadt Montevideos. – Marburger Geogr. Schriften 108, S. 107–200.

Gans, P. (1987b): Informelle Aktivitäten in der Altstadt Montevideos. –

Tagungsbericht u. wiss. Abhandlungen. 45. Deutscher Geographentag Berlin 1985, S. 508–513.

Gans, P. (1988): Hausbesetzungen in der Altstadt Montevideos als Reaktion auf die ökonomische Entwicklung Uruguays nach 1973. – Kieler Geogr. Schriften 68, S. 115–125.

Gans, P. (1990): Die Innenstädte von Buenos Aires und Montevideo. – Kiel (Kieler Geogr. Schriften 77).

Gans, P. (1991): A New Argentine Capital: Background and Potentials of Regional Development. – Nijmegen Studies in Development and Cultural Change 8, S. 210–224.

Gans, P. (1992): Phasen der wirtschaftlichen Entwicklung und ihre Auswirkungen auf das Großstadtwachstum in Lateinamerika. – Reinhard, W./Waldmann, P. (Hrsg.): Nord und Süd in Amerika, Bd. 1. Freiburg, S. 212–224.

Garza, G./Schteingart, M. (1978): La acción habitacional del Estado en México. – México D. F. (Colección Centro de Estudios Económicos y Demográficos 6).

Gaskin-Reyes, C. E. (1986): Der informelle Wirtschaftssektor in seiner Bedeutung für die neuere Entwicklung in der nordperuanischen Regionalstadt Trujillo und ihrem Hinterland. – Bonn (Bonner Geogr. Abhandlungen 72).

Gasparini, G./Margolies, L. (1980): Urban Settlements of the Incas. – Comparative Urban Research 8, S. 14–40.

Gellert, G. (1990): Desarrollo de la estructura espacial en la Ciudad de Guatemala: Desde su fundación hasta la revolución de 1944. – Gellert, G./Pinto Soria, J. C. (Hrsg.): Ciudad de Guatemala (1524–1950). Guatemala Ciudad, S. 5–47.

Gierhake, K. (1988): Regionale Entwicklungskonzeptionen in Peru. – Hamburg (Schriften des Zentrums für regionale Entwicklungsforschung der Justus-Liebig-Universität Gießen 36).

Gierhake, K. (1991): Verwaltungsneugliederung als Voraussetzung einer erfolgversprechenden Entwicklungsplanung. Das Beispiel Peru. – Ibero-Amer. Archiv 17, S. 259–294.

Gilbert, A. (1981): Pirates and Invaders: Land Acquisition in Urban Colombia and Venezuela. – World Development 9, S. 657–678.

Gilbert, A. (1983): The Tenants of Self-Help Housing: Choice and Constraints in the Housing Markets of Less Developed Countries. – Development and Change 14, S. 449–477.

Gilbert, A. (1987): Latin America's Urban Poor. Shanty Dwellers or Renters of Rooms. – Cities 4, S. 43–51.

Gilbert, A. (1994): The Latin American City. – London.

Gilbert, A./Gugler, J. (1992): Cities, Poverty and Development. Urbanization in the Third World. – 2. Aufl., New York.

Gilbert, A./Varley, A. (1990): Renting a Home in a Third World City: Choice or Constraint? – Interregional Journal of Urban and Regional Research 14, S. 89–108.

Gilbert, A./Ward, P. M. (1982): Residential Movement among the Poor: The Constraints on Housing Choice in Latin American Cities. – Transactions. Inst. of British Geographers 7, S. 129–149.

Gilbert, A./Ward, P. W. (1985): Housing, the State and the Poor. – Cambridge.

Godfrey, B. J. (1991): Modernizing the Brazilian City. – Geogr. Rev. 81, S. 18–34.

Goldenstein, L. (1972): A industrialização da Baixada Santista. – São Paulo (Instituto de Geografía, Série Teses e Monografías 7).

Gordilho Souza, A. M. (1991): Invasões, intervenções e perspectivas. O caso da cidade do Salvador. – Cadernos do CEAS 136, S. 65–78.

Gormsen, E. (1963): Barquisimeto. Eine Handelsstadt in Venezuela. – Heidelberg (Heidelberger Geogr. Arbeiten 12).

Gormsen, E. (1966): Tlaxcala – Chiautempan – Apizaco. Zur Entwicklung kleiner Städte im mexikanischen Hochland. – Heidelberger Geogr. Arbeiten 15, S. 115–132.

Gormsen, E. (1981): Die Städte im Spanischen Amerika. – Erdkunde 35, S. 290–304.

Gormsen, E. (1986): Interessenkonflikte bei der Stadterneuerung lateinamerikanischer Kolonialstädte. – Eichstätter Beiträge 18, S. 207–225.

Gormsen, E. (1990): Strukturwandel und Erneuerung lateinamerikanischer Großstädte. – Vierteljahreszeitschrift für Stadtgeschichte, Stadtsoziologie und Denkmalpflege 17, S. 331–345.

Gormsen, E./Klein, R./Wöll, W. (1988): Stadterneuerung – ein weltweites Problem. – Forschungsmagazin der Johannes-Gutenberg-Universität Mainz 2/88, S. 47–57.

Gormsen, E./Klein-Lüpke, R. (1991): La plaza comercial en América Latina. – Coll. International „Grandes Métropoles d'Afrique et d'Amérique Latine", Atelier II, Toulouse, S. 140–146.

Goyoaga, F. (1989): La forma española de la ciudad americana. – Estudios Territoriales 30, S. 95–140.

Griffin, E./Ford, L. (1980): A Model of Latin American City Structure. – Geogr. Rev. 70, S. 397–422.

Griffin, E./Ford, L. (1983): Cities of Latin America. – Brunn, S. D./Williams, J. F. (Hrsg.): Cities of the World. – New York, S. 199–242.

Gross, F. P./Acosta, P. O. (1992): Santiago de Chile: Carácter patrimonial y rol funcional. – Medio Ambiente y Urbanización 9 (38), S. 35–54.

Gutberlet, J. (1991): Industrieproduktion und Umweltzerstörung im Wirtschaftsraum Cubatão/São Paulo (Brasilien). – Tübingen (Tübinger Geogr. Studien 106).

Gutman, M./Hardoy, J. E. (1992): Buenos Aires. Historia urbana del Area Metropolitana. – Buenos Aires.

Haas, H.-D. (1976): Die Industrialisierungsbestrebungen auf den Westindischen Inseln. – Tübingen (Tübinger Geogr. Studien 68).

Haas, H.-D./Ernst, R. M. (1990): Das Problem Müll in den Großstädten der Dritten Welt: Beispiele aus Ecuador und der Dominikanischen Republik. – Z. f. Wirtschaftsgeogr. 34, S. 137–150.

Haas, H.-D./Sagawe, T. (1990): Recycling als Entwicklungsansatz in Drittweltländern. Das Beispiel der Glassammlung in Santo Domingo. – Geogr. Rundschau 42, S. 314–319.

Hamberg, J. (1990): Cuba. – Mathéy, K. (Hrsg.): Housing Policies in the Socialist Third World. München, S. 35–70.

Hamm, B. (1982): Social Area Analysis and Factorial Ecology: A Review of Substantive Findings. – Theodorson, G. A. (Hrsg.): Urban Patterns – Studies in Human Ecology. University Park, Penns., S. 316–337.

Hardoy, J. E. (1972a): El modelo clásico de la ciudad hispano-americana. – Verhandlungen des XXXVIII. Internationalen Amerikanistenkongresses. München, S. 143–181.

Hardoy, J. E. (1972b): Las formas urbanas europeas durante los siglos XV al XVIII y su utilización en América Latina. – Actas y Memorias del XXXIX Congreso Internacional de Americanistas, vol. 2. Lima, S. 157–190.

Hardoy, J. E. (1980): La construcción de las ciudades de América Latina a través del tiempo. – Rev. Interamer. de Planificación 14 (54), S. 9–27.

Hardoy, J. E. (1983): La forma de las ciudades coloniales en la América Española. – Solano, F. de (Hrsg.): Estudios sobre la ciudad iberoamericana. Madrid, S. 315–344.

Hardoy, J. E. (1991): Cartografía urbana colonial de América Latina y del Caribe. – Buenos Aires.

Hardoy, J. E./Aranovich, C. (1968): Escalas y funciones urbanas en América Hispánica hacia el año 1600. – Actas y Memorias del XXXVII Congreso Internacional de Americanistas, vol. 1. Buenos Aires, S. 171–208.

Hardoy, J. E./Langdon, M. E. (1978): Análisis estadístico preliminar de la urbanización de América Latina entre 1850 y 1930. – Rev. Paraguaya de Sociología 15, S. 115–173.

Hardoy, J. E./Satterthwaite, D. (1986): Planteamiento y administración de los centros urbanos intermedios y pequeños en las estrategias de desarrollo nacional. – Carrión, D., u. a. (Hrsg.): Ciudades en conflicto. Quito, S. 23–66.

Harris, N./Puente, S. (1990): Environment Issues in the Cities of the Developing World. The Case of Mexico City. – Journal of Intern. Development 2, S. 500–532.

Hauser, P. M. (Hrsg.) (1962): La urbanización en América Latina. – Paris.

Hauswirth, I. (1992): Wohnungsbaufinanzierung in Entwicklungsländern: Das Beispiel Guatemala. – Marburg/L. (Diplomarbeit Fachbereich Geographie).

Hawley, A. H. (1971): Urban Society: An Ecological Approach. – New York.

Hayner, N. S. (1948): Differential Social Change in a Mexican Town. – Social Forces 26, S. 381–390.

Heimburger, C. (1990): Die entwicklungspolitische Bedeutung des städtischen informellen Sektors. – Frankfurt/M. u. a. (Europäische Hochschulschriften, Reihe V, 1117).

Heineberg, H. (1989): Stadtgeographie. – 2. Aufl., Paderborn (Grundriß Allg. Geographie 10).

Heineberg, H./Camberos Garibi, J./Schäfers, C. (1993): Verstädterung in Me xiko. Das Beispiel des Bundesstaates Jalisco und des Metropolitangebietes Guadalajara. – Geogr. Rundschau 45, S. 400–408.

Heineberg, H./Schäfers, C. (1989): Metropolisierung und Probleme der Raumplanung in Mexiko. Fallstudie Metropolitangebiet von Guadalajara. – Die Erde 120, S. 99–119.

Hemmer, H.-R./Kötter, H. (1990): Armutsorientierte kirchliche Entwickungsarbeit. – Aachen (Misereor-Dialog 8).

Hennings, G./Jenssen, B./Kunzmann, K. R. (1980): Dezentralisierung von Metropolen in Entwicklungsländern. – Raumforschung und Raumordnung 38, S. 12–25.

Henshall, J. D./Momsen, R. P. (1974): A Geography of Brazilian Development. – London.

Herrera, L./Pecht, W. (1976): Crecimiento urbano de América Latina. – Santiago de Chile.

Hofmeister, B. (1980): Die Stadtstruktur. – Darmstadt (Erträge der Forschung 132).

Hofmeister, B. (1982): Urbanisierung: Prozesse – Raumzeitliche Varianten – Theorien. – Geographie und Schule 4 (18), S. 1–11.

Hofmeister, B. (1993): Stadtgeographie. – 5. Aufl., Braunschweig (Das Geogr. Seminar).

Holzner, L. (1967): World Regions in Urban Geography. – Annals Assoc. Amer. Geographers 57, S. 704–712.

Holzner, L. (1981): Die kultur-genetische Forschungsrichtung in der Stadtgeographie – eine nicht-positivistische Auffassung. – Die Erde 112, S. 173–184.

Howell, D. C. (1989): A Model of Argentine City Structure. – Rev. Geográfica 109, S. 129–140.

Hoyt, H. (1939): The Structure and Growth of Residential Neighborhoods in American Cities. – Washington, D. C.

Hubrich, M. (1994): Sozialräumliche Gliederung von Bogotá/Kolumbien. – Marburg/L. (Diplomarbeit Fachbereich Geographie).

Huntington, S. P. (1993): The Clash of Civilizations? – Foreign Affairs 73, S. 22–49.

Illy, H. F. (1984): Management und Verwaltung als Engpaß der Entwicklung. – Entwicklung und Zusammenarbeit 25, S. 21–22.

Infante, R./Klein, E. (1991): The Latin American Labour Market, 1950–1990. – CEPAL-Rev. 45, S. 121–135.

Instituto Nacional de Planificación (INP) (1987): Cambio de capital de la República del Perú. Informe: Estudios preliminares. – Lima.

International Labour Office (ILO) (1993): World Labour Report. – Genf.

Jefferson, M. (1939): The Law of the Primate City. – Geogr. Rev. 29, S. 226–232.

Jelin, E. (1979): Domestic Servants in the Latin American Cities. – Development Digest 17, S. 67–74.

Johnston, R. J. (1972): Towards a General Model of Intra-Urban Residential

Patterns: Some Cross-Cultural Observations. – Progress in Geography 4, S. 84–124.

Jones, G. (1991): The Commercialisation of the Land Market? Land Ownership Patterns in the Mexican City of Puebla. – Third World Planning Rev. 13, S. 129–153.

Jones, R. C. (1978): Myth Map and Migration in Venezuela. – Econ. Geography 54, S. 75–91.

Kaiser, W. (1987): Städtische Entwicklung und räumlich-soziale Segregation im Bundesdistrikt von Brasilia (Distrito Federal). – Tübinger Geogr. Studien 93, S. 213–254.

Kaztman, R. (1992): Por qué los hombres son tan irresponsables? – CEPAL-Rev. 46, S. 87–95.

Keare, D. H./Parris, S. (1982): Evaluation of Shelter Programs for the Urban Poor. – Washington, D. C. (World Bank Staff Working Papers 547).

Kellett, P. (1990): Self-Help-Housing. A Case History from Latin America. – Geography Rev. 4 (1), S. 7–10.

Kellett, P. (1992): Residential Mobility and Consolidation Processes in Spontaneous Settlements: The Case of Santa Marta, Colombia. – Third World Planning Rev. 14, S. 355–369.

Klahsen, E. (1983): Entwicklung und heutige Struktur der Stadt Cochabamba als Handels- und Verkehrszentrum im Ostbolivianischen Bergland. – Aachen (Aachener Geogr. Arbeiten 15).

Klak, T. (1992): Recession, the State and Working-Class Shelter: A Comparison of Quito and Guayaquil during the 1980s. – Tijdschrift voor Econ. en Soc. Geografie 83, S. 120–137.

Klaus, D./Lauer, W./Jáuregui, E. (1988): Schadstoffbelastung und Klima in Mexiko-Stadt. – Stuttgart (Abhandlungen der Math.-Nat. Klasse Nr. 5, Akademie der Wiss. und der Literatur, Mainz).

Kleinekathöfer, M. (1986): Möglichkeiten und Grenzen der Überwindung städtischer Marginalität am Beispiel dominikanischer Entwicklungspolitik in den Elendsvierteln Santo Domingos. – ASA-Studien 7, S. 182–202.

Klijzing, F. K. H./Taylor, H. W. (1982): Spatial Order in the Demographic Transition: The Costa Rican Case. – Rev. Geográfica 96, S. 54–59.

Klückmann, G. (1988): Wohnungsbaupolitik und sozialer Wohnungsbau in Peru. Das Beispiel Lima. – Kieler Geogr. Schriften 68, S. 157–176.

Knipschild, W. (1990): Trinkwasserversorgung, Entsorgung und Sanitärwesen in der Dritten Welt. – Trialog 27, S. 5–9.

Köster, G. (1978): Santa Cruz de la Sierra (Bolivien). – Aachen (Aachener Geogr. Arbeiten 12).

Köster, G. (1987): Stadtentwicklungsplanung auf der Basis sozio-ökonomischer Raumstrukturen. Das Beispiel La Paz, Bolivien. – Aachener Geogr. Arbeiten 19, S. 165–218.

Köster, G. (1988): Modelle innerstädtischer Migration gehobener Bevölkerungsschichten – Das Beispiel La Paz/Bolivien. – Kieler Geogr. Schriften 68, S. 61–77.

Köster, G. (1989): Partizipation und Selbsthilfe bei Einfachwohnungsbau und Stadtviertelentwicklung (Untersuchung von Fallstudien aus Lateinamerika). – Aachen.

Kohlhepp, G. (1985): Bevölkerungsentwicklung, Verstädterungsprozeß und Metropolenwachstum in Lateinamerika. – Zürcher Geogr. Schriften 11, S. 27–65.

Kohlhepp, G./Schrader, A. (Hrsg.) (1987a): Homem e natureza na Amazônia. – Tübingen (Tübinger Geogr. Studien 95).

Kohlhepp, G./Schrader, A. (Hrsg.) (1987b): Ökologische Probleme in Lateinamerika. – Tübingen (Tübinger Geogr. Studien 96).

Kohn Cordeiro, H. (1989): A segregação urbana em São Paulo. – Rev. Geográfica 110, S. 187–230.

Kolb, A. (1962): Die Geographie und die Kulturerdteile. – Tübingen (Hermann von Wißmann-Festschrift), S. 367–405.

Korff, R. (1993): Die Megastadt: Zivilisation oder Barbarei? – Feldbauer, P., u. a. (Hrsg.): Megastädte. Wien (Beiträge zur Histor. Sozialkunde 2), S. 19–39.

Kroß, E. (1992): Die Barriadas von Lima. – Paderborn (Bochumer Geogr. Arbeiten 55).

Krüger, H.-J. (1978): Industrialisierung und Stadtentwicklung in Salvador (Nordostbrasilien). – Ibero-Amer. Archiv 4, S. 185–216.

Kubler, G. (1968): The Colonial Plan of Cholula. – Actas y Memorias del XXXVII Congreso Internacional de Americanistas, vol. 1. Buenos Aires, S. 209–223.

Kühn, F. (1933): Grundriß der Kulturgeographie von Argentinien. – Hamburg.

Langenberg, I. (1981): Urbanisation und Bevölkerungsstruktur der Stadt Guatemala in der ausgehenden Kolonialzeit. – Köln/Wien (Lateinamer. Forschungen 9).

Lee, K. S. (1989): The Location of Jobs in a Developing Metropolis: Patterns of Growth in Bogotá and Cali, Colombia. – New York.

Leeds, A. (1969): The Significant Variables Determining the Character of Squatter Settlements. – América Latina 12, S. 44–85.

Leinenbach, C. (1984): Die Rolle der Automobilindustrie im Industrialisierungsprozeß von Kolumbien und Venezuela. – Saarbrücken (Arbeiten aus dem Geogr. Inst. der Univ. des Saarlandes 33).

Lemos, A. I. G. de (1990a): América Latina: Una realidad de ciudades gigantes. – Rev. Geográfica 112, S. 99–107.

Lemos, A. I. G. de (1990b): Tendencias en la configuración espacial de la metrópoli paulista. – Anales de Geografía de la Univ. Complutense 10, S. 37–44.

Lemos, A. I. G. de (1991): Las nuevas catedrales del consumo: Los shopping centers de las metrópolis latinoamericanas. – Coll. International „Grandes Métropoles d'Afrique et d'Amérique Latine", Atelier II, Toulouse, S. 119–125.

Lewin, A. C. (1986): Mejoramiento urbano integrado: El Caliche, Santo Domingo. – Roßdorf (Sonderpublikationen GTZ 179).

Lichtenberger, E. (1986): Stadtgeographie – Perspektiven. – Geogr. Rundschau 38, S. 388–394.

Lichtenberger, E. (1989): Stadtentwicklung in Europa und Nordamerika – kritische Anmerkungen zur Konvergenztheorie. – Bochumer Geogr. Arbeiten 50, S. 113–129.

Lichtenberger, E. (1992): Political Systems and City Development in Western Societies. – Coll. Geographicum 22, S. 24–40.

Lindert, P. van (1988): Paths in La Paz/Bolivia – Intraurban Mobility Patterns of Migrants and City-Born Poor. – Kieler Geogr. Schriften 68, S. 79–97.

Lindert, P. van (1989): La diferenciación del mercado de vivienda en América Latina. El submercado de los conventillos en La Paz, Bolivia. – Actas Latinoamericanas de Varsovia 8, S. 153–176.

Lindert, P. van (1991): Moving up or Staying down? Migrant-Native Differential Mobility in La Paz. – Urban Studies 28, S. 433–463.

Lobato Correa, R. (1989): O espaço urbano. – São Paulo.

London, B./Flanagan, W. G. (1976): Comparative Urban Ecology. – Walton, J./Masotti, L. H. (Hrsg.): The City in Comparative Perspective. New York, S. 41–66.

Lücker, R. (1990): Steuerungsfaktoren des Urbanisierungsprozesses in ländlich-peripheren Räumen. Dargestellt an der Entwicklung von Regionalzentren im brasilianischen Mittelwesten. – Ibero-Amer. Archiv 16, S. 399–420.

Mamalakis, M. J. (1976): The Growth and Structure of the Chilean Economy: From Independence to Allende. – New Haven, Conn./London.

Mangin, W. P. (1967): Latin American Squatter Settlements: A Problem and a Solution. – Latin Amer. Research Rev. 2, S. 65–98.

Maranhão Pessoa da Costa, E. (1982): Expansão urbana e organização espacial. Uma área litorânea na região metropolitana do Recife. – Recife.

Marroquín, H. (1985): Importancia y limitaciones del financiamiento internacional en el mejoramiento de los asentamientos humanos precarios en América Latina. – Santiago de Chile (Carta Informativa Latinoamericana 3).

Mathéy, K. (1992): Self-Help Housing Policies and Practices in Cuba. – Mathéy, K. (Hrsg.): Beyond Self-Help Housing. München, S. 181–216.

Mathéy, K. (1993): Kann Selbsthilfe-Wohnungsbau sozial sein? Erfahrungen aus Cuba und anderen Ländern Lateinamerikas. – Hamburg/Münster (Kontroversen 5).

Matos Mar, J. (1969): Die Barriadas von Lima. – Bad Homburg (Beiträge zur Soziologie und Sozialkunde Lateinamerikas 6).

Matos Mar, J. (1991): La experiencia popular en Comas: 10 casos. – América Indígena 51, S. 75–105.

McGreevey, W. P. (1971): A Statistical Analysis of Primacy and Lognormality in the Size Distribution of Latin American Cities, 1750–1960. – Morse, R. M. (Hrsg.): The Urban Development of Latin America. Stanford, Cal., S. 116–129.

Mele, P. (1988): Procesos de desarrollo espacial de la Ciudad de Puebla. – Modelos de desarrollo espacial de grandes metropolis en América Latina. 46° Congreso Internacional de Americanistas Amsterdam, Actas, Bd. 2, S. 44–46.

Menéndez, M./Royo, E. (1987): Recuperación de la función habitacional en el Centro Histórico Habana Vieja. – Conferencia Internacional sobre la Vivienda y el Urbanismo. Ponencias, Comisión 1. La Habana, S. 133–153.

Mertins, G. (1980): Typen inner- und randstädtischer Elendsviertel in Großstädten des andinen Südamerika. – Lateinamerika Studien 7, S. 269–295.

Mertins, G. (1982): Determinanten, Umfang und Formen der Migration Nordostbrasiliens. – Geogr. Rundschau 34, S. 352–358.

Mertins, G. (1983): Zur Rolle der mittleren Städte in der lateinamerikanischen Regionalplanung. – Z. f. Lateinamerika 24, S. 14–20.

Mertins, G. (1984): Marginalsiedlungen in Großstädten der Dritten Welt. – Geogr. Rundschau 36, S. 434–443.

Mertins, G. (1985): Raumzeitliche Phasen intraurbaner Migrationen unterer Sozialschichten in lateinamerikanischen Großstädten. – Ibero-Amer. Archiv 11, S. 315–332.

Mertins, G. (1986 a): Wohnraumversorgung und Wohnbauprogramme für untere soziale Schichten. – Eichstätter Beiträge 18, S. 227–244.

Mertins, G. (1986 b): Die Habitat-Misere in Großstädten der ‚Dritten Welt'. – ASA-Studien 7, S. 25–42.

Mertins, G. (1987 a): Probleme der Metropolisierung Lateinamerikas unter besonderer Berücksichtigung der Wohnraumversorgung unterer Sozialschichten. – Gormsen, E./Lenz, K. (Hrsg.): Lateinamerika im Brennpunkt. Berlin, S. 155–181.

Mertins, G. (1987 b): Jüngere industrielle Entwicklung in den Andenländern. – Geogr. Rundschau 39, S. 74–81.

Mertins, G. (1987 c): Wachstumsphasen Montevideos. – Marburger Geogr. Schriften 108, S. 45–106.

Mertins, G. (1991 a): Grundprobleme der Metropolen der Dritten Welt – der Fall Lateinamerika. – Die Stadt als Kultur- und Lebensraum. Heidelberg, S. 161–178.

Mertins, G. (1991 b): Contribuciones al modelo de diferenciación socioespacial de ciudades intermedias de América Latina – ejemplos colombianos. – Rev. Interamer. de Planificación 24 (93), S. 172–194.

Mertins, G. (1992 a): Entstehungsparameter und Strukturmuster der hispanoamerikanischen Stadt. – Reinhard, W./Waldmann, P. (Hrsg.): Nord und Süd in Amerika, Bd. 1. Freiburg, S. 176–193.

Mertins, G. (1992 b): Urbanisierung, Metropolisierung und Megastädte. – Dt. Ges. für die Vereinten Nationen. Dokumentationen, Informationen, Meinungen 44, S. 7–21.

Mertins, G. (1992 c): Das Problem der Marginalisierung und seine Ausprägung im (groß-)städtischen Raum der Dritten Welt. – Geographie und Schule 14 (76), S. 2–9.

Mertins, G. (1993): Das Konzept der regionalen Dezentralisierung in Kuba nach 1989. – Sevilla, R./Rode, C. (Hrsg.): Kuba – die isolierte Revolution. Unkel/Bad Honnef, S. 241–261.

Mertins, G. (1994): Verstädterungsprobleme in der Dritten Welt. – Praxis Geographie 24, S. 4–9.

Mertins, G./Thomae, B. (1995): Suburbanisierungsprozesse durch intraurbane/-metropolitane Wanderungen unterer Sozialschichten in Lateinamerika: Grundstrukturen und Beispiele aus Salvador/Bahia. – Z. f. Wirtschaftsgeogr. 39, S. 1–13.

Mittendorff, R. (1984): Das Zentrum von Bogotá. – Saarbrücken/Fort Lauderdale (Sozialwiss. Studien zu intern. Problemen 89).

Möller, A. (1979): Los vendedores ambulantes de Lima. – Klein, E./Tokman, V. E. (Hrsg.): El subempleo en América Latina. Buenos Aires, S. 415– 471.

Morris, F. B./Pyle, G. F. (1971): The Social Environment of Rio de Janeiro in 1960. – Econ. Geography 47, S. 286–299.

Morse, R. M./Hardoy, J. E. (Hrsg.) (1992): Rethinking the Latin American City. – Washington, D. C.

Moser, C. (1982): A Home for One's Own: Squatter Housing Strategies in Guayaquil, Ecuador. – Gilbert, A., u. a. (Hrsg.): Urbanization in Contemporary Latin America. Chichester, S. 159–190.

Mozo, R. (1993): Evolución de la primacia urbana y del aparato estatal chileno entre 1800 y 1980. – Estudios Sociales 77, S. 61–76.

Müller, B. (1984): Politik mittlerer Zentren in Mexiko. – Trialog 2, S. 16 – 19.

Müller, U. (1989): Popayán, Kolumbien nach dem Erdbeben vom 31. 3. 1983. – Marburg/L. (Diplomarbeit Fachbereich Geographie).

Müller, U. (1994): Stadtentwicklung und -struktur von Groß-San Miguel de Tucumán, Argentinien. – Marburg/L. (Marburger Geogr. Schriften 127).

Necochea, A./Icaza, A. M. (1990): Una estrategia democrática de renovación urbana residencial: El caso de la comuna de Santiago. – Rev. EURE 16 (48), S. 37–65.

Nentwig Silva, B. C./Bandeira de Mello e Silva, S. (1991): Cidade e região no Estado da Bahia. – Salvador.

Newig, J. (1977): Der Schachbrettgrundriß der Stadt México – antikes Vorbild oder indianische Tradition? – Petermanns Geogr. Mitteilungen 121, S. 253–263.

Nickel, A. (1988): Low-Cost Housing in Santiago de Chile nach 1973. – Kieler Geogr. Schriften 68, S. 237–260.

Nickel, A. (1989): Die Altstadt von La Habana. Wohnsituation und Konzepte der Altstadterneuerung. – Geogr. Rundschau 41, S. 14–21.

Nickel-Gemmeke, A. (1991): Staatlicher Wohnungsbau in Santiago de Chile nach 1973. – Marburg/L. (Marburger Geogr. Schriften 121).

Nuhn, H. (1981): Struktur und Entwicklung des Städtesystems in den Kleinstaaten Zentralamerikas und ihre Bedeutung für den regionalen Entwicklungsprozeß. – Erdkunde 35, S. 303–320.

Nuhn, H. (1994): Maquiladoras in Mexiko. Erfahrungen mit Lohnveredlungs-industrien 1965 – 1990. Mainzer Geogr. Studien 40, S. 557–572.

Nuhn, H./Oßenbrügge, J. (1987): Polarisierte Siedlungsentwicklung und De-zentralisierungspolitik in Zentralamerika. – Beiträge zur Geogr. Regional-forschung in Lateinamerika 5, S. 1–20.

Nuhn, H./Oßenbrügge, J. (1988): Polarisierte Siedlungsentwicklung und De-zentralisierungspolitik in Zentralamerika. – Z. f. Wirtschaftsgeogr. 32, S. 230–241.

O'Neill, M. M. (1986): Condomínios exclusivos: Um estudo de caso. – Rev. Brasileira de Geografia 48, S. 63–81.

Oßenbrügge, J./Sandner, G. (1994): Zum Status der Politischen Geographie in einer unübersichtlichen Welt. – Geogr. Rundschau 46, S. 676–684.

Pace, M. J. di/Federovisky, S./Hardoy, J. E. (1991): Problemas ambientales en ciudades argentinas. – Medio Ambiente y Urbanización 9 (37), S. 3–26.

Pachner, H. (1973): Der städtische Vorort Baruta. Sozialgeographische Unter-suchungen am Stadtrand von Caracas. – Stuttgarter Geogr. Studien 85, S. 97–197.

Pachner, H. (1982): Hüttenviertel und Hochhausquartiere als Typen neuer Siedlungszellen der venezolanischen Stadt. – Stuttgart (Stuttgarter Geogr. Studien 99).

Padrón, M./Calderón, J. (1984): Some Contradictions about the Tugurios: Two Case Studies. Development and Eradication of Two Slums in Lima, Peru. – Bruno, E./Körte, A./Mathéy, K. (Hrsg.): Umgang mit städtischen Wohn-quartieren unterer Einkommensgruppen in Entwicklungsländern. Darm-stadt, S. 173–189.

Pajoni, R. (1983): Buenos Aires, 1976–1982. La ségrégation compulsive. – Hé-rodote 31, S. 38–60.

Palm, E. W. (1955): Los monumentos históricos de la Española. Con una introducción a América. – Ciudad Trujillo.

Pastrana Arango, A./Gonzales Caro, A. (Hrsg.) (1989): La pobreza en Bogotá – 1985. – Bogotá.

Paulukat, I. (1980): Der Prozeß der Metropolisierung in Lateinamerika. – Wiss. Z. der Humboldt-Univ. zu Berlin, Math.-Nat. Reihe 29, S. 237–247.

Paviani, A. (1985): La urbanización en América Latina. – Rev. Interamer. de Planificación 73, S. 74–95.

Perlman, J. E. (1975): Rio's Favelas and the Myth of Marginality. – Politics and Society, S. 131–160.

Perló Cohen, M. (1993): La Ciudad de México. – Ibero-Amer. Archiv 19, S. 123–150.

Pfeifer, G. (1962): Brasilia. – Leidlmair, A. (Hrsg.): Hermann von Wissmann-Festschrift. Tübingen, S. 289–320.

Pfeiffer, P. (1987): Urbanização sim, remoção nunca! Politische, sozio-ökono-mische und urbanistische Aspekte der Favelas und ihre soziale Organisation in Rio de Janeiro. – Berlin (Diss. FU Berlin 1985).

Pfeiffer, P./Fessler Vaz, L. (1993): El área central de Rio de Janeiro: Entre marginación y valorización. – Ibero-Amer. Archiv 19, S. 173–185.

Pietschmann, H. (1984): Politische, soziale und wirtschaftliche Strukturen des kolonialen Hispanoamerika. – Z. f. Kulturaustausch 34, S. 247–256.

Pintaudi, S. M. (1989): O templo da mercadoria. Estudo sobre os shopping centers do Estado de São Paulo. – São Paulo (Diss. Depto. de Geografía, Univ. de São Paulo).

Pintaudi, S. M./Frúgoli, H. (1992): Shopping centers. Espaço, cultura e modernidade nas cidades brasileiras. – São Paulo.

Popp, K. (1987): Privatwirtschaftlich gesteuerte Baulanderschließung als Teilprozeß der Stadtentwicklung in Mexiko. Dargestellt an Beispielen aus Puebla. – Ibero-Amer. Archiv 13, S. 325–362.

Portes, A. (1985): Latin American Class Structures. – Latin Amer. Research Rev. 20 (3), S. 7–39.

Portes, A./Itzigsohn, J./Dore-Cabral, C. (1994): Urbanization in the Caribbean Basin: Social Change during the Years of the Crisis. – Latin Amer. Research Rev. 29, S. 3–37.

Portes, A./Johns, M. (1986): Class Structure and Spatial Polarization: An Assessment of Recent Urban Trends in Latin America. – Tijdschrift voor Econ. en Soc. Geografie 77, S. 378–388.

Portes, A./Schauffler, P. (1993): Competing Perspectives on the Latin American Informal Sector. – Population and Development Rev. 19, S. 33–60.

Portes, A./Walton, J. (1976): Urban Latin America. – Austin, Tex./London.

Potter, R. B. (1993): Urbanization in the Carribean and Trends of Global Convergence-Divergence. – Geogr. Journal 159, S. 1–21.

Puente Lafoy, P. de/Torres Rojas, E./Muñoz Salazar, P. (1990): Satisfacción residencial en soluciones habitacionales de radicación para sectores pobres de Santiago. – Revista EURE 16 (49), S. 7–22.

Puyo, F. (1992): Bogotá. – Madrid.

Ramón, A. de (1990): La población informal. Poblamiento de la periferia de Santiago de Chile. 1920–1970. – Rev. EURE 16 (50), S. 5–17.

Recchini de Lattes, Z. L. (1971): La población de Buenos Aires. – Buenos Aires.

Recchini de Lattes, Z. L. (1973): Aspectos demográficos de la urbanización en la Argentina, 1869–1960. – Buenos Aires.

Redwood, J. III. (1984): Reversión de polarización, ciudades secundarias y eficiencia en el desarrollo nacional: Una visión teórica aplicada al Brasil contemporáneo. – Rev. EURE 11 (32), S. 35–56.

Reichart, T. (1993): Städte ohne Wettbewerb. Eine Untersuchung über die Ursachen der Ballung von Wirtschaft und Bevölkerung in Südkorea und Kolumbien. – Bern (Beiträge zur Wirtschaftspolitik 58).

Reufels, U. (1988): Zur sozialräumlichen Gliederung von Groß-Recife/Nordostbrasilien 1970–1980. – Kieler Geogr. Schriften 68, S. 1–15.

Revah Lacouture, J. A. (1992): Ciudad de México: Programa de revitalización. – Medio Ambiente y Urbanización 9 (38), S. 81–98.

Rial, J./Mario, A./Klaczko, J. (1978): Proceso de asentamientos urbanos en el Uruguay: Siglos XVIII y XIX. – Rev. Paraguaya de Sociología 15, S. 91–114.

Ricart, R. (1950): La plaza mayor en España y América Latina. – Estudios Geográficos 11 (38), S. 321–327.

Richardson, H. W. (1980): Polarization Reversal in Developing Countries. – Papers of the Regional Science Assoc. 45, S. 67–85.

Riofrío, G. (1986): Habilitación urbana con participación popular: Tres casos en Lima. – Roßdorf (Sonderpublikationen GTZ 189).

Riofrío, G. (1991): Producir la ciudad (popular) de los '90. – Lima.

Roberts, J. T. (1992): Squatters and Urban Growth in Amazonia. – Geogr. Rev. 82, S. 441–457.

Robinson, D. J. (Hrsg.) (1990): Migration in Colonial Spanish America. – Cambridge (Cambridge Studies in Histor. Geography 16).

Römpczyk, E. (1987): Zur Dynamik der lateinamerikanischen Umweltdiskussion. – Bonn (Analysen der Abteilung Entwicklungsländerforschung der Friedrich-Ebert-Stiftung 130).

Rojas, M., u. a. (1989): El mercado de suelo urbano y barrios populares en Guayaquil. – Guayaquil.

Romieu, I./Weitzenfeld, H./Finkelmann, J. (1990): Urban Air Pollution in Latin America and the Carribean. – World Health Statistics Quarterly 43, S. 153–167.

Rondinelli, D. A. (1983): Secondary Cities in Developing Countries. – Beverly Hills, Cal. (Sage Library of Social Research 45).

Rother, K. (1977): Gruppensiedlungen in Mittelchile. – Düsseldorf (Düsseldorfer Geogr. Schriften 9).

Rott, R. (1993): Urbanisierung und Metropolisierung. – Ibero-Amer. Archiv 19, S. 91–106.

Rünzler, D. (1993): Globalisierung der Großstadtkultur? New York und Mexiko-Stadt im Vergleich. – Feldbauer, P., u. a. (Hrsg.): Megastädte. Wien (Beiträge zur Histor. Sozialkunde 2), S. 41–61.

Rufin, J.-C. (1993): Das Reich und die neuen Barbaren. – Berlin.

Ruvacalva, R. M./Schteingart, M. (1985): Diferenciación socioespacial intraurbana en el área metropolitana de la ciudad de México. – Estudios Sociológicos 9, S. 481–514.

Sagawe, T. (1987): Die industrieräumliche Entwicklung der Dominikanischen Republik. – München (Beiträge zur Soziologie und Sozialkunde Lateinamerikas 42).

Sagawe, T. (1992): Die Altstadt von Santo Domingo. – Geogr. Rundschau 44, S. 536–542.

Sagawe, T. (1992): Caudillismo und Stadtentwicklung. Das Beispiel Santo Domingo. – Geogr. Zeitschrift 80, S. 51–64.

Sánchez, L., u. a. (1979): Tugurización en Lima Metropolitana. – Lima.

Sánchez-Albornoz, N. (1974): The Population of Latin America. – Berkeley, Cal.

Sander, H.-J. (1989): Mexico-City – Metropolitisierung und Umweltprobleme. – Mitteilungen der Österreichischen Geogr. Gesellschaft 131, S. 171–188.

Sander, H.-J. (1990): Konzentration und Dezentralisierung in Mexiko-Stadt. – Ibero-Amer. Archiv 16, S. 487–506.

Sandner, G. (1969): Die Hauptstädte Zentralamerikas. – Heidelberg.

Sandner, G. (1970): Panamá – Strukturmerkmale und Leitlinien der sozialräumlichen Desintegration einer lateinamerikanischen Großstadt. – Die Erde 101, S. 265–283.

Sandner, G. (1971): Die Hauptphasen der wirtschaftlichen Entwicklung in Lateinamerika in ihrer Beziehung zur Raumerschließung. – Hamburger Geogr. Studien 24, S. 311–334.

Sandner, G. (1986): Presión demográfica y capacidad demográfica territorial en el área rural de América Latina. – Eichstätter Beiträge 17, S. 29–44.

Sandner, G./Steger, H.-A. (Hrsg.) (1973): Lateinamerika. – Frankfurt/M. (Fischer Länderkunde 7).

Santana, P. (1986): Mejoramiento barrial en Moravia, Medellín, Colombia. – Roßdorf (Sonderpublikationen GTZ 190).

Santos, M. (1959): O centro da cidade do Salvador: Estudo de geografia urbana. – Salvador.

Santos, M. (1993): A urbanização brasileira. – São Paulo.

Sargent, C. S. (1972): Toward a Dynamic Model of Urban Morphology. – Econ. Geography 48, S. 357–374.

Sargent, C. S. (1993): The Latin American City. – Blouet, B. W./Blouet, O. M. (Hrsg.): Latin America and the Carribean. New York, S. 172–216.

Scarpaci, J. L./Infante, R. P./Gaete, A. (1988): Planning Residential Segregation: The Case of Santiago, Chile. – Urban Geography 9, S. 19–36.

Schamp, E. W. (Hrsg.) (1989): Der informelle Sektor. – Aachen.

Schenck, F. S. (1989): La movilidad intraurbana en ciudades de tamaño intermedio. El caso de Cuenca. – Cuenca (Separata 7).

Schmieder, O. (1962): Die Neue Welt, Teil 1: Mittel- und Südamerika. – Heidelberg/München.

Schnore, L. F. (1965): On the Spatial Structure of Cities in the Two Americas. – Hauser, P. M./Schnore, L. F. (Hrsg.): The Study of Urbanization. New York, S. 347–398.

Schoop, W. (1980): Die bolivianischen Departementszentren im Verstädterungsprozeß des Landes. – Wiesbaden (Acta Humboldtiana, Series Geographica et Ethnographica 7).

Schoop, W. (1981): Sozialräumliche Gliederung und Siedlungsausbau in den Städten der zentralen Anden. – Aachener Geogr. Arbeiten 14, S. 579–602.

Schteingart, M. (1988): Mexico City. – Dogan, M./Kasada, J. (Hrsg.): Megacities, vol. 2. Beverly Hills, Cal., S. 268–293.

Schteingart, M./García, B. (1982): Balance de la acción habitacional del Estado de México (1970–1980). – México D. F.

Schütz, E. J. (1983): Soziale Mobilisierung durch ko-operative Selbsthilfe beim

Wohnbau. Beispiele aus El Salvador. – Darmstadt (Arbeitspapiere des Fachgebietes Planen und Bauen in Entwicklungsländern 83/8).

Schütz, E. J. (1987): Städte in Lateinamerika. Barrio-Entwicklung und Wohnbau. – Aachen (Misereor-Dialog 5).

Schuurman, F. J. (1986): John Turner Revisited. An Intra-Urban Migration Model for Colonial-Type Cities in Latin America. – Tijdschrift voor Econ. en Soc. Geografie 77, S. 221–230.

Schwirian, K. P./Smith, R. K. (1974): Primacy, Modernization, and Urban Structure: The Ecology of Puerto Rican Cities. – Schwirian, K. P. (Hrsg.): Comparative Urban Studies. Lexington, S. 324–338.

Scobie, J. R. (1974): Buenos Aires. Plaza to Suburb, 1870–1910. – New York.

Silva, A. (1992): Imaginarios urbanos. Bogotá y São Paulo. – Bogotá.

Singelmann, J. (1988): Verstädterung, Wanderung und Beschäftigung in Entwicklungsländern. – Steinmann, G., u. a. (Hrsg.): Probleme und Chancen demographischer Entwicklung in der Dritten Welt. Berlin, S. 171–190.

Sjoberg, G. (1960): The Preindustrial City. – Glencoe, Ill.

Skeldon, R. (1977): The Evolution of Migration Patterns during Urbanization in Peru. – Geogr. Rev. 67, S. 394–411.

Skeldon, R. (1990): Population Mobility in Developing Countries. – London/New York.

Socolow, S. M./Johnson, L. L. (1981): Urbanization in Colonial Latin America. – Journal of Urban History 8, S. 27–59.

Solano, F. de (1986): La ciudad iberoamericana: Fundación, tipología y funciones durante el tiempo colonial. – Solano, F. de (Hrsg.): Historia y futuro de la ciudad iberoamericana. Madrid, S. 9–26.

Solano, F. de (1990): Ciudades hispanoamericanas y pueblos de indios. – Madrid.

Solberg, C. (1978): Mass Migrations in Argentina, 1870–1970. – McNeill, W. H./Adams, R. (Hrsg.): Human Migration. Bloomington, Cal., S. 146–170.

Soto, H. de (1992): Marktwirtschaft von unten. – Zürich/Köln.

Souza, M. J. L. de (1993): Armut, sozialräumliche Segregation und sozialer Konflikt in der Metropolitanregion von Rio de Janeiro. – Tübingen (Tübinger Geogr. Studien 111).

Stanislawski, D. (1946): The Origin and Spread of the Grid-Pattern Town. – Geogr. Rev. 36, S. 105–120.

Stanislawski, D. (1947): Early Spanish Town Planning in the New World. – Geogr. Rev. 37, S. 94–105.

Stapelfeldt, G. (1990): Verelendung und Urbanisierung in der Dritten Welt. Der Fall Lima/Peru. – Saarbrücken/Fort Lauderdale (Sozialwiss. Studien zu intern. Problemen 147).

Steinberg, F. (1982): Wohnungspolitik für die städtischen Armen. – Blätter des Informationszentrums Dritte Welt 102, S. 46–49.

Stewig, R. (1983): Die Stadt in Industrie- und Entwicklungsländern. – Paderborn (UTB 1247).

Stokes, C. J. (1962): A Theory of Slums. – Land Economics 38, S. 187–197.

Struck, E. (1992): Mittelpunktsiedlungen in Brasilien. – Passau (Passauer Schriften zur Geographie 11).

Tak, J. van der/Gendell, M. (1973): The Size and Structure of Residential Families, Guatemala City, 1964. – Population Studies 27, S. 305–322.

Taylor, H. W./Fesenmeier, D. R. (1980): Spatial Pattern of Age-Sex Structure in Costa Rica. – Malaysian Journal of Tropical Geography 2, S. 35–44.

Telles, E. F. (1992): Residential Segregation by Skin Color in Brazil. – Amer. Sociological Rev. 57, S. 186–197.

Thomae, B. (1988): Bausubstanz, Gebäudenutzung und Bevölkerung im Maciel-Viertel der Altstadt von Salvador/Bahia. – Kieler Geogr. Schriften 68, S. 127–144.

Tichy, F. (1974): Deutung von Orts- und Flurnetzen im Hochland von Mexiko als kulturreligiöse Reliktformen altindianischer Besiedlung. – Erdkunde 28, S. 194–207.

Tichy, F. (1979): Genetische Analyse eines Altsiedellandes im Hochland von Mexiko. – Hagedorn, J./Hövermann, J./Nitz, H.-J. (Hrsg.): Gefügemuster der Erdoberfläche. Göttingen, S. 339–373.

Tokman, V. E. (1984): The Employment Crisis in Latin America. – Intern. Labour Rev. 123, S. 585–597.

Tokman, V. E. (1986): Adjustment and Employment in Latin America. – Intern. Labour Rev. 125, S. 533–543.

Torres, H. A. (1978): El mapa social de Buenos Aires en 1943, 1947 y 1960. – Desarrollo Económico 18, S. 163–204.

Torres, H. A. (1993): La aglomeración de Buenos Aires. Centralidad y suburbanización (1940–1990). – Estudios Geográficos 54 (211), S. 301–321.

Trautmann, W. (1986): Geographical Aspects of Hispanic Colonization on the Northern Frontier of New Spain. – Erdkunde 40, S. 241–250.

Tulchin, J. S. (1993): Las fuerzas globales y el futuro de la ciudad latinoamericana. – Medio Ambiente y Urbanización 10 (43/44), S. 125–138.

Turner, J. (1968): Housing Priorities, Settlement Patterns and Urban Development in Modernizing Countries. – Journal Amer. Inst. of Planners 34, S. 354–363.

Turner, J. (1978): Verelendung durch Architektur. – Reinbek.

Tyrakowski, K. (1989): Autochthone regelmäßige Netze vorspanischer Siedlungen im mexikanischen Hochland. – Geogr. Zeitschrift 77, S. 107–123.

United Nations (UN) (Hrsg.) (1976): Report of Habitat: United Nations Conference on Human Settlements. – New York.

United Nations (UN) (Hrsg.) (1992): Demographic Yearbook 1990. – New York.

United Nations (UN) (Hrsg.) (1993): World Urbanization Prospects: The 1992 Revision. – New York.

United Nations Development Programme (UNDP) (Hrsg.) (1993): Human Development Report 1993. – New York/Oxford.

Valladares, L. do Prado (1988): Urban Sociology in Brazil. – International Journal of Urban and Regional Research 12, S. 285–302.

Vapnarsky, C. A./Gorojovsky, N. (1990): El crecimiento urbano en la Argentina. – Buenos Aires (Colección Estudios Políticos y Sociales).

Vernez, G. (1973): Bogotá's Pirate Settlements. – Berkeley, Cal.

Volmer, A. (1993): Die Wasserqualität des Río Bogotá und die Auswirkungen der Flußbewässerung auf Boden und Vegetation entlang eines Flußlängsprofils durch Groß-Bogotá/Kolumbien. – Marburg/L. (Diplomarbeit Fachbereich Geographie).

Vos, S. de (1987): Latin American Households in Comparative Perspective. – Population Studies 41, S. 501–517.

Waldmann, P. (1990 a): Bevölkerungswachstum und Verstädterung. – Informationen zur politischen Bildung 226, S. 19–24.

Waldmann, P. (1990 b): Zur Sozialstruktur. – Informationen zur politischen Bildung 226, S. 39–42.

Ward, P. M. (1976): The Squatter Settlements as Slum or Housing Solution: Evidence from Mexico City. – Land Economics 52, S. 330–346.

Ward, P. M. (Hrsg.) (1982): Self-Help Housing. – London.

Ward, P. M. (1990): Mexico City. The Production and Reproduction of an Urban Environment. – London.

Ward, P. M./Melligan, S. (1985): Urban Renovation and the Impact upon Low Income Families in Mexico City. – Urban Studies 22, S. 199–207.

Wehrhahn, R. (1988): Sozialer Wohnungsbau in São Paulo. – Kieler Geogr. Schriften 68, S. 223–236.

Wehrhahn, R. (1989): Städtisches Wachstum und Wohnverhältnisse unterer Einkommensgruppen in Groß-São Paulo. – Kiel (Staatsexamensarbeit Geogr. Institut).

Wehrhahn, R. (1993): Ökologische Probleme in lateinamerikanischen Großstädten. – Petermanns Geogr. Mitteilungen 137, S. 79–94.

Wehrhahn, R. (1994): São Paulo: Umweltprobleme einer Megastadt. – Geogr. Rundschau 46, S. 359–366.

Weltbank (Hrsg.): Weltentwicklungsbericht (verschiedene Jahrgänge). – Washington, D. C.

Whiteford, A. H. (1964): Two Cities of Latin America. – New York.

Wilhelmy, H. (1952): Südamerika im Spiegel seiner Städte. – Hamburg.

Wilhelmy, H. (1963): Probleme der Planung und Entwicklung südamerikanischer Kolonialstädte. – Forschungs- und Sitzungsberichte der Akademie für Raumforschung und Landesplanung 21, S. 17–30.

Wilhelmy, H./Borsdorf, A. (1984/85): Die Städte Südamerikas, 2 Bde. – Berlin/Stuttgart (Urbanisierung der Erde 3).

Wilhelmy, H./Rohmeder, W. (1963): Die La Plata Länder. – Braunschweig.

Zaugg, K.-D. (1983): Bogotá/Kolumbien. Formale, funktionale und strukturelle Gliederung. – Bern (Geographica Bernensia P9).

Zeissig, H. R. (1992): Atemhilfe für Mexiko-Stadt. – GTZ-info 3/92, S. 4–11.

Zelinsky, W. (1971): The Hypothesis of the Mobility Transition. – Geogr. Rev. 61, S. 219–249.

Zinnel, J. (1986): Der Beitrag der Klein- und Mittelstädte zur nationalen Entwicklung. – Illy, H. F./Schimitzek, K. (Hrsg.): Entwicklung und Dezentralisierung. München, S. 93–139.

REGISTER

Ortsregister

Sachregister